# MEMO

# 누구나 작성만 하면 100% 포인트 지급
# 합격 후기 EVENT

이기적과 함께 합격했다면,
합격썰 풀고 네이버페이 포인트 받아가자!

합격 후기
작성 시
**100%**
지급

네이버페이
포인트 쿠폰

25,000원

---

 **카페 합격 후기 이벤트**

이기적 스터디 카페에
합격 후기 작성하고 5,000원 받기!

# 5,000원
네이버 포인트 지급

▲ 자세히 보기

 **블로그 합격 후기 이벤트**

개인 블로그에
합격 후기 작성하고 20,000원 받기!

# 20,000원
네이버 포인트 지급

▲ 자세히 보기

---

- 자세한 참여 방법은 QR코드 또는 이기적 스터디 카페 '합격 후기 이벤트' 게시판을 확인해 주세요.
- 이벤트에 참여한 후기는 추후 마케팅 용도로 활용될 수 있습니다.
- 이벤트 혜택은 추후 변동될 수 있습니다.

이기적 스터디 카페 🔍

# 이기적이 다 드립니다

여러분은 합격만 하세요! 이기적 합격 성공세트 BIG 4

### 이론부터 문제까지, 무료 동영상 강의

ITQ 기능 이론, 따라하기, 기출문제, 모의고사까지!
무료 강의로 선생님과 함께 한 번에 합격해 보세요.

### 설치 없이 빠르게, 자동 채점 서비스

문제 풀이 후 채점이 막막하다면? 이기적이 도와드릴게요.
itq.youngjin.com에서 자동 채점을 이용해 보세요.

### 시험장 그대로, 답안 전송 프로그램

ITQ 답안 전송도 미리 연습해볼 수 있도록,
시험장 그대로의 답안 전송 프로그램이 준비되어 있어요.

### 무엇이든 물어보세요. 1:1 질문답변

ITQ 시험에 대한 궁금증, 전문 선생님이 풀어드려요.
이기적 스터디 카페에서 어떤 질문이든 들려주세요.

※ 〈2025 이기적 ITQ 엑셀 ver.2021〉을 구매하고 인증한 회원에게만 드리는 자료입니다.
※ 부가 서비스로 제공되는 부분이며, 혜택 및 내용은 변경 · 중단될 수 있습니다.

# MEMO

# 설치 없이 쉽고 빠르게 채점하는
# ITQ 자동 채점 서비스

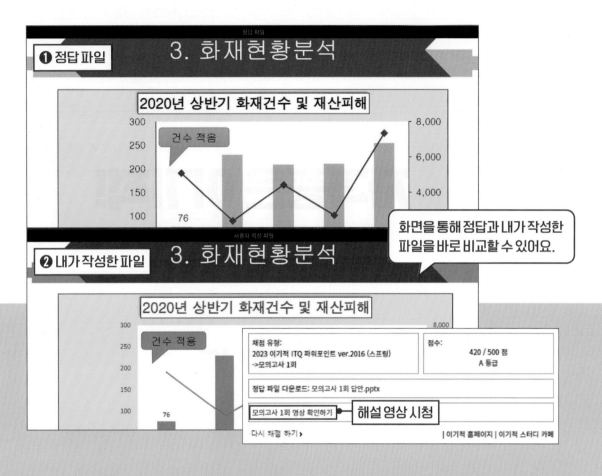

화면을 통해 정답과 내가 작성한 파일을 바로 비교할 수 있어요.

## 이용 방법

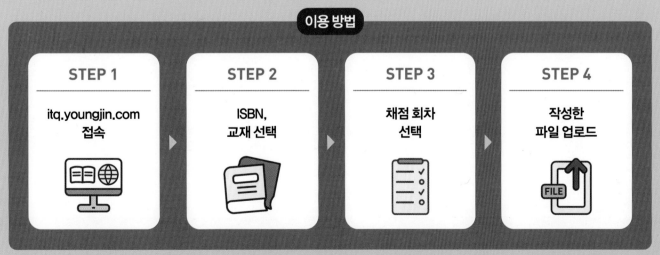

| STEP 1 | STEP 2 | STEP 3 | STEP 4 |
|---|---|---|---|
| itq.youngjin.com 접속 | ISBN, 교재 선택 | 채점 회차 선택 | 작성한 파일 업로드 |

- 인터넷이 연결되어 있지 않을 시 사용할 수 없으며 개인 인터넷 속도, 접속자 수에 따라 채점 속도가 다를 수 있습니다.
- 운영체제, MS Office 정품 여부에 상관없이 채점이 가능합니다.
- 부가 서비스로 제공되는 부분이며, 업체 등의 변경으로 제공이 중단 또는 제한될 수 있습니다.

# 자격증은 이기적!

합격입니다.

## 01 날짜/텍스트

| 함수 | 예문 | 설명 |
|---|---|---|
| DATE | =DATE(년,월,일) | 년, 월, 일에 해당하는 날짜를 구함 |
| WEEKDAY | =WEEKDAY(날짜,[옵션]) | 날짜에 해당하는 요일의 번호를 구함<br>– 옵션 1 또는 생략 시 : 일요일이 '1'<br>– 옵션 2 : 월요일이 '1' |
| YEAR | =YEAR(날짜) | 날짜에서 연도를 추출 |
| TODAY | =TODAY() | 시스템에 설정된 오늘의 날짜를 반환 |
| LEFT | =LEFT(문자열,개수) | 문자열의 왼쪽에서 개수만큼 문자를 추출 |
| MID | =MID(문자열,시작 위치,개수) | 문자열의 시작 위치에서 개수만큼 문자를 추출 |
| RIGHT | =RIGHT(문자열,개수) | 문자열의 오른쪽에서 개수만큼 추출 |
| REPT | =REPT(문자열,반복수) | 문자열을 반복수만큼 표시함 |

## 02 수학

| 함수 | 예문 | 설명 |
|---|---|---|
| SUM | =SUM(인수1,인수2,…) | 인수들의 합계를 구함 |
| SUMIF | =SUMIF(조건 범위,조건,합계 범위) | 조건 범위에서 조건에 맞는 자료의 합계를 구함 |
| ROUND | =ROUND(인수,자릿수) | 인수를 지정한 자릿수까지 반올림 |
| ROUNDUP | =ROUNDUP(인수,자릿수) | 인수를 지정한 자릿수까지 올림 |
| ROUNDDOWN | =ROUNDDOWN(인수,자릿수) | 인수를 지정한 자릿수까지 내림 |
| SUMPRODUCT | =SUMPRODUCT(배열1,배열2,…) | 배열1과 배열2를 곱한 값들의 합계를 구함 |
| MOD | =MOD(인수1,인수2) | 인수1을 인수2로 나눈 나머지를 구함 |

## 03 데이터베이스

| 함수 | 예문 | 설명 |
|---|---|---|
| DSUM | =DSUM(범위,열 번호,조건 범위) | 범위에서 조건에 맞는 자료를 대상으로 지정된 열의 합계 |
| DAVERAGE | =DAVERAGE(범위,열 번호,조건 범위) | 범위에서 조건에 맞는 자료를 대상으로 지정된 열의 평균 |
| DCOUNTA | =DCOUNTA(범위,열 번호,조건 범위) | 범위에서 조건에 맞는 자료를 대상으로 지정된 열의 비어 있지 않은 셀 개수 |
| DCOUNT | =DCOUNT(범위,열 번호,조건 범위) | 범위에서 조건에 맞는 자료를 대상으로 지정된 열의 숫자가 있는 셀 개수 |

**"제1작업" 시트를 이용하여 조건에 따라 ≪출력형태≫와 같이 작업하시오.**

| 조건 | |
|---|---|
| | (1) 차트 종류 ⇒ 〈묶은 세로 막대형〉으로 작업하시오. |
| | (2) 데이터 범위 ⇒ "제1작업" 시트의 내용을 이용하여 작업하시오. |
| | (3) 위치 ⇒ "새 시트"로 이동하고, "제4작업"으로 시트 이름을 바꾸시오. |
| | (4) 차트 디자인 도구 ⇒ 레이아웃 3, 스타일 1을 선택하여 ≪출력형태≫에 맞게 작업하시오. |
| | (5) 영역 서식 ⇒ 차트 : 글꼴(굴림, 11pt), 채우기 효과(질감 – 파랑 박엽지) |
| |              그림 : 채우기(흰색, 배경1) |
| | (6) 제목 서식 ⇒ 차트 제목 : 글꼴(굴림, 굵게, 20pt), 채우기(흰색, 배경1), 테두리 |
| | (7) 서식 ⇒ 높이 계열의 차트 종류를 〈표식이 있는 꺾은선형〉으로 변경한 후 보조 축으로 지정하시오. |
| |        계열 : ≪출력형태≫를 참조하여 표식(세모, 크기 10)과 레이블 값을 표시하시오. |
| |        눈금선 : 선 스타일 – 파선 |
| |        축 : ≪출력형태≫를 참조하시오. |
| | (8) 범례 ⇒ 범례명을 변경하고 ≪출력형태≫를 참조하시오. |
| | (9) 도형 ⇒ '모서리가 둥근 사각형 설명선'을 삽입한 후 ≪출력형태≫와 같이 내용을 입력하시오. |
| | (10) 나머지 사항은 ≪출력형태≫에 맞게 작성하시오. |

**출력형태**

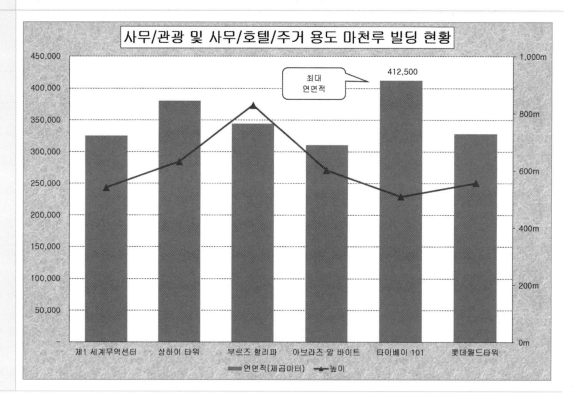

**주의** 시트명 순서가 차례대로 "제1작업", "제2작업", "제3작업", "제4작업"이 되도록 할 것

## 04 통계

| 함수 | 예문 | 설명 |
|---|---|---|
| MAX | =MAX(인수1,인수2,…) | 인수들 중 가장 큰 값을 표시 |
| RANK.EQ | =RANK.EQ(인수1,범위,옵션) | 범위에서 셀이 몇 번째 순위인지 구함<br>옵션이 0이거나 생략 시 내림차순<br>옵션이 1이면 오름차순 |
| AVERAGE | =AVERAGE(인수1,인수2,…) | 인수들의 평균을 구함 |
| COUNTIF | =COUNTIF(범위,조건) | 범위에서 조건을 만족하는 셀의 개수를 구함 |
| COUNTA | =COUNTA(인수1,인수2,…) | 인수들 중 비어 있지 않은 셀의 개수를 구함 |
| COUNT | =COUNT(인수1,인수2,…) | 인수들 중 숫자가 들어 있는 셀의 개수를 구함 |
| COUNTBLANK | =COUNTBLANK(인수1,인수2,…) | 인수들 중 비어 있는 셀의 개수를 구함 |
| MIN | =MIN(인수1,인수2,…) | 인수들 중 가장 작은 값을 구함 |
| MEDIAN | =MEDIAN(인수1,인수2,…) | 인수들 중 중간 값을 구함 |
| LARGE | =LARGE(인수,숫자) | 인수에서 숫자 번째로 큰 값을 구함 |

## 05 찾기/참조

| 함수 | 예문 | 설명 |
|---|---|---|
| INDEX | =INDEX(범위,행 번호, 열 번호) | 범위에서 행 번호와 열 번호에 위치한 데이터를 표시 |
| MATCH | =MATCH(찾을 값,범위,옵션) | 범위에서 찾을 값과 같은 데이터를 찾아 그 위치를 번호로 표시 |
| CHOOSE | =CHOOSE(인수,첫 번째,두 번째,…) | 인수가 1일 때 첫 번째, 2일 때 두 번째를 출력 |
| VLOOKUP | =VLOOKUP(찾을 값,범위,열 번호) | 범위의 첫 번째 열에서 찾을 값과 같은 데이터를 찾은 후 지정된 열 번호에서 동일한 행에 있는 데이터를 표시 |

## 06 논리값

| 함수 | 예문 | 설명 |
|---|---|---|
| IF | =IF(조건,참,거짓) | 조건이 참(TRUE)이면 참 내용을 표시, 거짓(FALSE)이면 거짓 내용을 표시 |
| AND | =AND(조건1,조건2,…) | 조건이 모두 참(TRUE)일 때만 TRUE를 표시 |
| OR | =OR(조건1,조건2,…) | 조건 중에 하나라도 참(TRUE)이면 TRUE를 표시 |

※ 이기적 스터디 카페(cafe.naver.com/yjbooks)에서 구매인증하고 "ITQ 엑셀 주요 함수 총정리" PDF를 받아보세요.

"제1작업" 시트의 「B4:H12」 영역을 복사하여 "제2작업" 시트의 「B2」 셀부터 모두 붙여넣기를 한 후 다음의 조건과 같이 작업하시오.

| 조건 | |
|---|---|
| | (1) 목표값 찾기 – 「B11:G11」 셀을 병합하여 "연면적(제곱미터)의 전체 평균"을 입력한 후 「H11」 셀에 연면적(제곱미터)의 전체 평균을 구하시오(AVERAGE 함수, 테두리, 가운데 맞춤). |
| | 　　　　　　　– '연면적(제곱미터)의 전체 평균'이 '361,000'가 되려면 CTF 빌딩의 연면적(제곱미터)이 얼마가 되어야 하는지 목표값을 구하시오. |
| | (2) 고급필터 – 건물코드가 'T'로 시작하거나 높이가 '800' 이상인 자료의 건물명, 높이, 층수, 연면적(제곱미터) 데이터만 추출하시오. |
| | 　　　　　　– 조건 범위 : 「B14」 셀부터 입력하시오. |
| | 　　　　　　– 복사 위치 : 「B18」 셀부터 나타나도록 하시오. |

"제1작업" 시트의 「B4:H12」 영역을 복사하여 "제3작업" 시트의 「B2」 셀부터 모두 붙여넣기를 한 후 다음의 조건과 같이 작업하시오.

| 조건 | |
|---|---|
| | (1) 부분합 – ≪출력형태≫처럼 정렬하고, 건물명의 개수와 연면적(제곱미터)의 평균을 구하시오. |
| | (2) 개요【윤곽】 – 지우시오. |
| | (3) 나머지 사항은 ≪출력형태≫에 맞게 작성하시오. |

**출력형태**

| 건물코드 | 건물명 | 주요 용도 | 완공 연도 | 높이 | 층수 | 연면적 (제곱미터) |
|---|---|---|---|---|---|---|
| BR-341 | 부르즈 할리파 | 사무/호텔/주거 | 2010년 | 830m | 130 | 344,000 |
| AB-211 | 아브라즈 알 바이트 | 사무/호텔/주거 | 2012년 | 601m | 120 | 310,638 |
| LT-102 | 롯데월드타워 | 사무/호텔/주거 | 2016년 | 556m | 123 | 328,351 |
| | | 사무/호텔/주거 평균 | | | | 327,663 |
| | 3 | 사무/호텔/주거 개수 | | | | |
| FC-452 | CTF 빌딩 | 사무/호텔 | 2015년 | 530m | 111 | 398,000 |
| PA-212 | 핑안 국제금융센터 | 사무/호텔 | 2017년 | 599m | 115 | 385,918 |
| | | 사무/호텔 평균 | | | | 391,959 |
| | 2 | 사무/호텔 개수 | | | | |
| TC-143 | 제1 세계무역센터 | 사무/관광 | 2013년 | 541m | 108 | 325,279 |
| SH-122 | 상하이 타워 | 사무/관광 | 2015년 | 632m | 128 | 380,000 |
| TC-422 | 타이베이 101 | 사무/관광 | 2004년 | 509m | 101 | 412,500 |
| | | 사무/관광 평균 | | | | 372,593 |
| | 3 | 사무/관광 개수 | | | | |
| | | 전체 평균 | | | | 360,586 |
| | 8 | 전체 개수 | | | | |

이렇게
기막힌
적중률

# ITQ 엑셀
## ver.2021

"이" 한 권으로 합격의 "기적"을 경험하세요!

YoungJin.com Y.
영진닷컴

---

제 1 작업 | 표 서식 작성 및 값 계산                                    **240**점

다음은 '세계의 마천루 빌딩 현황'에 대한 자료이다. 자료를 입력하고 조건에 맞도록 작업하시오.

**출력형태**

| 건물코드 | 건물명 | 주요 용도 | 완공<br>연도 | 높이 | 층수 | 연면적<br>(제곱미터) | 순위 | 지역 |
|---|---|---|---|---|---|---|---|---|
| FC-452 | CTF 빌딩 | 사무/호텔 | 2015년 | 530 | 111 | 398,000 | (1) | (2) |
| TC-143 | 제1 세계무역센터 | 사무/관광 | 2013년 | 541 | 108 | 325,279 | (1) | (2) |
| PA-212 | 평안 국제금융센터 | 사무/호텔 | 2017년 | 599 | 115 | 385,918 | (1) | (2) |
| SH-122 | 상하이 타워 | 사무/관광 | 2015년 | 632 | 128 | 380,000 | (1) | (2) |
| BR-341 | 부르즈 할리파 | 사무/호텔/주거 | 2010년 | 830 | 130 | 344,000 | (1) | (2) |
| AB-211 | 아브라즈 알 바이트 | 사무/호텔/주거 | 2012년 | 601 | 120 | 310,638 | (1) | (2) |
| TC-422 | 타이베이 101 | 사무/관광 | 2004년 | 509 | 101 | 412,500 | (1) | (2) |
| LT-102 | 롯데월드타워 | 사무/호텔/주거 | 2016년 | 556 | 123 | 328,351 | (1) | (2) |
| 주요 용도에 호텔이 포함된 건물의 개수 | | | (3) | | | 최대 연면적(제곱미터) | | (5) |
| 아브라즈 알 바이트의 층수 | | | (4) | | 건물명 | CTF 빌딩 | 연면적<br>(제곱미터) | (6) |

확인 | 담당 | 팀장 | 부장

**조건**

- 모든 데이터의 서식에는 글꼴(굴림, 11pt), 정렬은 숫자 및 회계 서식은 오른쪽 정렬, 나머지 서식은 가운데 정렬로 작성하며 예외적인 것은 ≪출력형태≫를 참조하시오.
- 제목 ⇒ 도형(육각형)과 그림자(오프셋 오른쪽)를 이용하여 작성하고 "세계의 마천루 빌딩 현황"을 입력한 후 다음 서식을 적용하시오(글꼴 – 굴림, 24pt, 검정, 굵게, 채우기 – 노랑).
- 임의의 셀에 결재란을 작성하여 그림으로 복사 기능을 이용하여 붙이기 하시오(단, 원본 삭제).
- 「B4:J4, G14, I14」 영역은 '주황'으로 채우기 하시오.
- 유효성 검사를 이용하여 「H14」 셀에 건물명(「C5:C12」 영역)이 선택 표시되도록 하시오.
- 셀 서식 ⇒ 「F5:F12」 영역에 셀 서식을 이용하여 숫자 뒤에 'm'를 표시하시오(예 : 530m).
- 「D5:D12」 영역에 대해 '용도'로 이름정의를 하시오.

(1)~(6) 셀은 반드시 <u>주어진 함수</u>를 이용하여 값을 구하시오(결과값을 직접 입력하면 해당 셀은 0점 처리됨).

(1) 순위 ⇒ 높이의 내림차순 순위를 구한 결과값에 '위'를 붙이시오(RANK.EQ 함수, & 연산자)(예 : 1위).

(2) 지역 ⇒ 건물코드의 마지막 글자가 1이면 '서아시아', 2이면 '동아시아', 3이면 '미주'로 구하시오. (CHOOSE, RIGHT 함수).

(3) 주요 용도에 호텔이 포함된 건물의 개수 ⇒ 정의된 이름(용도)을 이용하여 구하시오(COUNTIF 함수).

(4) 아브라즈 알 바이트의 층수 ⇒ (INDEX, MATCH 함수)

(5) 최대 연면적(제곱미터) ⇒ (MAX 함수)

(6) 연면적(제곱미터) ⇒ 「H14」 셀에서 선택한 건물명에 대한 연면적(제곱미터)를 구하시오(VLOOKUP 함수).

(7) 조건부 서식의 수식을 이용하여 연면적(제곱미터)이 '380,000' 이상인 행 전체에 다음의 서식을 적용하시오 (글꼴 : 파랑, 굵게).

# 차례

**난이도에 따라 분류하였습니다.**

📺 표시된 부분은 동영상 강의가 제공됩니다.

상 : 반드시 반복 연습해야 하는 기능

이기적 홈페이지(license.youngjin.com)에 접속하여 시청하세요.

중 : 여러 차례 풀어보아야 하는 기능

하 : 수월하게 익힐 수 있는 기능

▶ 제공하는 동영상과 PDF 자료는 1판 1쇄 기준 2년간 유효합니다.
단, 출제기준안에 따라 동영상 내용은 변경될 수 있습니다.

---

**ITQ 부록 & 구매 인증 자료**

ITQ 실습용
압축 파일

기출문제/모의고사
해설 PDF

주요 함수 총정리
구매 인증 자료

※ 부록 자료 다운로드 방법
이기적 홈페이지(license.youngjin.com) 접속 → [자료실]–[ITQ] 클릭 →
도서 이름으로 게시물 찾기 → 첨부파일 다운로드 후 압축 해제

※ 구매 인증 자료 다운로드 방법
이기적 스터디 카페(cafe.naver.com/yjbooks) 접속 → '구매 인증 PDF
증정' 게시판 → 구매 인증 → 메일로 자료 받기

"제1작업" 시트를 이용하여 조건에 따라 ≪출력형태≫와 같이 작업하시오.

| 조건 | |
|---|---|
| | (1) 차트 종류 ⇒ 〈묶은 세로 막대형〉으로 작업하시오. |
| | (2) 데이터 범위 ⇒ "제1작업" 시트의 내용을 이용하여 작업하시오. |
| | (3) 위치 ⇒ "새 시트"로 이동하고, "제4작업"으로 시트 이름을 바꾸시오. |
| | (4) 차트 디자인 도구 ⇒ 레이아웃 3, 스타일 1을 선택하여 ≪출력형태≫에 맞게 작업하시오. |
| | (5) 영역 서식 ⇒ 차트 : 글꼴(굴림, 11pt), 채우기 효과(질감 – 분홍 박엽지) |
| | 　　　　　　　그림 : 채우기(흰색, 배경1) |
| | (6) 제목 서식 ⇒ 차트 제목 : 글꼴(굴림, 굵게, 20pt), 채우기(흰색, 배경1), 테두리 |
| | (7) 서식 ⇒ 가입연수 계열의 차트 종류를 〈표식이 있는 꺾은선형〉으로 변경한 후 보조 축으로 지정하시오. |
| | 　　　　계열 : ≪출력형태≫를 참조하여 표식(세모, 크기 10)과 레이블 값을 표시하시오. |
| | 　　　　눈금선 : 선 스타일 – 파선 |
| | 　　　　축 : ≪출력형태≫를 참조하시오. |
| | (8) 범례 ⇒ 범례명을 변경하고 ≪출력형태≫를 참조하시오. |
| | (9) 도형 ⇒ '모서리가 둥근 사각형 설명선'을 삽입한 후 ≪출력형태≫와 같이 내용을 입력하시오. |
| | (10) 나머지 사항은 ≪출력형태≫에 맞게 작성하시오. |
| 출력형태 | 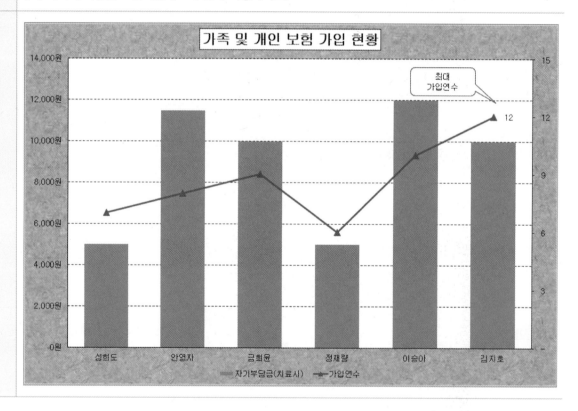 |

**주의** 시트명 순서가 차례대로 "제1작업", "제2작업", "제3작업", "제4작업"이 되도록 할 것

## ITQ 합격에 필요한 자료를 모두 모았습니다.

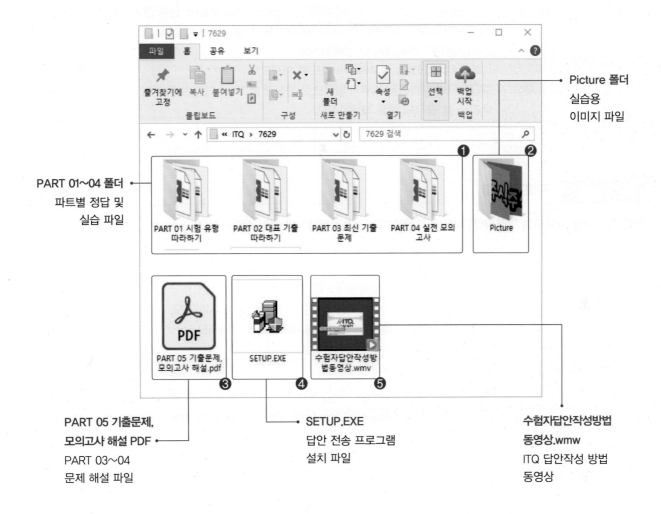

**Picture 폴더**
실습용
이미지 파일

**PART 01~04 폴더**
파트별 정답 및
실습 파일

**PART 05 기출문제,
모의고사 해설 PDF**
PART 03~04
문제 해설 파일

**SETUP.EXE**
답안 전송 프로그램
설치 파일

**수험자답안작성방법
동영상.wmw**
ITQ 답안작성 방법
동영상

### 다운로드 방법

① 이기적 영진닷컴(license.youngjin.com)에 접속한다.
② 상단 메인 메뉴에서 [자료실] − [ITQ]를 클릭한다.
③ '[2025] 이기적 ITQ 엑셀 ver.2021 부록 자료' 게시글을 클릭하여 첨부파일을 다운로드한다.

### 사용 방법

① 다운로드한 '7629.zip' 압축 파일에서 마우스 오른쪽 버튼을 눌러 압축을 해제한다.
② 압축이 풀린 후 '7629' 폴더를 더블 클릭하여 모든 파일이 들어 있는지 확인한다.

※ ITQ 시험은 빈 문서에서 내용을 입력하는 것부터 시험 시작입니다. 처음 시험 공부를 하실 때에는 빈 문서에서 차근차근 연습해 주세요.

"제1작업" 시트의 「B4:H12」 영역을 복사하여 "제2작업" 시트의 「B2」 셀부터 모두 붙여넣기를 한 후 다음의 조건과 같이 작업하시오.

| 조건 | |
|---|---|
| | (1) 고급 필터 – 생년월일이 '1990–01–01' 이후(해당일 포함)이거나 구분이 '단체'인 자료의 사원코드, 가입연수, 월 보험료(단위:원), 자기부담금(치료시) 데이터만 추출하시오.<br>– 조건 범위 : 「B14」 셀부터 입력하시오.<br>– 복사 위치 : 「B18」 셀부터 나타나도록 하시오.<br>(2) 표 서식 – 고급필터의 결과셀을 채우기 없음으로 설정한 후 '표 스타일 보통 7'의 서식을 적용하시오.<br>– 머리글 행, 줄무늬 행을 적용하시오. |

"제1작업" 시트를 이용하여 "제3작업" 시트에 조건에 따라 ≪출력형태≫와 같이 작업하시오.

| 조건 | |
|---|---|
| | (1) 가입연수 및 구분별 사원명의 개수와 월 보험료(단위:원)의 평균을 구하시오.<br>(2) 가입연수를 그룹화하고, 구분을 ≪출력형태≫와 같이 정렬하시오.<br>(3) 레이블이 있는 셀 병합 및 가운데 맞춤 적용 및 빈 셀은 '***'로 표시하시오.<br>(4) 행의 총합계는 지우고, 나머지 사항은 ≪출력형태≫에 맞게 작성하시오. |

출력형태

| 가입연수 | 구분 | | | | | | |
|---|---|---|---|---|---|---|---|
| | 단체 | | 개인 | | 가족 | | |
| | 개수 : 사원명 | 평균 : 월 보험료(단위:원) | 개수 : 사원명 | 평균 : 월 보험료(단위:원) | 개수 : 사원명 | 평균 : 월 보험료(단위:원) |
| 6-8 | *** | *** | 1 | 82,000 | 2 | 79,500 |
| 9-11 | 1 | 57,000 | 1 | 26,000 | 1 | 32,000 |
| 12-14 | 1 | 43,600 | 1 | 25,000 | *** | *** |
| 총합계 | 2 | 50,300 | 3 | 44,333 | 3 | 63,667 |

## STEP 01 시험 유형 따라하기로 유형 학습하기

**난이도**
챕터별 난이도를 상중하로 나누어
난이도별 집중 학습이 가능합니다.

**문제/정답파일**
문제 풀이와 채점에 활용할 수 있는
문제/정답파일을 제공합니다.

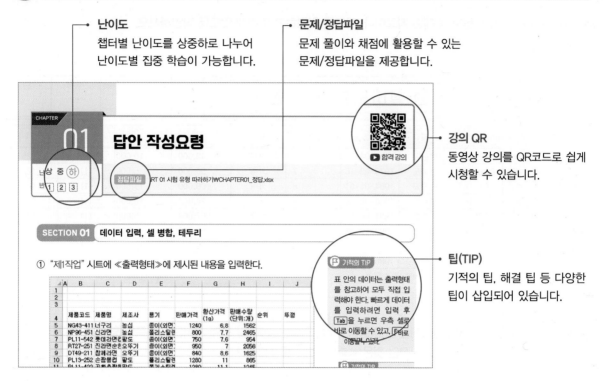

**강의 QR**
동영상 강의를 QR코드로 쉽게
시청할 수 있습니다.

**팁(TIP)**
기적의 팁, 해결 팁 등 다양한
팁이 삽입되어 있습니다.

## STEP 02 대표 기출 따라하기로 실제 시험 정복

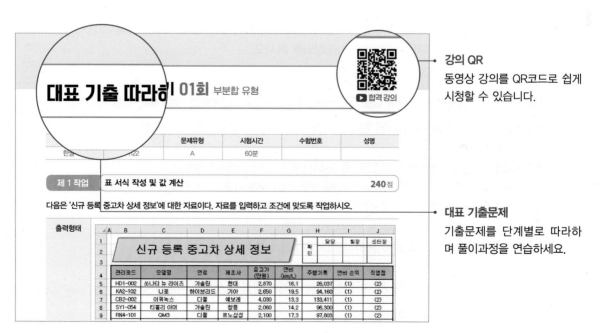

**강의 QR**
동영상 강의를 QR코드로 쉽게
시청할 수 있습니다.

**대표 기출문제**
기출문제를 단계별로 따라하
며 풀이과정을 연습하세요.

## 제 1 작업   표 서식 작성 및 값 계산                                   240점

다음은 '사원 실비보험 가입 현황'에 대한 자료이다. 자료를 입력하고 조건에 맞도록 작업하시오.

**출력형태**

| A | 사원코드 | 사원명 | 생년월일 | 가입연수 | 구분 | 월 보험료 (단위:원) | 자기부담금 (치료시) | 근무지 | 나이 |
|---|---|---|---|---|---|---|---|---|---|
| | | | | | | | | **담당** 팀장 센터장 결재 | |

| 사원코드 | 사원명 | 생년월일 | 가입연수 | 구분 | 월 보험료 (단위:원) | 자기부담금 (치료시) | 근무지 | 나이 |
|---|---|---|---|---|---|---|---|---|
| SK8-122 | 정은지 | 1982-04-12 | 14 | 단체 | 43,600 | 10,000 | (1) | (2) |
| DP8-234 | 성희도 | 1979-03-16 | 7 | 가족 | 50,000 | 5,000 | (1) | (2) |
| EP7-145 | 안영자 | 1984-01-07 | 8 | 가족 | 109,000 | 11,500 | (1) | (2) |
| SP7-165 | 금희윤 | 1976-05-14 | 9 | 개인 | 26,000 | 10,000 | (1) | (2) |
| DP7-221 | 박승호 | 1991-08-15 | 11 | 단체 | 57,000 | 5,000 | (1) | (2) |
| EP8-145 | 정재량 | 1990-12-03 | 6 | 개인 | 82,000 | 5,000 | (1) | (2) |
| DP6-288 | 이승아 | 1989-09-19 | 10 | 가족 | 32,000 | 12,000 | (1) | (2) |
| EP6-137 | 김지호 | 1985-04-08 | 12 | 개인 | 25,000 | 10,000 | (1) | (2) |
| 월 보험료(단위:원) 최고 금액 | | | (3) | | 단체 가입자 수 | | | (5) |
| 10년 이상된 가입자 수 | | | (4) | | 사원코드 | SK8-122 | 가입연수 | (6) |

**조건**

- 모든 데이터의 서식에는 글꼴(굴림, 11pt), 정렬은 숫자 및 회계 서식은 오른쪽 정렬, 나머지 서식은 가운데 정렬로 작성하며 예외적인 것은 ≪출력형태≫를 참조하시오.
- 제목 ⇒ 도형(십자형)과 그림자(오프셋 오른쪽)를 이용하여 작성하고 "사원 실비보험 가입 현황"을 입력한 후 다음 서식을 적용하시오(글꼴 – 굴림, 24pt, 검정, 굵게, 채우기 – 노랑).
- 임의의 셀에 결재란을 작성하여 그림으로 복사 기능을 이용하여 붙이기 하시오(단, 원본 삭제).
- 「B4:J4, G14, I14」 영역은 '주황'으로 채우기 하시오.
- 유효성 검사를 이용하여 「H14」 셀에 사원코드(「B5:B12」 영역)가 선택 표시되도록 하시오.
- 셀 서식 ⇒ 「H5:H12」 영역에 셀 서식을 이용하여 숫자 뒤에 '원'을 표시하시오(예 : 10,000원).
- 「G5:G12」 영역에 대해 '보험료'로 이름정의를 하시오.

(1)~(6) 셀은 반드시 <u>주어진 함수를 이용</u>하여 값을 구하시오(결과값을 직접 입력하면 해당 셀은 0점 처리됨).

(1) 근무지 ⇒ 사원코드의 첫 번째 글자가 S이면 '본부', D이면 '연수원', 그 외에는 '센터'로 구하시오.
         (IF, LEFT 함수).

(2) 나이 ⇒ 「현재 시스템의 연도 – 생년월일의 연도」로 구하시오(TODAY, YEAR 함수).

(3) 월 보험료(단위:원) 최고 금액 ⇒ 정의된 이름(보험료)을 이용하여 구하시오(MAX 함수).

(4) 10년 이상된 가입자 수 ⇒ 가입연수가 10 이상인 수를 구한 결과값 뒤에 '명'을 붙이시오
            (COUNTIF 함수, & 연산자)(예 : 2명).

(5) 단체 가입자 수 ⇒ 조건은 입력 데이터를 이용하시오(DCOUNTA 함수).

(6) 가입연수 ⇒ 「H14」 셀에서 선택한 사원코드에 대한 가입연수를 구하시오(VLOOKUP 함수).

(7) 조건부 서식의 수식을 이용하여 가입연수가 '10' 이상인 행 전체에 다음의 서식을 적용하시오
    (글꼴 : 파랑, 굵게).

## 최신 기출문제, 실전 모의고사로 마무리 학습

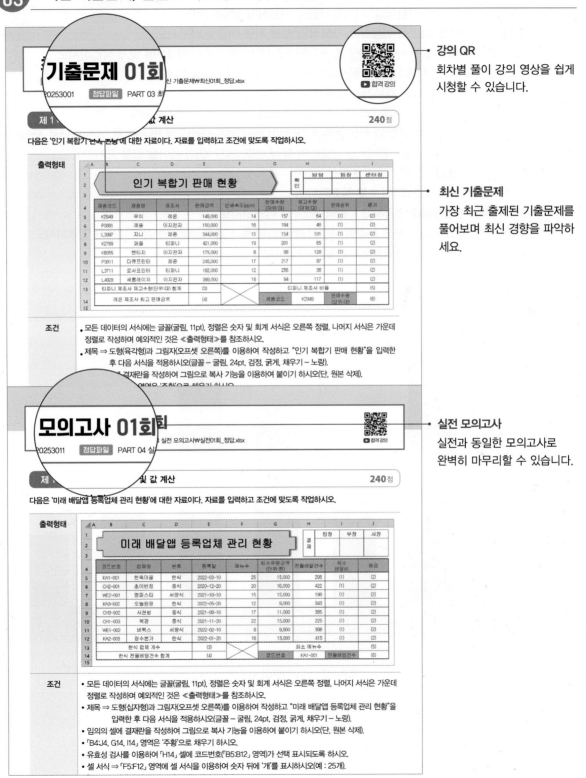

**강의 QR**
회차별 풀이 강의 영상을 쉽게 시청할 수 있습니다.

**최신 기출문제**
가장 최근 출제된 기출문제를 풀어보며 최신 경향을 파악하세요.

**실전 모의고사**
실전과 동일한 모의고사로 완벽히 마무리할 수 있습니다.

### 기출문제 01회

20253001 정답파일 PART 03 최신 기출문제₩최신01회_정답.xlsx

▶합격강의

제 1 값 계산                                         240점

다음은 '인기 복합기 판매 현황'에 대한 자료이다. 자료를 입력하고 조건에 맞도록 작업하시오.

**출력형태**

인기 복합기 판매 현황

| 제품코드 | 제품명 | 제조사 | 판매금액 | 판매속도(ppm) | 판매수량(단위:대) | 재고수량(단위:대) | 판매순위 | 평가 |
|---|---|---|---|---|---|---|---|---|
| K2949 | 쿠이 | 레온 | 148,000 | 14 | 157 | 64 | (1) | (2) |
| P3861 | 레옹 | 이지전자 | 150,000 | 16 | 184 | 48 | (1) | (2) |
| L3997 | 지니 | 레온 | 344,000 | 15 | 154 | 101 | (1) | (2) |
| K2789 | 퍼플 | 티파니 | 421,000 | 19 | 201 | 65 | (1) | (2) |
| KB955 | 벤티지 | 이지전자 | 175,000 | 8 | 98 | 128 | (1) | (2) |
| P3811 | 다큐프린터 | 레온 | 245,000 | 17 | 217 | 87 | (1) | (2) |
| L3711 | 로사프린터 | 티파니 | 182,000 | 12 | 256 | 36 | (1) | (2) |
| L4928 | 새롬레이저 | 이지전자 | 389,000 | 18 | 94 | 117 | (1) | (2) |

확인: 담당 팀장 센터장

티파니 제조사 재고수량(단위:대) 합계 (3) · 티파니 제조사 비율 (5)
레온 제조사 최고 판매금액 (4) · 제품코드 K2949 · 판매수량(단위:대) (6)

**조건**
• 모든 데이터의 서식에는 글꼴(굴림, 11pt), 정렬은 숫자 및 회계 서식은 오른쪽 정렬, 나머지 서식은 가운데 정렬로 작성하며 예외적인 것은 《출력형태》를 참조하시오.
• 제목 ⇒ 도형(육각형)과 그림자(오프셋 오른쪽)를 이용하여 작성하고 "인기 복합기 판매 현황"을 입력한 후 다음 서식을 적용하시오(글꼴 – 굴림, 24pt, 검정, 굵게, 채우기 – 노랑).
• 결재란을 작성하여 그림으로 복사 기능을 이용하여 붙이기 하시오(단, 원본 삭제).
• 영역을 '주황'으로 채우기 하시오.

### 모의고사 01회

20253011 정답파일 PART 04 실전 모의고사₩실전01회_정답.xlsx

▶합격강의

제 값 계산                                         240점

다음은 '미래 배달앱 등록업체 관리 현황'에 대한 자료이다. 자료를 입력하고 조건에 맞도록 작업하시오.

**출력형태**

미래 배달앱 등록업체 관리 현황

| 코드번호 | 업체명 | 분류 | 등록일 | 메뉴수 | 최소주문금액(단위:원) | 전월배달건수 | 최소배달비 | 등급 |
|---|---|---|---|---|---|---|---|---|
| KA1-001 | 한옥마을 | 한식 | 2022-03-10 | 25 | 15,000 | 295 | (1) | (2) |
| CH2-001 | 초이반점 | 중식 | 2020-12-20 | 20 | 16,000 | 422 | (1) | (2) |
| WE2-001 | 영파스타 | 서양식 | 2021-10-10 | 15 | 15,000 | 198 | (1) | (2) |
| KA3-002 | 오늘원장 | 한식 | 2022-05-20 | 12 | 9,000 | 343 | (1) | (2) |
| CH3-002 | 사천성 | 중식 | 2021-08-10 | 17 | 11,000 | 385 | (1) | (2) |
| CH1-003 | 북경 | 중식 | 2021-11-20 | 22 | 15,000 | 225 | (1) | (2) |
| WE1-002 | 버벅스 | 서양식 | 2022-02-10 | 9 | 9,900 | 398 | (1) | (2) |
| KA2-003 | 장수본가 | 한식 | 2022-01-20 | 16 | 13,000 | 415 | (1) | (2) |

결재: 팀장 부장 사장

한식 업체 개수 (3) · 최소 메뉴수 (5)
한식 전월배달건수 합계 (4) · 코드번호 KA1-001 · 전월배달건수 (6)

**조건**
• 모든 데이터의 서식에는 글꼴(굴림, 11pt), 정렬은 숫자 및 회계 서식은 오른쪽 정렬, 나머지 서식은 가운데 정렬로 작성하며 예외적인 것은 《출력형태》를 참조하시오.
• 제목 ⇒ 도형(십자형)과 그림자(오프셋 오른쪽)를 이용하여 작성하고 "미래 배달앱 등록업체 관리 현황"을 입력한 후 다음 서식을 적용하시오(글꼴 – 굴림, 24pt, 검정, 굵게, 채우기 – 노랑).
• 임의의 셀에 결재란을 작성하여 그림으로 복사 기능을 이용하여 붙이기 하시오(단, 원본 삭제).
• 「B4:J4, G14, I14」 영역은 '주황'으로 채우기 하시오.
• 유효성 검사를 이용하여 「H14」 셀에 코드번호(「B5:B12」 영역)가 선택 표시되도록 하시오.
• 셀 서식 ⇒ 「F5:F12」 영역에 셀 서식을 이용하여 숫자 뒤에 '개'를 표시하시오(예 : 25개).

"제1작업" 시트를 이용하여 조건에 따라 ≪출력형태≫와 같이 작업하시오.

| 조건 | (1) 차트 종류 ⇒ 〈묶은 세로 막대형〉으로 작업하시오. |
|---|---|
| | (2) 데이터 범위 ⇒ "제1작업" 시트의 내용을 이용하여 작업하시오. |
| | (3) 위치 ⇒ "새 시트"로 이동하고, "제4작업"으로 시트 이름을 바꾸시오. |
| | (4) 차트 디자인 도구 ⇒ 레이아웃 3, 스타일 1을 선택하여 ≪출력형태≫에 맞게 작업하시오. |
| | (5) 영역 서식 ⇒ 차트 : 글꼴(굴림, 11pt), 채우기 효과(질감 – 파랑 박엽지) |
| | 　　　　　　　그림 : 채우기(흰색, 배경1) |
| | (6) 제목 서식 ⇒ 차트 제목 : 글꼴(굴림, 굵게, 20pt), 채우기(흰색, 배경1), 테두리 |
| | (7) 서식 ⇒ 출장일수 계열의 차트 종류를 〈표식이 있는 꺾은선형〉으로 변경한 후 보조 축으로 지정하시오. |
| | 　　　　계열 : ≪출력형태≫를 참조하여 표식(세모, 크기 10)과 레이블 값을 표시하시오. |
| | 　　　　눈금선 : 선 스타일 – 파선 |
| | 　　　　축 : ≪출력형태≫를 참조하시오. |
| | (8) 범례 ⇒ 범례명을 변경하고 ≪출력형태≫를 참조하시오. |
| | (9) 도형 ⇒ '모서리가 둥근 사각형 설명선'을 삽입한 후 ≪출력형태≫와 같이 내용을 입력하시오. |
| | (10) 나머지 사항은 ≪출력형태≫에 맞게 작성하시오. |
| 출력형태 | 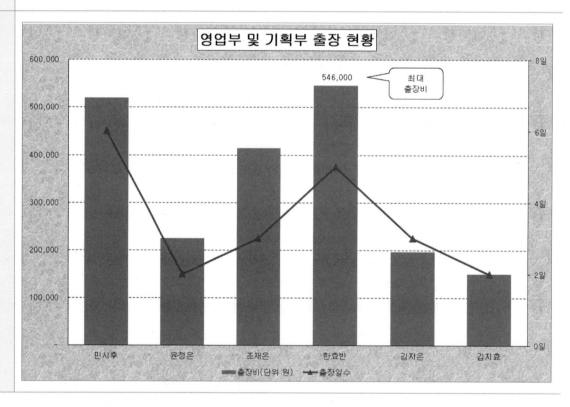 |

주의 시트명 순서가 차례대로 "제1작업", "제2작업", "제3작업", "제4작업"이 되도록 할 것

## STEP 01  ITQ 응시 자격 조건

제한 없음

## STEP 02  원서 접수하기

- https://license.kpc.or.kr 인터넷 접수
- 직접 선택한 고사장, 날짜, 시험 시간 확인(방문 접수 가능)
- 응시료

  1과목 : 22,000원 | 2과목 : 42,000원 | 3과목 : 60,000원

## STEP 03  시험 응시

- 60분 안에 답안 파일 작성
- 네트워크로 연결된 감독위원 PC로 답안 전송

## STEP 04  합격자 발표

https://license.kpc.or.kr에서 성적 확인 후 자격증 발급 신청

"제1작업" 시트의 「B4:H12」 영역을 복사하여 "제2작업" 시트의 「B2」 셀부터 모두 붙여넣기를 한 후 다음의 조건과 같이 작업하시오.

| 조건 | |
|---|---|
| | (1) 목표값 찾기 – 「B11:G11」 셀을 병합하여 "영업부의 출장비(단위:원) 평균"을 입력한 후 「H11」 셀에 영업부의 출장비(단위:원) 평균을 구하시오. 단 조건은 입력데이터를 이용하시오 (DAVERAGE 함수, 테두리, 가운데 맞춤). |
| | – '영업부의 출장비(단위:원) 평균'이 '300,000'이 되려면 민시후의 출장비(단위:원)가 얼마가 되어야 하는지 목표값을 구하시오. |
| | (2) 고급필터 – 부서명이 '영업부'가 아니면서 출장일수가 '4' 이하인 자료의 사원명, 직급, 출장일수, 출발일자 데이터만 추출하시오. |
| | – 조건 범위 : 「B14」 셀부터 입력하시오. |
| | – 복사 위치 : 「B18」 셀부터 나타나도록 하시오. |

"제1작업" 시트의 「B4:H12」 영역을 복사하여 "제3작업" 시트의 「B2」 셀부터 모두 붙여넣기를 한 후 다음의 조건과 같이 작업하시오.

| 조건 | |
|---|---|
| | (1) 부분합 – ≪출력형태≫처럼 정렬하고, 사원명의 개수와 출장비(단위:원)의 평균을 구하시오. |
| | (2) 개요【윤곽】 – 지우시오. |
| | (3) 나머지 사항은 ≪출력형태≫에 맞게 작성하시오. |

**출력형태**

| | A | B | C | D | E | F | G | H |
|---|---|---|---|---|---|---|---|---|
| 1 | | | | | | | | |
| 2 | | 사원번호 | 사원명 | 직급 | 부서명 | 출장비(단위:원) | 출장일수 | 출발일자 |
| 3 | | C10-25 | 한창훈 | 사원 | 인사부 | 128,000 | 2 | 2023-01-21 |
| 4 | | E10-25 | 박금희 | 대리 | 인사부 | 280,000 | 2 | 2023-01-15 |
| 5 | | | | | 인사부 평균 | 204,000 | | |
| 6 | | | 2 | | 인사부 개수 | | | |
| 7 | | C11-23 | 민시후 | 사원 | 영업부 | 520,000 | 6 | 2023-01-07 |
| 8 | | A07-01 | 윤정은 | 대리 | 영업부 | 225,000 | 2 | 2023-01-07 |
| 9 | | E09-53 | 김지은 | 과장 | 영업부 | 197,000 | 3 | 2023-01-06 |
| 10 | | | | | 영업부 평균 | 314,000 | | |
| 11 | | | 3 | | 영업부 개수 | | | |
| 12 | | A07-45 | 조재은 | 사원 | 기획부 | 415,000 | 3 | 2023-01-03 |
| 13 | | A08-23 | 한효빈 | 과장 | 기획부 | 546,000 | 5 | 2023-01-17 |
| 14 | | E09-12 | 김지효 | 대리 | 기획부 | 150,000 | 2 | 2023-01-12 |
| 15 | | | | | 기획부 평균 | 370,333 | | |
| 16 | | | 3 | | 기획부 개수 | | | |
| 17 | | | | | 전체 평균 | 307,625 | | |
| 18 | | | 8 | | 전체 개수 | | | |
| 19 | | | | | | | | |

## 01 ITQ 시험 과목

| 자격 종목 | 시험 과목 | S/W Version | 접수 방법 | 시험 방식 |
|---|---|---|---|---|
| 정보기술자격<br>(ITQ) | 아래한글 | 한컴오피스 2020/2016(NEO) 선택 | 온라인/방문 | PBT |
| | 한글엑셀<br>한글파워포인트<br>한글액세스 | MS Office 2021/2016 선택 | | |
| | 인터넷 | 익스플로러 8.0 이상 | | |

- 정보기술자격(ITQ) 시험은 정보기술 실무능력을 평가하는 시험으로 국민 누구나 응시가 가능한 시험이다.
- 동일 회차에 최대 3과목까지 신청자가 선택하여 응시할 수 있다.
- 아래한글 과목은 2025년 1월부터 2022/2020 선택 응시로 변경된다.

## 02 시험 배점 및 시험 시간

| 시험 배점 | 시험 방법 | 시험 시간 |
|---|---|---|
| 과목당 500점 | 실무작업형 실기시험 | 과목당 60분 |

## 03 시험 검정 기준

ITQ 시험은 500점 만점을 기준으로 200점 이상 취득자에 한해서 C등급부터 A등급까지 등급별 자격을 부여하며, 낮은 등급을 받은 수험생이 차기 시험에 재응시하여 높은 등급을 받으면 등급을 업그레이드 할 수 있다.

| A등급 | B등급 | C등급 |
|---|---|---|
| 500 ~ 400점 | 399 ~ 300점 | 299 ~ 200점 |

※ 200점 미만은 불합격 처리

## 04 등급 기준

| A등급 | 주어진 과제의 100~80%를 정확히 해결할 수 있는 능력 수준 |
|---|---|
| B등급 | 주어진 과제의 79~60%를 정확히 해결할 수 있는 능력 수준 |
| C등급 | 주어진 과제의 59~40%를 정확히 해결할 수 있는 능력 수준 |

## 제 1 작업  표 서식 작성 및 값 계산   240점

다음은 '1월 사원 출장 현황'에 대한 자료이다. 자료를 입력하고 조건에 맞도록 작업하시오.

**출력형태**

| 사원번호 | 사원명 | 직급 | 부서명 | 출장비<br>(단위:원) | 출장일수 | 출발일자 | 출발<br>요일 | 비고 |
|---|---|---|---|---|---|---|---|---|
| | | | | **1월 사원 출장 현황** | | 결<br>재 | 담당 / 팀장 / 부장 | |
| C11-23 | 민시후 | 사원 | 영업부 | 520,000 | 6 | 2023-01-07 | (1) | (2) |
| C10-25 | 한창훈 | 사원 | 인사부 | 128,000 | 2 | 2023-01-21 | (1) | (2) |
| A07-01 | 윤정은 | 대리 | 영업부 | 225,000 | 2 | 2023-01-07 | (1) | (2) |
| A07-45 | 조재은 | 사원 | 기획부 | 415,000 | 3 | 2023-01-03 | (1) | (2) |
| E10-25 | 박금희 | 대리 | 인사부 | 280,000 | 2 | 2023-01-15 | (1) | (2) |
| A08-23 | 한효빈 | 과장 | 기획부 | 546,000 | 5 | 2023-01-17 | (1) | (2) |
| E09-53 | 김지은 | 과장 | 영업부 | 197,000 | 3 | 2023-01-06 | (1) | (2) |
| E09-12 | 김지효 | 대리 | 기획부 | 150,000 | 2 | 2023-01-12 | (1) | (2) |
| 인사부의 출장일수 평균 | | | (3) | | | 최대 출장비(단위:원) | | (5) |
| 사원의 출장일수 합계 | | | (4) | | 사원번호 | C11-23 | 출장일수 | (6) |

**조건**

- 모든 데이터의 서식에는 글꼴(굴림, 11pt), 정렬은 숫자 및 회계 서식은 오른쪽 정렬, 나머지 서식은 가운데 정렬로 작성하며 예외적인 것은 《출력형태》를 참조하시오.
- 제목 ⇒ 도형(평행 사변형)과 그림자(오프셋 오른쪽)를 이용하여 작성하고 "1월 사원 출장 현황"을 입력한 후 다음 서식을 적용하시오(글꼴 – 굴림, 24pt, 검정, 굵게, 채우기 – 노랑).
- 임의의 셀에 결재란을 작성하여 그림으로 복사 기능을 이용하여 붙이기 하시오(단, 원본 삭제).
- 「B4:J4, G14, I14」 영역은 '주황'으로 채우기 하시오.
- 유효성 검사를 이용하여 「H14」 셀에 사원번호(「B5:B12」 영역)가 선택 표시되도록 하시오.
- 셀 서식 ⇒ 「G5:G12」 영역에 셀 서식을 이용하여 숫자 뒤에 '일'을 표시하시오(예 : 6일).
- 「F5:F12」 영역에 대해 '출장비'로 이름정의를 하시오.

**(1)~(6) 셀은 반드시 주어진 함수를 이용하여 값을 구하시오(결과값을 직접 입력하면 해당 셀은 0점 처리됨).**

(1) 출발요일 ⇒ 출발일자의 요일을 예와 같이 구하시오(CHOOSE, WEEKDAY 함수)(예 : 월요일).

(2) 비고 ⇒ 출장일수가 5 이상이면 '출장일수 많음', 그 외에는 공백으로 표시하시오(IF 함수).

(3) 인사부의 출장일수 평균 ⇒ (SUMIF, COUNTIF 함수)

(4) 사원의 출장일수 합계 ⇒ 결과값에 '일'을 붙이시오. 단, 조건은 입력데이터를 이용하시오
　　　　　　　　　　　　　(DSUM 함수, & 연산자)(예 : 1일).

(5) 최대 출장비(단위:원) ⇒ 정의된 이름(출장비)을 이용하여 구하시오(MAX 함수).

(6) 출장일수 ⇒ 「H14」 셀에서 선택한 사원번호에 대한 출장일수를 표시하시오(VLOOKUP 함수).

(7) 조건부 서식의 수식을 이용하여 출장비(단위:원)가 '200,000' 이하인 행 전체에 다음의 서식을 적용하시오
　　(글꼴 : 파랑, 굵게).

ITQ 엑셀은 엑셀 스프레드시트 프로그램의 주요 기능을 두루 이해하고, 활용할 수 있는지를 평가하는 시험입니다. 타 과목에 비해서 학습 난이도가 있지만 실무적인 활용도가 가장 높은 과목입니다. 60분 동안 4개의 작업시트를 작성해야 합니다.

## 제1작업  표 서식 작성 및 값 계산 ———————————————————— 배점 240점

| 제품코드 | 제품명 | 제조사 | 용기 | 판매가격 | 환산가격 (1g) | 판매수량 (단위:개) | 순위 | 뚜껑 |
|---|---|---|---|---|---|---|---|---|
| NG43-411 | 너구리 | 농심 | 종이(외면) | 1,240원 | 6.8 | 1,562 | 1 | 에틸렌초산비닐 |
| NP96-451 | 신라면 | 농심 | 폴리스틸렌 | 800원 | 7.7 | 2,465 | 4 | 폴리에틸렌 |
| PL11-542 | 롯데라면컵 | 팔도 | 종이(외면) | 750원 | 7.6 | 954 | 3 | 폴리에틸렌 |
| RT27-251 | 진라면순한맛 | 오뚜기 | 종이(외면) | 950원 | 7.0 | 2,056 | 2 | 폴리에틸렌 |
| DT49-211 | 참깨라면 | 오뚜기 | 종이(외면) | 840원 | 8.6 | 1,625 | 5 | 폴리에틸렌 |
| PL13-252 | 손짬뽕컵 | 팔도 | 폴리스틸렌수지 | 1,280원 | 11.0 | 865 | 6 | 에틸렌초산비닐 |
| PL11-422 | 공화춘짬뽕 | 팔도 | 폴리스틸렌 | 1,280원 | 11.1 | 1,245 | 8 | 폴리에틸렌 |
| NA21-451 | 육개장 | 농심 | 폴리스틸렌 | 850원 | 11.0 | 1,432 | 6 | 에틸렌초산비닐 |
| 종이(외면) 용기 제품의 개수 | | | 4개 | | 최저 판매수량(단위:개) | | | 954 |
| 오뚜기 제품의 판매가격 평균 | | | 895 | | 제품코드 | NG43-411 | 판매가격 | 1562 |

**컵라면 가격 및 판매수량**

결재 | 담당 | 팀장 | 대표

### ✔ 체크포인트
– 셀 서식 기능과 유효성 검사
– 셀 병합 기능과 열 너비 조정
– 서식 도구 모음의 활용과 다양한 함수의 활용
– 그림 복사 기능과 조건부 서식 지정
– 그리기 도구 활용과 그림자 스타일 적용

▶ **평가기능** : 조건에 따른 서식과 다양한 함수 사용 능력 등을 종합적으로 평가

## 제2작업  목표값 찾기 및 필터/필터 및 서식 ———————————————————— 배점 80점

| 전시코드 | 전시명 | 전시구분 | 전시장소 | 전시 시작일 | 관람인원 (단위:명) | 전시기간 |
|---|---|---|---|---|---|---|
| A2314 | 메소포타미아 | 상설 | 1전시실 | 2023-07-08 | 18,020 | 61 |
| B3242 | 분청사기 | 외부 | 시립박물관 | 2023-06-02 | 15,480 | 30 |
| S4372 | 거장의 시선 | 특별 | 특별전시실 | 2023-05-10 | 45,820 | 25 |
| B3247 | 외규장각 의궤 | 외부 | 역사박물관 | 2023-05-12 | 27,500 | 30 |
| A2344 | 반가사유상 | 상설 | 2전시실 | 2023-07-05 | 28,000 | 92 |
| A2313 | 목칠공예 | 상설 | 3전시실 | 2023-06-05 | 48,000 | 57 |
| S2314 | 부처의 뜰 | 특별 | 특별전시실 | 2023-07-01 | 52,400 | 80 |
| S4325 | 근대 문예인 | 특별 | 특별전시실 | 2023-07-10 | 36,780 | 20 |
| 관람인원 전체 평균 | | | | | | 34,00 |

| 전시코드 | 관람인원 (단위:명) |
|---|---|
| B* | |
| | >=50000 |

| 전시코드 | 전시구분 | 관람인원 (단위:명) | 전시기간 |
|---|---|---|---|
| B3242 | 외부 | 15,480 | 30일 |
| B3247 | 외부 | 27,500 | 30일 |
| S2314 | 특별 | 52,400 | 80일 |

### ✔ 체크포인트
– 셀의 복사와 간단한 함수 이용
– 중복 데이터 제거와 자동 필터
– 선택하여 붙여넣기
– 고급 필터, 표 서식
– 목표값 찾기

▶ **평가기능** : 제1작업의 데이터를 이용하여 고급 필터 능력과 서식 적용 능력, 중복 데이터 제거 능력, 자동 필터 능력을 평가
  '목표값 찾기 및 필터'와 '필터 및 서식' 중 한 가지가 출제됨

"제1작업" 시트를 이용하여 조건에 따라 ≪출력형태≫와 같이 작업하시오.

| | |
|---|---|
| **조건** | (1) 차트 종류 ⇒ 〈묶은 세로 막대형〉으로 작업하시오.<br>(2) 데이터 범위 ⇒ "제1작업" 시트의 내용을 이용하여 작업하시오.<br>(3) 위치 ⇒ "새 시트"로 이동하고, "제4작업"으로 시트 이름을 바꾸시오.<br>(4) 차트 디자인 도구 ⇒ 레이아웃 3, 스타일 1을 선택하여 ≪출력형태≫에 맞게 작업하시오.<br>(5) 영역 서식 ⇒ 차트 : 글꼴(굴림, 11pt), 채우기 효과(질감 – 파랑 박엽지)<br>　　　　　　　　그림 : 채우기(흰색, 배경1)<br>(6) 제목 서식 ⇒ 차트 제목 : 글꼴(굴림, 굵게, 20pt), 채우기(흰색, 배경1), 테두리<br>(7) 서식 ⇒ 활동비(단위:원) 계열의 차트 종류를 〈표식이 있는 꺾은선형〉으로 변경한 후 보조 축으로 지정<br>　　　　하시오.<br>　　　　계열 : ≪출력형태≫를 참조하여 표식(세모, 크기 10)과 레이블 값을 표시하시오.<br>　　　　눈금선 : 선 스타일 – 파선<br>　　　　축 : ≪출력형태≫를 참조하시오.<br>(8) 범례 ⇒ 범례명을 변경하고 ≪출력형태≫를 참조하시오.<br>(9) 도형 ⇒ '모서리가 둥근 사각형 설명선'을 삽입한 후 ≪출력형태≫와 같이 내용을 입력하시오.<br>(10) 나머지 사항은 ≪출력형태≫에 맞게 작성하시오. |
| **출력형태** | 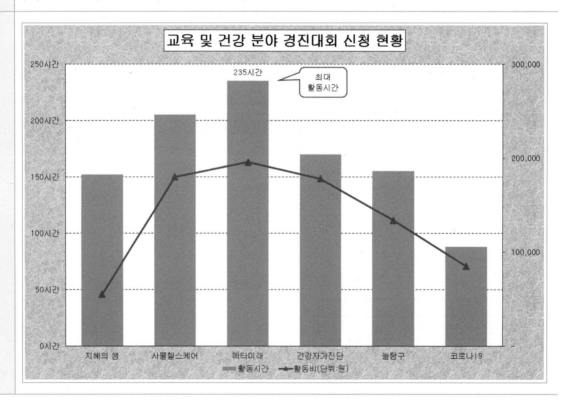 |

**주의** 시트명 순서가 차례대로 "제1작업", "제2작업", "제3작업", "제4작업"이 되도록 할 것

## 제3작업   정렬 및 부분합/피벗 테이블 ──────────────────────── 배점 80점

| | 전시코드 | 전시명 | 전시구분 | 전시장소 | 전시 시작일 | 관람인원 (단위:명) | 전시기간 |
|---|---|---|---|---|---|---|---|
| | S4372 | 거장의 시선 | 특별 | 특별전시실 | 2023-05-10 | 45,820 | 25일 |
| | S2314 | 부처의 뜰 | 특별 | 특별전시실 | 2023-07-01 | 52,400 | 80일 |
| | S4325 | 근대 문예인 | 특별 | 특별전시실 | 2023-07-10 | 36,780 | 20일 |
| | | | 특별 평균 | | | 45,000 | |
| | | 3 | 특별 계수 | | | | |
| | A2314 | 메소포타미아 | 상설 | 1전시실 | 2023-07-08 | 12,750 | 61일 |
| | A2344 | 반가사유상 | 상설 | 2전시실 | 2023-07-05 | 28,000 | 92일 |
| | A2313 | 목칠공예 | 상설 | 3전시실 | 2023-06-05 | 48,000 | 57일 |
| | | | 상설 평균 | | | 29,583 | |
| | | 3 | 상설 계수 | | | | |
| | B3242 | 분청사기 | 외부 | 시립박물관 | 2023-06-02 | 15,480 | 30일 |
| | B3247 | 외규장각 의궤 | 외부 | 역사박물관 | 2023-05-12 | 27,500 | 30일 |
| | | | 외부 평균 | | | 21,490 | |
| | | 2 | 외부 계수 | | | | |

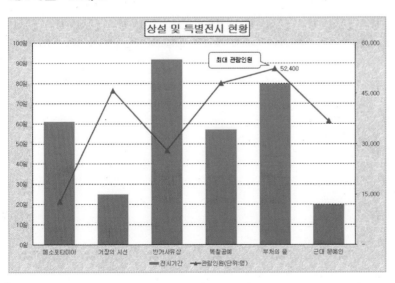

| 전시 시작일 | 외부 개수 : 전시명 | 외부 평균 : 관람인원(단위:명) | 특별 개수 : 전시명 | 특별 평균 : 관람인원(단위:명) | 상설 개수 : 전시명 | 상설 평균 : 관람인원(단위:명) |
|---|---|---|---|---|---|---|
| 5월 | 1 | 27,500 | 1 | 45,820 | ** | ** |
| 6월 | 1 | 15,480 | ** | ** | 1 | 48,000 |
| 7월 | ** | ** | 2 | 44,590 | 2 | 20,375 |
| 총합계 | 2 | 21,490 | 3 | 45,000 | 3 | 29,583 |

▶ **평가기능** : 필드별 분류, 계산·능력과 특정 항목의 요약·분석 능력 평가
'정렬 및 부분합', '피벗 테이블' 중 한 가지가 출제됨

✔ **체크포인트**
– 셀의 복사와 정렬
– 윤곽 지우기
– 선택하여 붙여넣기
– 부분합과 피벗 테이블의 자세한 기능

## 제4작업   그래프 ──────────────────────────── 배점 100점

**상설 및 특별전시 현황**

**최대 관람인원** · 52,400

전시기간    관람인원(단위:명)

✔ **체크포인트**
– 차트 종류와 데이터 범위 파악
– 차트 제목의 글꼴과 채우기
– 범례의 위치 및 수정
– 차트 영역 글꼴과 채우기 설정
– 축 최소값, 최대값, 주 단위 설정
– 그림 영역 채우기
– 데이터 계열 표식과 레이블 설정
– 도형 삽입

▶ **평가기능** : 차트 작성 능력 평가

"제1작업" 시트의 「B4:H12」 영역을 복사하여 "제2작업" 시트의 「B2」 셀부터 모두 붙여넣기를 한 후 다음의 조건과 같이 작업하시오.

| 조건 | (1) 고급 필터 – 지원분야가 '교육'이거나, 활동비(단위:원)이 '190,000' 이상인 자료의 팀명, 지도교수, 활동비(단위:원), 활동시간 데이터만 추출하시오. |
|------|---|
| | 　　　　　　 – 조건 범위 : 「B14」 셀부터 입력하시오. |
| | 　　　　　　 – 복사 위치 : 「B18」 셀부터 나타나도록 하시오. |
| | (2) 표 서식 – 고급필터의 결과셀을 채우기 없음으로 설정한 후 '표 스타일 보통 5'의 서식을 적용하시오. |
| | 　　　　　 – 머리글 행, 줄무늬 행을 적용하시오. |

"제1작업" 시트를 이용하여 "제3작업" 시트에 조건에 따라 ≪출력형태≫와 같이 작업하시오.

| 조건 | (1) 활동시간 및 지원분야별 팀명의 개수와 활동비(단위:원)의 평균을 구하시오. |
|------|---|
| | (2) 활동시간을 그룹화하고, 지원분야를 ≪출력형태≫와 같이 정렬하시오. |
| | (3) 레이블이 있는 셀 병합 및 가운데 맞춤 적용 및 빈 셀은 '**'로 표시하시오. |
| | (4) 행의 총합계는 지우고, 나머지 사항은 ≪출력형태≫에 맞게 작성하시오. |

**출력형태**

| 활동시간 | 지원분야 문화 | | 교육 | | 건강 | |
|---|---|---|---|---|---|---|
| | 개수 : 팀명 | 평균 : 활동비(단위:원) | 개수 : 팀명 | 평균 : 활동비(단위:원) | 개수 : 팀명 | 평균 : 활동비(단위:원) |
| 1-100 | ** | ** | ** | ** | 1 | 85,000 |
| 101-200 | 2 | 130,250 | 2 | 94,500 | 1 | 178,000 |
| 201-300 | ** | ** | 1 | 195,500 | 1 | 180,000 |
| 총합계 | 2 | 130,250 | 3 | 128,167 | 3 | 147,667 |

## 답안 전송 프로그램이란?

ITQ 시험은 답안 작성을 마친 후 저장한 답안 파일을 감독위원 PC로 전송하여 제출해야 합니다. 시험장에서 당황하는 일이 없도록, 답안 전송 프로그램으로 미리 연습해 보세요.

## 다운로드 및 설치법

**01** 이기적 홈페이지(license.youngjin.com)에 접속한 후 상단에 있는 [자료실]─[ITQ]를 클릭한다. '[2025] 이기적 ITQ 엑셀 ver.2021 부록 자료'를 클릭하고 첨부 파일을 다운로드 받아 압축을 해제한다.

**02** 다음과 같은 폴더가 열리면 'SETUP.EXE'를 더블클릭하여 프로그램을 실행시킨다.

※ 운영체제가 Windows 7 이상인 경우는 마우스 오른쪽 버튼을 클릭해 '관리자 권한으로 실행'을 선택하여 실행시킨다.

**03** 다음과 같이 설치 화면이 나오면 [다음]을 클릭하고 설치를 진행한다.

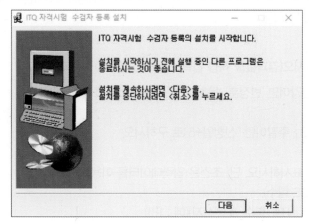

**04** 설치 진행이 완료되면 'ITQ 수험자용' 아이콘을 더블클릭하여 프로그램을 실행한다.

※ 여러 과목의 ITQ 시험을 함께 준비하는 수험생은 기존 과목의 프로그램을 삭제하지 마시고 그대로 사용하세요.

**제 1 작업** | **표 서식 작성 및 값 계산** | **240**점

다음은 '앱개발 경진대회 신청 현황'에 대한 자료이다. 자료를 입력하고 조건에 맞도록 작업하시오.

**출력형태**

| 코드 | 팀명 | 지도교수 | 지원분야 | 신청일 | 활동비 (단위:원) | 활동시간 | 서류심사 담당자 | 문자 발송일 |
|---|---|---|---|---|---|---|---|---|
| | | | | | 담당 | 팀장 | 부장 | 확인 |

### 앱개발 경진대회 신청 현황

| 코드 | 팀명 | 지도교수 | 지원분야 | 신청일 | 활동비 (단위:원) | 활동시간 | 서류심사 담당자 | 문자 발송일 |
|---|---|---|---|---|---|---|---|---|
| E1451 | 지혜의 샘 | 이지은 | 교육 | 2022-09-01 | 55,000 | 152 | (1) | (2) |
| H2512 | 사물헬스케어 | 박순호 | 건강 | 2022-08-15 | 180,000 | 205 | (1) | (2) |
| C3613 | 자연힐링 | 김경호 | 문화 | 2022-09-03 | 65,500 | 115 | (1) | (2) |
| E1452 | 메타미래 | 정유미 | 교육 | 2022-09-15 | 195,500 | 235 | (1) | (2) |
| H2513 | 건강자가진단 | 손기현 | 건강 | 2022-08-27 | 178,000 | 170 | (1) | (2) |
| E1458 | 늘탐구 | 김철수 | 교육 | 2022-09-05 | 134,000 | 155 | (1) | (2) |
| H2518 | 코로나19 | 서영희 | 건강 | 2022-09-10 | 85,000 | 88 | (1) | (2) |
| C3615 | 시공담문화 | 장민호 | 문화 | 2022-08-25 | 195,000 | 190 | (1) | (2) |
| 교육분야 평균 활동시간 | | | (3) | | 최대 활동비(단위:원) | | | (5) |
| 문화분야 신청 건수 | | | (4) | | 팀명 | 지혜의 샘 | 활동시간 | (6) |

**조건**

- 모든 데이터의 서식에는 글꼴(굴림, 11pt), 정렬은 숫자 및 회계 서식은 오른쪽 정렬, 나머지 서식은 가운데 정렬로 작성하며 예외적인 것은 《출력형태》를 참조하시오.
- 제목 ⇒ 도형(육각형)과 그림자(오프셋 아래쪽)를 이용하여 작성하고 "앱개발 경진대회 신청 현황"을 입력한 후 다음 서식을 적용하시오(글꼴 – 굴림, 24pt, 검정, 굵게, 채우기 – 노랑).
- 임의의 셀에 결재란을 작성하여 그림으로 복사 기능을 이용하여 붙이기 하시오(단, 원본 삭제).
- 「B4:J4, G14, I14」 영역은 '주황'으로 채우기 하시오.
- 유효성 검사를 이용하여 「H14」 셀에 팀명(「C5:C12」 영역)이 선택 표시되도록 하시오.
- 셀 서식 ⇒ 「H5:H12」 영역에 셀 서식을 이용하여 숫자 뒤에 '시간'을 표시하시오(예 : 100시간).
- 「G5:G12」 영역에 대해 '활동비'로 이름정의를 하시오.

(1)∼(6) 셀은 반드시 **주어진 함수**를 이용하여 값을 구하시오(결과값을 직접 입력하면 해당 셀은 0점 처리됨).

(1) 서류심사 담당자 ⇒ 지원분야가 교육이면 '민수진', 건강이면 '변정훈', 문화이면 '신동진'으로 표시하시오 (IF 함수).

(2) 문자 발송일 ⇒ 신청일의 요일이 평일이면 「신청일+3」, 주말이면 「신청일+5」로 구하시오 (CHOOSE, WEEKDAY 함수).

(3) 교육분야 평균 활동시간 ⇒ 평균을 올림하여 정수로 표시하시오. 단, 조건은 입력데이터를 이용하시오 (ROUNDUP, DAVERAGE 함수).

(4) 문화분야 신청 건수 ⇒ 결과값에 '건'을 붙이시오(COUNTIF 함수, & 연산자)(예 : 1건).

(5) 최대 활동비(단위:원) ⇒ 정의된 이름(활동비)을 이용하여 구하시오(LARGE 함수).

(6) 활동시간 ⇒ 「H14」 셀에서 선택한 팀명에 대한 활동시간을 구하시오(VLOOKUP 함수).

(7) 조건부 서식의 수식을 이용하여 활동시간이 '200' 이상인 행 전체에 다음의 서식을 적용하시오 (글꼴 : 파랑, 굵게).

## 시험 진행 순서

수험자 시험 시작 (20분 전 입실) ▶ 수험자 등록 (수험번호 등록) ▶ 시험 시작 (답안 작성) ▶ 답안 파일 저장 (수험자 PC 저장) ▶ 답안 파일 전송 (감독 PC로 전송) ▶ 시험 종료 (수험자 퇴실)

---

**01** 수험자 수험번호 등록

① 바탕화면에서 'ITQ 수험자용' 아이콘을 실행한다. [수험자 등록] 화면에 수험번호를 입력한 후 [확인]을 클릭한다.

② 수험번호가 화면과 같으면 [예]를 클릭한다. 다음 화면에서 수험번호, 성명, 수험과목, 좌석번호를 확인한다.

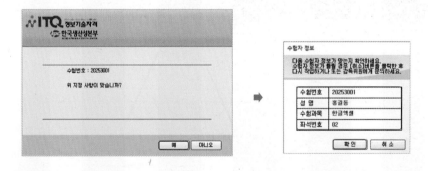

③ 다음과 같은 출력화면 확인 후 감독위원의 지시를 기다린다.

**"제1작업" 시트를 이용하여 조건에 따라 ≪출력형태≫와 같이 작업하시오.**

| 조건 | |
|---|---|
| | (1) 차트 종류 ⇒ 〈묶은 세로 막대형〉으로 작업하시오. |
| | (2) 데이터 범위 ⇒ "제1작업" 시트의 내용을 이용하여 작업하시오. |
| | (3) 위치 ⇒ "새 시트"로 이동하고, "제4작업"으로 시트 이름을 바꾸시오. |
| | (4) 차트 디자인 도구 ⇒ 레이아웃 3, 스타일 1를 선택하여 ≪출력형태≫에 맞게 작업하시오. |
| | (5) 영역 서식 ⇒ 차트 : 글꼴(굴림, 11pt), 채우기 효과(질감 – 파랑 박엽지) |
| | 　　　　　　　　 그림 : 채우기(흰색, 배경1) |
| | (6) 제목 서식 ⇒ 차트 제목 : 글꼴(굴림, 굵게, 20pt), 채우기(흰색, 배경1), 테두리 |
| | (7) 서식 ⇒ 현재인원(명) 계열의 차트 종류를 〈표식이 있는 꺾은선형〉으로 변경한 후 보조 축으로 지정하시오. |
| | 　　　　 계열 : ≪출력형태≫를 참조하여 표식(마름모, 크기 10)과 레이블 값을 표시하시오. |
| | 　　　　 눈금선 : 선 스타일 – 파선 |
| | 　　　　 축 : ≪출력형태≫를 참조하시오. |
| | (8) 범례 ⇒ 범례명을 변경하고 ≪출력형태≫를 참조하시오. |
| | (9) 도형 ⇒ '타원형 설명선'을 삽입한 후 ≪출력형태≫와 같이 내용을 입력하시오. |
| | (10) 나머지 사항은 ≪출력형태≫에 맞게 작성하시오. |
| 출력형태 | 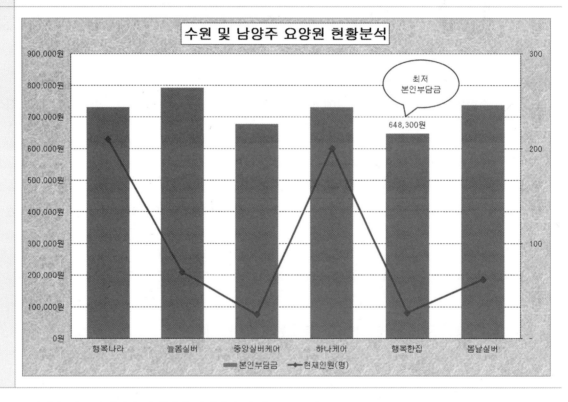 |

주의 시트명 순서가 차례대로 "제1작업", "제2작업", "제3작업", "제4작업"이 되도록 할 것

**02  시험 시작(답안 파일 작성)**

① 과목에 맞는 수검 프로그램(아래한글, MS오피스) 실행 후 답안 파일을 작성한다.

② 이미지 파일은 '내 PC₩문서₩ITQ₩Picture' 폴더 내의 파일을 참조한다.

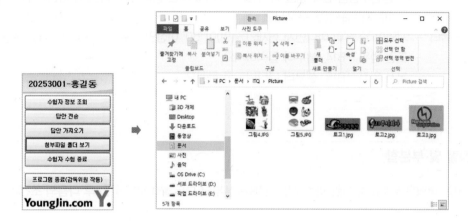

**03  답안 파일 저장(수험자 PC 저장)**

① 답안 파일은 '내 PC₩문서₩ITQ' 폴더에 저장한다.

② 답안 파일명은 '수험번호-성명'으로 저장해야 한다.
(단, 인터넷 과목은 '내 PC₩문서₩ITQ'의 '답안 파일-인터넷.hwp' 파일을 불러온 후 '수험번호-성명-인터넷.hwp'로 저장)

**04  답안 파일 전송(감독 PC로 전송)**

① 바탕화면의 실행 화면에서 [답안 전송]을 클릭한 후, 작성한 답안 파일을 감독 PC로 전송한다. 화면에서 작성한 답안 파일의 존재유무(파일이 '내 PC₩문서₩ITQ' 폴더에 있을 경우 '있음'으로 표시됨)를 확인 후 [답안 전송]을 클릭한다.

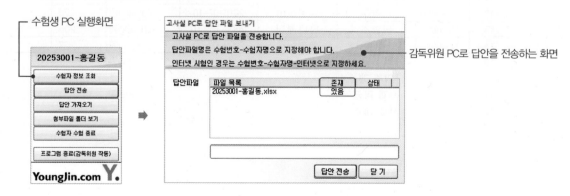

"제1작업" 시트의 「B4:H12」 영역을 복사하여 "제2작업" 시트의 「B2」 셀부터 모두 붙여넣기를 한 후 다음의 조건과 같이 작업하시오.

| 조건 | (1) 목표값 찾기 – 「B11:G11」 셀을 병합하여 "본인부담금 전체 평균"을 입력한 후 「H11」 셀에 본인부담금의 전체 평균을 구하시오(AVERAGE 함수, 테두리, 가운데 맞춤). |
|---|---|
| |     – '본인부담금 전체 평균'이 '725,000'이 되려면 행복나라의 본인부담금이 얼마가 되어야 하는지 목표값을 구하시오. |
| | (2) 고급필터 – 지역이 '수원'이 아니면서 현재인원(명)이 '50' 이상인 자료의 데이터만 추출하시오. |
| |     – 조건 범위 : 「B14」 셀부터 입력하시오. |
| |     – 복사 위치 : 「B18」 셀부터 나타나도록 하시오. |

"제1작업" 시트의 「B4:H12」 영역을 복사하여 "제3작업" 시트의 「B2」 셀부터 모두 붙여넣기를 한 후 다음의 조건과 같이 작업하시오.

| 조건 | (1) 부분합 – ≪출력형태≫처럼 정렬하고, 요양원의 개수와 본인부담금의 평균을 구하시오. |
|---|---|
| | (2) 개요【윤곽】 – 지우시오. |
| | (3) 나머지 사항은 ≪출력형태≫에 맞게 작성하시오. |

**출력형태**

| ▲ | A | B | C | D | E | F | G | H |
|---|---|---|---|---|---|---|---|---|
| 1 | | | | | | | | |
| 2 | | 관리번호 | 지역 | 요양원 | 설립일 | 본인부담금 | 현재인원 (명) | 요양보호사수 (명) |
| 3 | | Y1-001 | 용인 | 민들레 | 2015-07-10 | 728,400원 | 130 | 62 |
| 4 | | Y3-002 | 용인 | 온누리 | 2019-02-10 | 783,900원 | 20 | 9 |
| 5 | | | 용인 평균 | | | 756,150원 | | |
| 6 | | | 용인 개수 | 2 | | | | |
| 7 | | S1-001 | 수원 | 행복나라 | 2013-01-02 | 731,400원 | 210 | 101 |
| 8 | | S3-002 | 수원 | 중앙실버케어 | 2014-02-20 | 678,300원 | 25 | 12 |
| 9 | | S2-003 | 수원 | 봄날실버 | 2016-12-20 | 737,400원 | 62 | 29 |
| 10 | | | 수원 평균 | | | 715,700원 | | |
| 11 | | | 수원 개수 | 3 | | | | |
| 12 | | N2-001 | 남양주 | 늘봄실버 | 2010-07-10 | 791,400원 | 70 | 37 |
| 13 | | N1-002 | 남양주 | 하나케어 | 2009-02-10 | 731,400원 | 200 | 103 |
| 14 | | N3-003 | 남양주 | 행복한집 | 2008-06-20 | 648,300원 | 27 | 15 |
| 15 | | | 남양주 평균 | | | 723,700원 | | |
| 16 | | | 남양주 개수 | 3 | | | | |
| 17 | | | 전체 평균 | | | 728,813원 | | |
| 18 | | | 전체 개수 | 8 | | | | |

② 전송이 성공적으로 끝나면 상태 부분에 '성공'이라 표시된다.

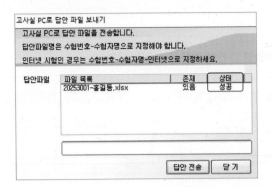

① 수험자 PC화면에서 [수험자 수험 종료]를 클릭한 후 감독위원의 지시를 기다린다.

② 감독위원의 퇴실 지시에 따라 퇴실한다.

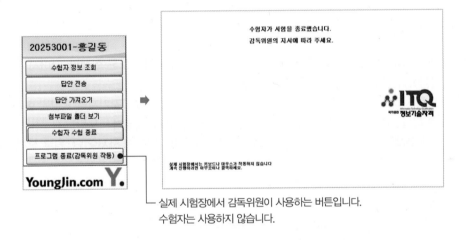

실제 시험장에서 감독위원이 사용하는 버튼입니다.
수험자는 사용하지 않습니다.

### 답안 전송 프로그램 안내

• **프로그램을 설치했는데 '339 런타임 오류가 발생하였습니다'라는 오류 메시지가 나타나는 경우**
프로그램 설치 시 마우스 오른쪽 버튼을 클릭하여 '관리자 권한으로 실행'을 선택하여 설치하고, 설치 후 실행 시에도 '관리자 권한으로 실행'을 선택해주세요.

• **프로그램을 실행하는데 'vb6ko.dll' 파일 오류가 나타나는 경우**
이기적 홈페이지의 ITQ 자료실 공지사항을 확인해주시고, 첨부 파일을 다운로드 받아 해당 폴더에 넣어주세요.
  - 윈도우 XP : C:\Windows\System
  - 윈도우 7/10 32bit : C:\Windows\System32
  - 윈도우 7/10 64bit : C:\Windows\System32와 C:\Windows\Syswow64

---

## 제 1 작업   표 서식 작성 및 값 계산                    240점

다음은 '경기지역 요양원 현황'에 대한 자료이다. 자료를 입력하고 조건에 맞도록 작업하시오.

**출력형태**

|  | 결재 | 팀장 | 과장 | 대표 |
|---|---|---|---|---|

**경기지역 요양원 현황**

| 관리번호 | 지역 | 요양원 | 설립일 | 본인부담금 | 현재인원(명) | 요양보호사수(명) | 등급 | 시설구분 |
|---|---|---|---|---|---|---|---|---|
| S1-001 | 수원 | 행복나라 | 2013-01-02 | 731,400 | 210 | 101 | (1) | (2) |
| N2-001 | 남양주 | 늘봄실버 | 2010-07-10 | 791,400 | 70 | 37 | (1) | (2) |
| S3-002 | 수원 | 중앙실버케어 | 2014-02-20 | 678,300 | 25 | 12 | (1) | (2) |
| Y1-001 | 용인 | 민들레 | 2015-07-10 | 728,400 | 130 | 62 | (1) | (2) |
| N1-002 | 남양주 | 하나케어 | 2009-02-10 | 731,400 | 200 | 103 | (1) | (2) |
| N3-003 | 남양주 | 행복한집 | 2008-06-20 | 648,300 | 27 | 15 | (1) | (2) |
| Y3-002 | 용인 | 온누리 | 2019-02-10 | 783,900 | 20 | 9 | (1) | (2) |
| S2-003 | 수원 | 봄날실버 | 2016-12-20 | 737,400 | 62 | 29 | (1) | (2) |
| 수원 지역 본인부담금 평균 | | | (3) | | | 최저 본인부담금 | | (5) |
| 현재인원(명) 100 미만인 요양원 수 | | | (4) | | 요양원 | 행복나라 | 본인부담금 | (6) |

**조건**

- 모든 데이터의 서식에는 글꼴(굴림, 11pt), 정렬은 숫자 및 회계 서식은 오른쪽 정렬, 나머지 서식은 가운데 정렬로 작성하며 예외적인 것은 《출력형태》를 참조하시오.
- 제목 ⇒ 도형(사다리꼴)과 그림자(오프셋 오른쪽)를 이용하여 작성하고 "경기지역 요양원 현황"을 입력한 후 다음 서식을 적용하시오(글꼴 – 굴림, 24pt, 검정, 굵게, 채우기 – 노랑).
- 임의의 셀에 결재란을 작성하여 그림으로 복사 기능을 이용하여 붙이기 하시오(단, 원본 삭제).
- 「B4:J4, G14, I14」 영역은 '주황'으로 채우기 하시오.
- 유효성 검사를 이용하여 「H14」 셀에 요양원(「D5:D12」 영역)이 선택 표시되도록 하시오.
- 셀 서식 ⇒ 「F5:F12」 영역에 셀 서식을 이용하여 숫자 뒤에 '원'을 표시하시오(예 : 731,400원).
- 「F5:F12」 영역에 대해 '본인부담금'으로 이름정의를 하시오.

(1)~(6) 셀은 반드시 **주어진 함수를 이용하여** 값을 구하시오(결과값을 직접 입력하면 해당 셀은 0점 처리됨).

(1) 등급 ⇒ 현재인원(명)을 2로 나눈 값이 요양보호사수(명) 보다 작으면 'A', 그 외에는 'B'로 구하시오(IF 함수).

(2) 시설구분 ⇒ 관리번호의 두 번째 글자가 1이면 '대형', 2이면 '중형', 3이면 '소형'으로 구하시오
     (CHOOSE, MID 함수).

(3) 수원 지역 본인부담금 평균 ⇒ 반올림하여 천원 단위까지 구하고, 조건은 입력데이터를 이용하시오
     (ROUND, DAVERAGE 함수)(예 : 624,700 → 625,000).

(4) 현재인원(명) 100 미만인 요양원 수 ⇒ 결과값에 '개'를 붙이시오(COUNTIF 함수, & 연산자)(예 : 2개).

(5) 최저 본인부담금 ⇒ 정의된 이름(본인부담금)을 이용하여 구하시오(MIN 함수).

(6) 본인부담금 ⇒ 「H14」 셀에서 선택한 요양원에 대한 본인부담금을 구하시오(VLOOKUP 함수).

(7) 조건부 서식의 수식을 이용하여 요양보호사수(명)가 '100' 이상인 행 전체에 다음의 서식을 적용하시오
     (글꼴 : 파랑, 굵게).

**01** 채점 서비스(itq.youngjin.com)에 접속한 후 ISBN 5자리 번호(도서 표지에서 확인)를 입력하고 [체크]를
클릭한다. 체크가 완료되면 [확인]을 클릭한다.

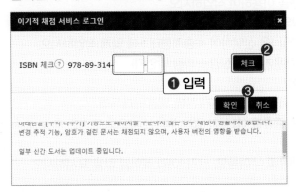

**02** [작성한 파일 선택] 버튼을 클릭한다. 직접 작성하여 저장한 파일을 선택하고 '열기'를 클릭한다. 화면에
보이는 보안문자를 똑같이 입력하고 [실행]을 클릭한다.

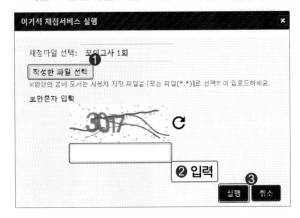

**03** 채점 결과를 확인한다(왼쪽 상단이 정답 파일, 하단이 사용자 작성 파일).

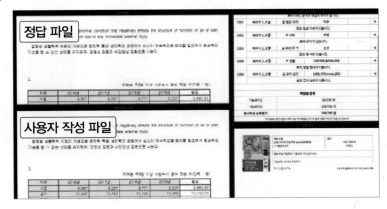

※ 현재 시범 서비스 중으로 답안의 일부 요소는 정확한 인식이 되지 않을 수 있습니다.

※ 본 서비스는 영진닷컴이 직접 설정한 기준에 의해 채점되므로 참고용으로만 활용 바랍니다.

"제1작업" 시트를 이용하여 조건에 따라 ≪출력형태≫와 같이 작업하시오.

| 조건 | |
|---|---|
| | (1) 차트 종류 ⇒ 〈묶은 세로 막대형〉으로 작업하시오. |
| | (2) 데이터 범위 ⇒ "제1작업" 시트의 내용을 이용하여 작업하시오. |
| | (3) 위치 ⇒ "새 시트"로 이동하고, "제4작업"으로 시트 이름을 바꾸시오. |
| | (4) 차트 디자인 도구 ⇒ 레이아웃 3, 스타일 1을 선택하여 ≪출력형태≫에 맞게 작업하시오. |
| | (5) 영역 서식 ⇒ 차트 : 글꼴(굴림, 11pt), 채우기 효과(질감 – 파랑 박엽지) |
| | 　　　　　　　 그림 : 채우기(흰색, 배경1) |
| | (6) 제목 서식 ⇒ 차트 제목 : 글꼴(굴림, 굵게, 20pt), 채우기(흰색, 배경1), 테두리 |
| | (7) 서식 ⇒ 여행경비(단위:원) 계열의 차트 종류를 〈표식이 있는 꺾은선형〉으로 변경한 후 보조 축으로 지정하시오. |
| | 　　　계열 : ≪출력형태≫를 참조하여 표식(마름모, 크기 10)과 레이블 값을 표시하시오. |
| | 　　　눈금선 : 선 스타일 – 파선 |
| | 　　　축 : ≪출력형태≫를 참조하시오. |
| | (8) 범례 ⇒ 범례명을 변경하고 ≪출력형태≫를 참조하시오. |
| | (9) 도형 ⇒ '모서리가 둥근 사각형 설명선'을 삽입한 후 ≪출력형태≫와 같이 내용을 입력하시오. |
| | (10) 나머지 사항은 ≪출력형태≫에 맞게 작성하시오. |

출력형태

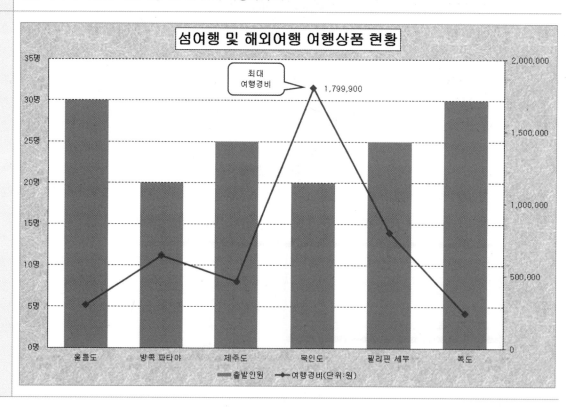

**주의** 시트명 순서가 차례대로 "제1작업", "제2작업", "제3작업", "제4작업"이 되도록 할 것

**Q** ITQ는 어떤 시험인가요?

**A** ITQ는 실기 시험으로만 자격을 평가하는 시험으로 아래한글(MS워드), 엑셀, 파워포인트, 액세스, 인터넷 등의 과목으로 이루어져 있습니다. 이 중 한 가지만 자격을 취득하여도 국가공인 자격으로 인정됩니다.

**Q** 언제, 어디서 시험이 시행되나요?

**A** 정기 시험은 매월 둘째 주 토요일에, 특별 시험은 2, 5, 8, 11월 넷째 주 일요일에 시행됩니다. 지역센터에서 시험을 응시할 수 있습니다.

※ 시험 시행일은 시행처 사정에 따라 변경될 수 있으므로, 응시 전 꼭 시행처에 확인하세요.

**Q** OA MASTER 자격 취득은 어떻게 하는 건가요?

**A** OA MASTER는 ITQ 시험에 응시하여 3과목 이상 A등급을 받으면 취득할 수 있습니다. 자격은 온라인으로 신청 가능하며 발급 비용 및 수수료는 별도로 부과됩니다.

**Q** 작성한 답안과 정답 파일의 작성 방법이 달라요.

**A** ITQ는 실무형 시험으로 작성 방법은 채점하지 않습니다. 정답 파일은 모범답안이며 꼭 똑같이 작성하지 않아도 됩니다. 문제의 지시사항대로 출력형태를 참고하여 작성하면 됩니다.

**Q** 채점기준 및 부분점수 기준은 어떻게 되나요?

**A** 주어진 지시사항에 따라 출력형태가 동일하게 작성된 경우 감점되지 않습니다. 또한 ITQ 인터넷을 제외한 모든 과목은 부분채점이 이루어지며 부분점수는 공개되지 않습니다.

**Q** MS오피스, 아래한글 버전별로 문제지가 다른가요?

**A** ITQ 시험은 과목별로 아래한글 2020/2016(NEO), MS오피스 2021/2016의 두 개 버전 중 선택 응시가 가능합니다. 각 과목의 문제지는 동일하며, 버전별로 조건이 다른 부분은 문제지에 표시되어 있습니다.

※ 소프트웨어 버전은 변경될 수 있으므로, 응시 전 꼭 시행처에 확인하세요.

**Q** 취득 시 어떻게 활용할 수 있나요?

**A** 공기업/공단과 사기업에서 입사 시 우대 및 승진 가점을 획득할 수 있으며, 대학교 학점인정을 받을 수 있습니다. 정부부처/지자체에서도 의무취득 및 채용 가점, 승진 가점이 주어집니다.

"제1작업" 시트의 「B4:H12」 영역을 복사하여 "제2작업" 시트의 「B2」 셀부터 모두 붙여넣기를 한 후 다음의 조건과 같이 작업하시오.

| 조건 | |
|---|---|
| (1) 고급 필터 – 분류가 '기차여행'이거나, 여행경비(단위:원)가 '600,000' 이상인 자료의 여행지, 여행기간, 출발일, 여행경비(단위:원) 데이터만 추출하시오.<br>     – 조건 범위 : 「B14」 셀부터 입력하시오.<br>     – 복사 위치 : 「B18」 셀부터 나타나도록 하시오.<br>(2) 표 서식 – 고급필터의 결과셀을 채우기 없음으로 설정한 후 '표 스타일 보통 4'의 서식을 적용하시오.<br>     – 머리글 행, 줄무늬 행을 적용하시오. | |

"제1작업" 시트를 이용하여 "제3작업" 시트에 조건에 따라 ≪출력형태≫와 같이 작업하시오.

| 조건 | |
|---|---|
| (1) 출발일 및 분류별 여행지의 개수와 여행경비(단위:원)의 평균을 구하시오.<br>(2) 출발일을 그룹화하고, 분류를 ≪출력형태≫와 같이 정렬하시오.<br>(3) 레이블이 있는 셀 병합 및 가운데 맞춤 적용 및 빈 셀은 '**'로 표시하시오.<br>(4) 행의 총합계는 지우고, 나머지 사항은 ≪출력형태≫에 맞게 작성하시오. | |

출력형태

| 출발일 | 분류 | | | | | | |
|---|---|---|---|---|---|---|---|
| | 해외여행 | | 섬여행 | | 기차여행 | | |
| | 개수 : 여행지 | 평균 : 여행경비(단위:원) | 개수 : 여행지 | 평균 : 여행경비(단위:원) | 개수 : 여행지 | 평균 : 여행경비(단위:원) | |
| 3월 | 1 | 1,799,900 | 1 | 459,000 | 1 | 355,000 | |
| 4월 | 1 | 639,000 | 1 | 239,000 | ** | ** | |
| 5월 | ** | ** | 1 | 295,000 | 1 | 324,000 | |
| 6월 | 1 | 799,000 | ** | ** | ** | ** | |
| 총합계 | 3 | 1,079,300 | 3 | 331,000 | 2 | 339,500 | |

# PART

## 01

# 시험 유형 따라하기

제 1 작업 | 표 서식 작성 및 값 계산 | 240점

다음은 'AI 여행사 여행상품 현황'에 대한 자료이다. 자료를 입력하고 조건에 맞도록 작업하시오.

**출력형태**

| 코드 | 여행지 | 분류 | 여행기간 | 출발일 | 출발인원 | 여행경비<br>(단위:원) | 적립금 | 출발<br>시간 |
|---|---|---|---|---|---|---|---|---|
| AS213 | 울릉도 | 섬여행 | 3박4일 | 2023-05-23 | 30 | 295,000 | (1) | (2) |
| AE131 | 방콕 파타야 | 해외여행 | 4박6일 | 2023-04-20 | 20 | 639,000 | (1) | (2) |
| AS122 | 제주도 | 섬여행 | 3박4일 | 2023-03-15 | 25 | 459,000 | (1) | (2) |
| AT213 | 부산 명소 탐방 | 기차여행 | 1박2일 | 2023-05-12 | 30 | 324,000 | (1) | (2) |
| AE231 | 북인도 | 해외여행 | 5박6일 | 2023-03-18 | 20 | 1,799,900 | (1) | (2) |
| AE311 | 필리핀 세부 | 해외여행 | 4박5일 | 2023-06-01 | 25 | 799,000 | (1) | (2) |
| AS223 | 독도 | 섬여행 | 2박3일 | 2023-04-10 | 30 | 239,000 | (1) | (2) |
| AT132 | 남도 맛기행 | 기차여행 | 1박2일 | 2023-03-19 | 25 | 355,000 | (1) | (2) |
| 섬여행 여행경비(단위:원) 평균 | | | (3) | | | 최대 여행경비(단위:원) | | (5) |
| 5월 이후 출발하는 여행상품 수 | | | (4) | | 여행지 | 울릉도 | 출발인원 | (6) |

확인: 담당 / 팀장 / 부장

**조건**

- 모든 데이터의 서식에는 글꼴(굴림, 11pt), 정렬은 숫자 및 회계 서식은 오른쪽 정렬, 나머지 서식은 가운데 정렬로 작성하며 예외적인 것은 ≪출력형태≫를 참조하시오.
- 제목 ⇒ 도형(평행 사변형)과 그림자(오프셋 오른쪽)를 이용하여 작성하고 "AI 여행사 여행상품 현황"을 입력한 후 다음 서식을 적용하시오(글꼴 – 굴림, 24pt, 검정, 굵게, 채우기 – 노랑).
- 임의의 셀에 결재란을 작성하여 그림으로 복사 기능을 이용하여 붙이기 하시오(단, 원본 삭제).
- 「B4:J4, G14, I14」 영역은 '주황'으로 채우기 하시오.
- 유효성 검사를 이용하여 「H14」 셀에 여행지(「C5:C12」 영역)가 선택 표시되도록 하시오.
- 셀 서식 ⇒ 「G5:G12」 영역에 셀 서식을 이용하여 숫자 뒤에 '명'을 표시하시오(예 : 10명).
- 「H5:H12」 영역에 대해 '여행경비'로 이름정의를 하시오.

(1)∼(6) 셀은 반드시 주어진 함수를 이용하여 값을 구하시오(결과값을 직접 입력하면 해당 셀은 0점 처리됨).

(1) 적립금 ⇒ 「여행경비(단위:원)×적립율」로 구하시오. 단, 적립율은 코드의 마지막 글자가 1이면 '1%', 2이면 '0.5%', 3이면 '0'으로 지정하여 구하시오(CHOOSE, RIGHT 함수).

(2) 출발시간 ⇒ 출발일이 평일이면 '오전 8시', 주말이면 '오전 10시'로 구하시오(IF, WEEKDAY 함수).

(3) 섬여행 여행경비(단위:원) 평균 ⇒ 단, 조건은 입력데이터를 이용하시오(DAVERAGE 함수).

(4) 5월 이후 출발하는 여행상품 수 ⇒ 5월도 포함하여 구하고, 결과값 뒤에 '개'를 붙이오<br>　　　　　　　　　　　　　　　　　(COUNTIF 함수, & 연산자)(예 : 1개).

(5) 최대 여행경비(단위:원) ⇒ 정의된 이름(여행경비)을 이용하여 구하시오(LARGE 함수).

(6) 출발인원 ⇒ 「H14」 셀에서 선택한 여행지에 대한 출발인원을 구하시오(VLOOKUP 함수).

(7) 조건부 서식의 수식을 이용하여 여행경비(단위:원)가 '600,000' 이상인 행 전체에 다음의 서식을 적용하시오<br>　　(글꼴 : 파랑, 굵게).

# 답안 작성요령

CHAPTER 01 답안 작성요령

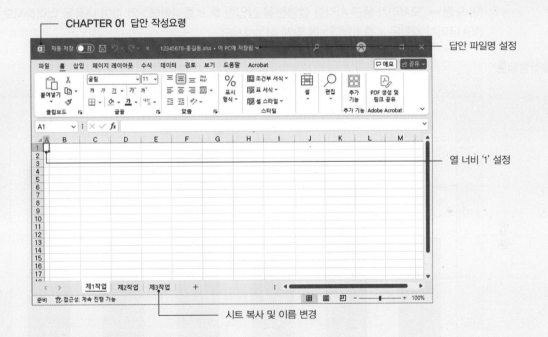

답안 파일명 설정

열 너비 '1' 설정

시트 복사 및 이름 변경

## 출제포인트
열 너비 설정 · 시트 이름 변경

## A등급 TIP
답안 작성요령은 배점은 따로 없으나 앞으로 작성할 모든 문서의 틀이 되는 부분이므로 실수 없이 꼼꼼히 작업해야 합니다. 엑셀의 화면 구성과 각 기능의 명칭을 살펴보며 익혀 보세요.

**"제1작업" 시트를 이용하여 조건에 따라 ≪출력형태≫와 같이 작업하시오.**

| 조건 | |
|---|---|
| | (1) 차트 종류 ⇒ 〈묶은 세로 막대형〉으로 작업하시오. |
| | (2) 데이터 범위 ⇒ "제1작업" 시트의 내용을 이용하여 작업하시오. |
| | (3) 위치 ⇒ "새 시트"로 이동하고, "제4작업"으로 시트 이름을 바꾸시오. |
| | (4) 차트 디자인 도구 ⇒ 레이아웃 3, 스타일 1을 선택하여 ≪출력형태≫에 맞게 작업하시오. |
| | (5) 영역 서식 ⇒ 차트 : 글꼴(굴림, 11pt), 채우기 효과(질감 – 파랑 박엽지) |
| | 　　　　　　　그림 : 채우기(흰색, 배경1) |
| | (6) 제목 서식 ⇒ 차트 제목 : 글꼴(굴림, 굵게, 20pt), 채우기(흰색, 배경1), 테두리 |
| | (7) 서식 ⇒ PC 클릭 수 계열의 차트 종류를 〈표식이 있는 꺾은선형〉으로 변경한 후 보조 축으로 지정하시오. |
| | 　　　　계열 : ≪출력형태≫를 참조하여 표식(세모, 크기 10)과 레이블 값을 표시하시오. |
| | 　　　　눈금선 : 선 스타일 – 파선 |
| | 　　　　축 : ≪출력형태≫를 참조하시오. |
| | (8) 범례 ⇒ 범례명을 변경하고 ≪출력형태≫를 참조하시오. |
| | (9) 도형 ⇒ '모서리가 둥근 사각형 설명선'을 삽입한 후 ≪출력형태≫와 같이 내용을 입력하시오. |
| | (10) 나머지 사항은 ≪출력형태≫에 맞게 작성하시오. |
| 출력형태 | 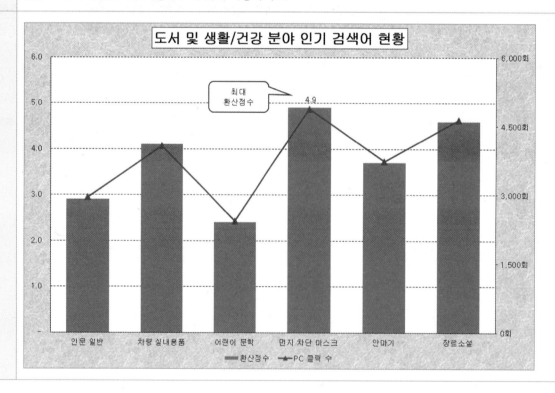 |

**주의** 시트명 순서가 차례대로 "제1작업", "제2작업", "제3작업", "제4작업"이 되도록 할 것

# 답안 작성요령

▶ 합격 강의

난이도 상 중 ⓗ
반복학습 ① ② ③

정답파일 PART 01 시험 유형 따라하기₩CHAPTER01_정답.xlsx

| 답안<br>작성요령 | • 온라인 답안 작성 절차<br>수험자 등록 ⇒ 시험 시작 ⇒ 답안파일 저장 ⇒ 답안 전송 ⇒ 시험 종료<br>• 문제는 총 4단계, 즉 제1작업부터 제4작업까지 구성되어 있으며 반드시 제1작업부터 순서대로<br>작성하고 조건대로 작업하시오.<br>• 모든 작업시트의 A열은 열 너비 '1'로, 나머지 열은 적당하게 조절하시오.<br>• 답안 시트 이름은 "제1작업", "제2작업", "제3작업", "제4작업"이어야 하며 답안 시트 이외의 것<br>은 감점 처리됩니다.<br>• 각 시트를 파일로 나누어 작업해서 저장할 경우 실격 처리됩니다. |
|---|---|

---

**SECTION 01** 글꼴 설정, 열 너비 조절, 시트 이름 변경

① EXCEL을 실행하고, [새로 만들기]의 [새 통합 문서]를 클릭하여 새 문서를 만든다.

→ 「A1」 셀을 클릭한다.

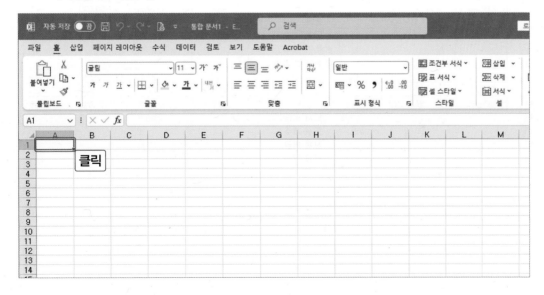

"제1작업" 시트의 「B4:H12」 영역을 복사하여 "제2작업" 시트의 「B2」 셀부터 모두 붙여넣기를 한 후 다음의 조건과 같이 작업하시오.

| 조건 | (1) 목표값 찾기 – 「B11:G11」 셀을 병합하여 "환산점수의 전체 평균"을 입력한 후 「H11」 셀에 환산점수의 전체 평균을 구하시오(AVERAGE 함수, 테두리, 가운데 맞춤).<br>– '환산점수의 전체 평균'이 '3.6'이 되려면 인문 일반의 환산점수가 얼마가 되어야 하는지 목표값을 구하시오.<br>(2) 고급필터 – 검색코드가 'L'로 시작하면서 모바일 클릭 비율이 '50%' 이상인 자료의 검색어, 분야, PC 클릭 수, 환산점수 데이터만 추출하시오.<br>– 조건 범위 : 「B14」 셀부터 입력하시오.<br>– 복사 위치 : 「B18」 셀부터 나타나도록 하시오. |
| --- | --- |

"제1작업" 시트의 「B4:H12」 영역을 복사하여 "제3작업" 시트의 「B2」 셀부터 모두 붙여넣기를 한 후 다음의 조건과 같이 작업하시오.

| 조건 | (1) 부분합 – ≪출력형태≫처럼 정렬하고, 검색어의 개수와 PC 클릭 수의 평균을 구하시오.<br>(2) 개요【윤곽】 – 지우시오.<br>(3) 나머지 사항은 ≪출력형태≫에 맞게 작성하시오. |
| --- | --- |

출력형태

| | A | B | C | D | E | F | G | H |
|---|---|---|---|---|---|---|---|---|
| 1 | | | | | | | | |
| 2 | | 검색코드 | 검색어 | 분야 | 연령대 | PC 클릭 수 | 모바일 클릭 비율 | 환산점수 |
| 3 | | LC-381 | 국내 숙박 | 여가/생활편의 | 30대 | 1,210회 | 48.9% | 1.2 |
| 4 | | LC-122 | 꽃/케이크배달 | 여가/생활편의 | 30대 | 3,867회 | 62.8% | 3.9 |
| 5 | | | | 여가/생활편의 평균 | | 2,539회 | | |
| 6 | | | 2 | 여가/생활편의 개수 | | | | |
| 7 | | LH-361 | 차량 실내용품 | 생활/건강 | 30대 | 4,067회 | 34.0% | 4.1 |
| 8 | | LH-131 | 먼지 차단 마스크 | 생활/건강 | 50대 | 4,875회 | 78.5% | 4.9 |
| 9 | | LH-155 | 안마기 | 생활/건강 | 60대 | 3,732회 | 69.3% | 3.7 |
| 10 | | | | 생활/건강 평균 | | 4,225회 | | |
| 11 | | | 3 | 생활/건강 개수 | | | | |
| 12 | | BO-112 | 인문 일반 | 도서 | 40대 | 2,950회 | 28.5% | 2.9 |
| 13 | | BO-223 | 어린이 문학 | 도서 | 40대 | 2,432회 | 52.6% | 2.4 |
| 14 | | BO-235 | 장르소설 | 도서 | 20대 | 4,632회 | 37.8% | 4.6 |
| 15 | | | | 도서 평균 | | 3,338회 | | |
| 16 | | | 3 | 도서 개수 | | | | |
| 17 | | | | 전체 평균 | | 3,471회 | | |
| 18 | | | 8 | 전체 개수 | | | | |
| 19 | | | | | | | | |

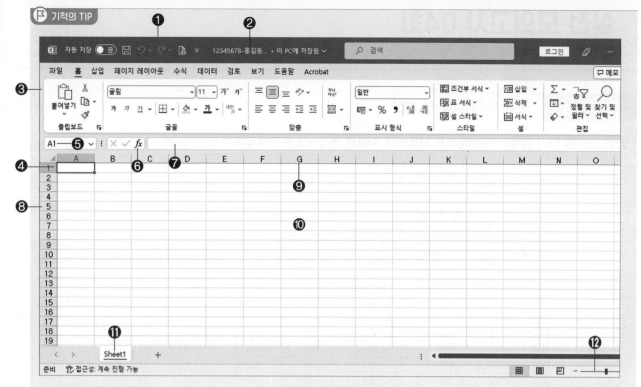

❶ **빠른 실행 도구 모음** : [저장], [실행 취소], [다시 실행] 등으로 구성되어 있다.

❷ **제목 표시줄** : 현재 열려 있는 문서의 이름이 표시된다.

❸ **리본 메뉴** : [탭]을 클릭하면 관련된 [그룹]과 [아이콘]들이 보여진다.

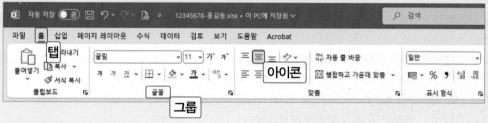

❹ **셀** : 행과 열이 교차하는 공간이다.

❺ **이름 상자** : 현재 셀 위치를 나타낸다.

❻ **함수 삽입(함수 마법사)** : 함수를 검색해서 입력할 수 있는 함수 마법사를 실행한다.

❼ **수식 입력줄** : 셀에 데이터나 수식을 입력할 수 있다.

❽ **행 머리글** : 행을 나타내는 숫자가 표시된다. 클릭하면 행 전체가 선택된다.

❾ **열 머리글** : 열을 나타내는 문자가 표시된다. 클릭하면 열 전체가 선택된다.

❿ **워크시트** : 문서를 작업하는 공간으로 셀들로 구성된다.

⓫ **시트 탭** : 시트의 이름이 표시된다.

⓬ **확대/축소** : 워크시트를 확대 및 축소하여 볼 수 있다.

## 제 1 작업 | 표 서식 작성 및 값 계산 240점

다음은 '분야별 인기 검색어 현황'에 대한 자료이다. 자료를 입력하고 조건에 맞도록 작업하시오.

**출력형태**

| 확인 | 담당 | 팀장 | 이사 |
|---|---|---|---|

### 분야별 인기 검색어 현황

| 검색코드 | 검색어 | 분야 | 연령대 | PC 클릭 수 | 모바일 클릭 비율 | 환산점수 | 순위 | 검색엔진 |
|---|---|---|---|---|---|---|---|---|
| BO-112 | 인문 일반 | 도서 | 40대 | 2,950 | 28.5% | 2.9 | (1) | (2) |
| LH-361 | 차량 실내용품 | 생활/건강 | 30대 | 4,067 | 34.0% | 4.1 | (1) | (2) |
| BO-223 | 어린이 문학 | 도서 | 40대 | 2,432 | 52.6% | 2.4 | (1) | (2) |
| LH-131 | 먼지 차단 마스크 | 생활/건강 | 50대 | 4,875 | 78.5% | 4.9 | (1) | (2) |
| LC-381 | 국내 숙박 | 여가/생활편의 | 30대 | 1,210 | 48.9% | 1.2 | (1) | (2) |
| LH-155 | 안마가 | 생활/건강 | 60대 | 3,732 | 69.3% | 3.7 | (1) | (2) |
| BO-235 | 장르소설 | 도서 | 20대 | 4,632 | 37.8% | 4.6 | (1) | (2) |
| LC-122 | 꽃/케이크배달 | 여가/생활편의 | 30대 | 3,867 | 62.8% | 3.9 | (1) | (2) |
| 어린이 문학 검색어의 환산점수 | | | (3) | | 최대 모바일 클릭 비율 | | | (5) |
| 도서 분야의 PC 클릭 수 평균 | | | (4) | | 검색어 | 인문 일반 | PC 클릭 수 | (6) |

**조건**

- 모든 데이터의 서식에는 글꼴(굴림, 11pt), 정렬은 숫자 및 회계 서식은 오른쪽 정렬, 나머지 서식은 가운데 정렬로 작성하며 예외적인 것은 ≪출력형태≫를 참조하시오.
- 제목 ⇒ 도형(배지)과 그림자(오프셋 오른쪽)를 이용하여 작성하고 "분야별 인기 검색어 현황"을 입력한 후 다음 서식을 적용하시오(글꼴 – 굴림, 24pt, 검정, 굵게, 채우기 – 노랑).
- 임의의 셀에 결재란을 작성하여 그림으로 복사 기능을 이용하여 붙이기 하시오(단, 원본 삭제).
- 「B4:J4, G14, I14」 영역은 '주황'으로 채우기 하시오.
- 유효성 검사를 이용하여 「H14」 셀에 검색어(「C5:C12」 영역)가 선택 표시되도록 하시오.
- 셀 서식 ⇒ 「F5:F12」 영역에 셀 서식을 이용하여 숫자 뒤에 '회'를 표시하시오(예 : 2,950회).
- 「G5:G12」 영역에 대해 '클릭비율'로 이름정의를 하시오.

(1)~(6) 셀은 반드시 <u>주어진 함수를 이용하여</u> 값을 구하시오(결과값을 직접 입력하면 해당 셀은 0점 처리됨).

(1) 순위 ⇒ 환산점수의 내림차순 순위를 구하시오(RANK.EQ 함수).

(2) 검색엔진 ⇒ 검색코드의 네 번째 글자가 1이면 '네이버', 2이면 '구글', 그 외에는 '다음'으로 구하시오 (IF, MID 함수).

(3) 어린이 문학 검색어의 환산점수 ⇒ 결과값에 '점'을 붙이시오(INDEX, MATCH 함수, & 연산자)(예 : 4.5점).

(4) 도서 분야의 PC 클릭 수 평균 ⇒ 단, 조건은 입력데이터를 이용하시오(DAVERAGE 함수).

(5) 최대 모바일 클릭 비율 ⇒ 정의된 이름(클릭비율)을 이용하여 구하시오(LARGE 함수).

(6) PC 클릭 수 ⇒ 「H14」 셀에서 선택한 검색어에 대한 PC 클릭 수를 구하시오(VLOOKUP 함수).

(7) 조건부 서식의 수식을 이용하여 PC 클릭 수가 '4,000' 이상인 행 전체에 다음의 서식을 적용하시오 (글꼴 : 파랑, 굵게).

② [홈] 탭 – [셀] 그룹 – [서식](▦)을 클릭하고 [열 너비](⟷)를 클릭한다.

→ [열 너비] 대화상자에 『1』을 입력하고 [확인]을 클릭한다.

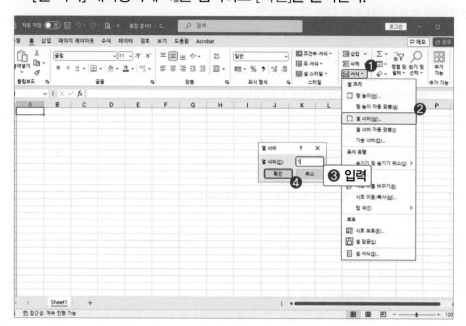

③ "제1작업" 시트에서 [모두 선택](◢) 버튼을 클릭한다.

→ 글꼴은 '굴림', 크기는 '11'을 설정한다.

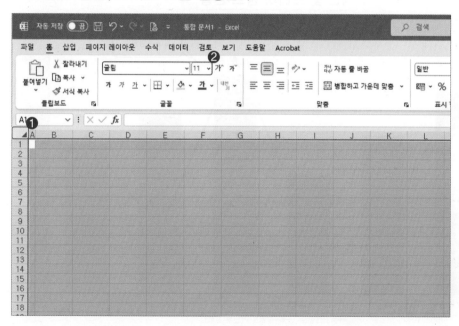

**"제1작업" 시트를 이용하여 조건에 따라 ≪출력형태≫와 같이 작업하시오.**

| 조건 | (1) 차트 종류 ⇒ 〈묶은 세로 막대형〉으로 작업하시오. |
|---|---|
| | (2) 데이터 범위 ⇒ "제1작업" 시트의 내용을 이용하여 작업하시오. |
| | (3) 위치 ⇒ "새 시트"로 이동하고, "제4작업"으로 시트 이름을 바꾸시오. |
| | (4) 차트 디자인 도구 ⇒ 레이아웃 3, 스타일 1을 선택하여 ≪출력형태≫에 맞게 작업하시오. |
| | (5) 영역 서식 ⇒ 차트 : 글꼴(굴림, 11pt), 채우기 효과(질감 – 파랑 박엽지) |
| | 　　　　　　　그림 : 채우기(흰색, 배경1) |
| | (6) 제목 서식 ⇒ 차트 제목 : 글꼴(굴림, 굵게, 20pt), 채우기(흰색, 배경1), 테두리 |
| | (7) 서식 ⇒ 상영횟수(단위:천회) 계열의 차트 종류를 〈표식이 있는 꺾은선형〉으로 변경한 후 보조 축으로 지정하시오. |
| | 　　　　계열 : ≪출력형태≫를 참조하여 표식(세모, 크기 10)과 레이블 값을 표시하시오. |
| | 　　　　눈금선 : 선 스타일 – 파선 |
| | 　　　　축 : ≪출력형태≫를 참조하시오. |
| | (8) 범례 ⇒ 범례명을 변경하고 ≪출력형태≫를 참조하시오. |
| | (9) 도형 ⇒ '모서리가 둥근 사각형 설명선'을 삽입한 후 ≪출력형태≫와 같이 내용을 입력하시오. |
| | (10) 나머지 사항은 ≪출력형태≫에 맞게 작성하시오. |
| 출력형태 | 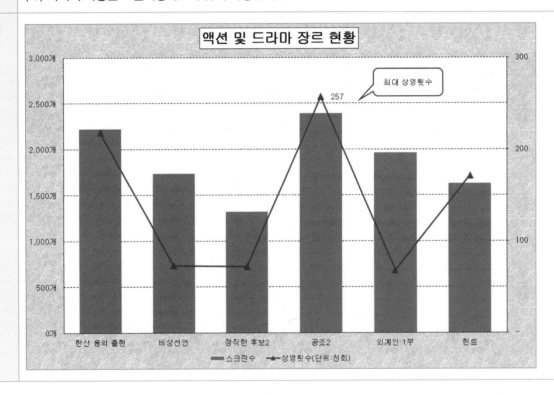 |

주의 시트명 순서가 차례대로 "제1작업", "제2작업", "제3작업", "제4작업"이 되도록 할 것

**＋ 더 알기 TIP**

## Excel의 기본 글꼴을 설정하는 방법

다음의 방법으로 Excel 프로그램 실행 시 모든 시트의 기본 글꼴을 설정할 수 있다.

1. [파일]을 클릭하여 메뉴화면이 바뀌면 왼쪽 하단의 [옵션]을 클릭한다.

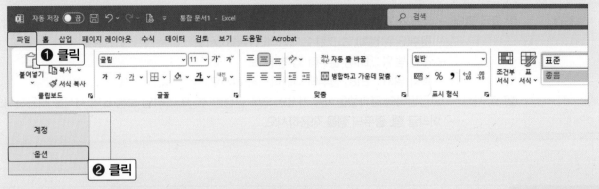

2. Excel 옵션 창의 **새 통합 문서 만들기**에서 기본 글꼴을 설정한다.

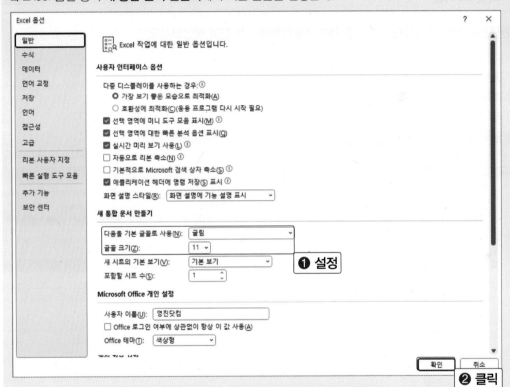

3. 메시지 창이 나타나면 [확인]을 클릭하고, Excel을 종료 후 다시 실행한다.

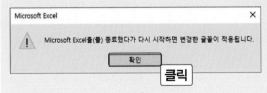

"제1작업" 시트의 「B4:H12」 영역을 복사하여 "제2작업" 시트의 「B2」 셀부터 모두 붙여넣기를 한 후 다음의 조건과 같이 작업하시오.

| 조건 | |
|---|---|
| | (1) 고급 필터 – 코드가 'A'로 시작하거나, 상영횟수(단위:천회)가 '200' 이상인 자료의 영화명, 장르, 상영횟수(단위:천회), 스크린수 데이터만 추출하시오.<br>　　　　　– 조건 범위 : 「B14」 셀부터 입력하시오.<br>　　　　　– 복사 위치 : 「B18」 셀부터 나타나도록 하시오.<br>(2) 표 서식 – 고급필터의 결과셀을 채우기 없음으로 설정한 후 '표 스타일 보통 6'의 서식을 적용하시오.<br>　　　　　– 머리글 행, 줄무늬 행을 적용하시오. |

"제1작업" 시트를 이용하여 "제3작업" 시트에 조건에 따라 ≪출력형태≫와 같이 작업하시오.

| 조건 | |
|---|---|
| | (1) 개봉일 및 장르별 영화명의 개수와 상영횟수(단위:천회)의 평균을 구하시오.<br>(2) 개봉일은 그룹화하고, 장르를 ≪출력형태≫와 같이 정렬하시오.<br>(3) 레이블이 있는 셀 병합 및 가운데 맞춤 적용 및 빈 셀은 '**'로 표시하시오.<br>(4) 행의 총합계는 지우고, 나머지 사항은 ≪출력형태≫에 맞게 작성하시오. |

| 출력형태 | |
|---|---|

| | 장르 | | | | | | |
|---|---|---|---|---|---|---|---|
| | | 액션 | | 애니메이션 | | 드라마 | |
| 개봉일 | 개수 : 영화명 | 평균 : 상영횟수(단위:천회) | 개수 : 영화명 | 평균 : 상영횟수(단위:천회) | 개수 : 영화명 | 평균 : 상영횟수(단위:천회) |
| 7월 | 1 | 68 | 1 | 79 | 1 | 218 |
| 8월 | 1 | 171 | ** | ** | 1 | 73 |
| 9월 | 1 | 257 | 1 | 11 | 1 | 72 |
| 총합계 | 3 | 165 | 2 | 45 | 3 | 121 |

④ 아래의 "Sheet1" 시트를 [Ctrl]을 누른 채 오른쪽으로 마우스 드래그하여
   복사한다.
   → 한 번 더 복사하여 3개의 시트를 만든다.

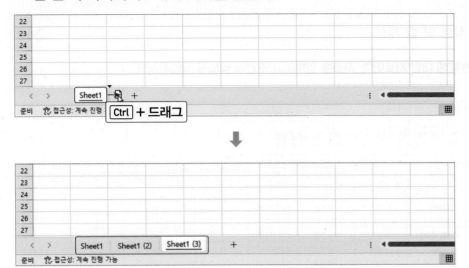

⑤ "Sheet1" 시트를 더블클릭하고 『제1작업』으로 이름을 변경한다.
   → 나머지 시트도 각각 『제2작업』, 『제3작업』으로 이름을 변경한다.

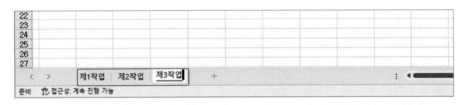

🅑 기적의 TIP

제4작업 시트는 차트 작성
작업 시 따로 만들게 된다.

---

다음은 '일반영화 박스오피스 현황'에 대한 자료이다. 자료를 입력하고 조건에 맞도록 작업하시오.

**출력형태**

| 코드 | 영화명 | 장르 | 관람가능 | 개봉일 | 상영횟수 (단위:천회) | 스크린수 | 감정포인트 | 상영횟수 순위 |
|------|--------|------|----------|--------|------|----------|-----------|-----------|
| D1251 | 한산 용의 출현 | 드라마 | 12세이상 | 2022-07-27 | 218 | 2,223 | (1) | (2) |
| D1261 | 비상선언 | 드라마 | 12세이상 | 2022-08-03 | 73 | 1,734 | (1) | (2) |
| A2312 | 미니언즈2 | 애니메이션 | 전체관람가 | 2022-07-20 | 79 | 1,394 | (1) | (2) |
| D1242 | 정직한 후보2 | 드라마 | 12세이상 | 2022-09-28 | 72 | 1,318 | (1) | (2) |
| C1552 | 공조2 | 액션 | 15세이상 | 2022-09-07 | 257 | 2,389 | (1) | (2) |
| C1223 | 외계인 1부 | 액션 | 12세이상 | 2022-07-20 | 68 | 1,959 | (1) | (2) |
| C1571 | 헌트 | 액션 | 15세이상 | 2022-08-10 | 171 | 1,625 | (1) | (2) |
| A2313 | 극장판 헬로카봇 | 애니메이션 | 전체관람가 | 2022-09-28 | 11 | 790 | (1) | (2) |

확인 / 담당 / 팀장 / 부장

12세이상 관람가능 개수 (3) — 최대 스크린수 (5)
액션 장르 스크린수 평균 (4) — 코드 D1251 영화명 (6)

**조건**

- 모든 데이터의 서식에는 글꼴(굴림, 11pt), 정렬은 숫자 및 회계 서식은 오른쪽 정렬, 나머지 서식은 가운데 정렬로 작성하며 예외적인 것은 ≪출력형태≫를 참조하시오.
- 제목 ⇒ 도형(한쪽 모서리가 잘린 사각형)과 그림자(오프셋 오른쪽)를 이용하여 작성하고 "일반영화 박스오피스 현황"을 입력한 후 다음 서식을 적용하시오(글꼴 – 굴림, 24pt, 검정, 굵게, 채우기 – 노랑).
- 임의의 셀에 결재란을 작성하여 그림으로 복사 기능을 이용하여 붙이기 하시오(단, 원본 삭제).
- 「B4:J4, G14, I14」 영역은 '주황'으로 채우기 하시오.
- 유효성 검사를 이용하여 「H14」 셀에 코드(「B5:B12」 영역)가 선택 표시되도록 하시오.
- 셀 서식 ⇒ 「H5:H12」 영역에 셀 서식을 이용하여 숫자 뒤에 '개'를 표시하시오(예 : 2,223개).
- 「D5:D12」 영역에 대해 '장르'로 이름정의를 하시오.

(1)~(6) 셀은 반드시 주어진 함수를 이용하여 값을 구하시오(결과값을 직접 입력하면 해당 셀은 0점 처리됨).

(1) 감정포인트 ⇒ 코드의 마지막 글자가 1이면 '몰입감', 2이면 '즐거움', 3이면 '상상력'으로 표시하시오 (CHOOSE, RIGHT 함수).

(2) 상영횟수 순위 ⇒ 상영횟수(단위:천회)의 내림차순 순위를 구한 결과값에 '위'를 붙이시오 (RANK.EQ 함수, & 연산자)(예 : 1위).

(3) 12세이상 관람가능 개수 ⇒ 조건은 입력데이터를 이용하시오(DCOUNTA 함수).

(4) 액션 장르 스크린수 평균 ⇒ 정의된 이름(장르)을 이용하여 구하시오(SUMIF, COUNTIF 함수).

(5) 최대 스크린수 ⇒ (MAX 함수)

(6) 영화명 ⇒ 「H14」 셀에서 선택한 코드에 대한 영화명을 구하시오(VLOOKUP 함수).

(7) 조건부 서식의 수식을 이용하여 상영횟수(단위:천회)가 '100' 이상인 행 전체에 다음의 서식을 적용하시오 (글꼴 : 파랑, 굵게).

① [파일]을 클릭한다.

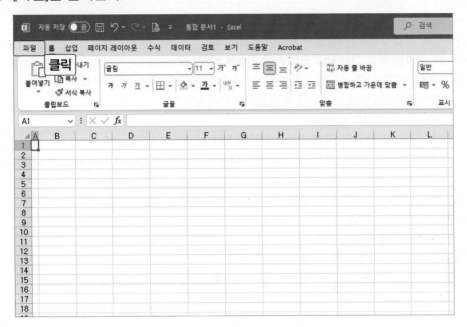

② [다른 이름으로 저장] – [찾아보기]를 클릭한다.

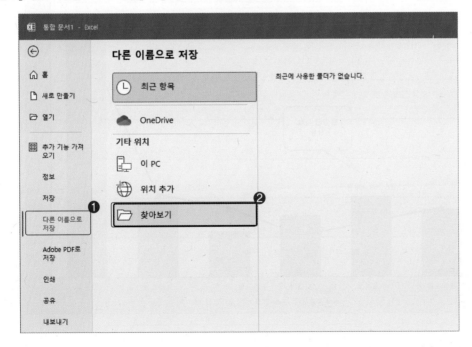

🅑 기적의 TIP

작업 시 수시로 저장하며 예상치 못한 문제 발생에 대비하는 것이 좋다.
저장 단축키 : Ctrl + S

**"제1작업" 시트를 이용하여 조건에 따라 ≪출력형태≫와 같이 작업하시오.**

| 조건 | |
|---|---|
| | (1) 차트 종류 ⇒ 〈묶은 세로 막대형〉으로 작업하시오. |
| | (2) 데이터 범위 ⇒ "제1작업" 시트의 내용을 이용하여 작업하시오. |
| | (3) 위치 ⇒ "새 시트"로 이동하고, "제4작업"으로 시트 이름을 바꾸시오. |
| | (4) 차트 디자인 도구 ⇒ 레이아웃 3, 스타일 1을 선택하여 ≪출력형태≫에 맞게 작업하시오. |
| | (5) 영역 서식 ⇒ 차트 : 글꼴(굴림, 11pt), 채우기 효과(질감 – 파랑 박엽지)<br>　　　　　　　　그림 : 채우기(흰색, 배경1) |
| | (6) 제목 서식 ⇒ 차트 제목 : 글꼴(굴림, 굵게, 20pt), 채우기(흰색, 배경1), 테두리 |
| | (7) 서식 ⇒ 공사기간(일) 계열의 차트 종류를 〈표식이 있는 꺾은선형〉으로 변경한 후 보조 축으로 지정하시오.<br>　　　　계열 : ≪출력형태≫를 참조하여 표식(세모, 크기 10)과 레이블 값을 표시하시오.<br>　　　　눈금선 : 선 스타일 – 파선<br>　　　　축 : ≪출력형태≫를 참조하시오. |
| | (8) 범례 ⇒ 범례명을 변경하고 ≪출력형태≫를 참조하시오. |
| | (9) 도형 ⇒ '모서리가 둥근 사각형 설명선'을 삽입한 후 ≪출력형태≫와 같이 내용을 입력하시오. |
| | (10) 나머지 사항은 ≪출력형태≫에 맞게 작성하시오. |

| 출력형태 | |
|---|---|
| | 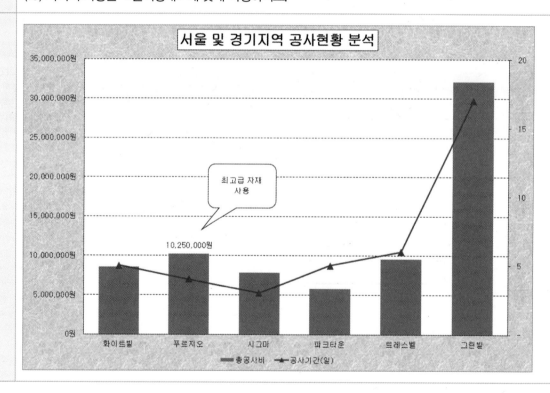 |

**주의** 시트명 순서가 차례대로 "제1작업", "제2작업", "제3작업", "제4작업"이 되도록 할 것

③ 나타나는 대화상자에서 파일을 저장할 폴더로 이동한다(시험에서는 '내 PC₩문서₩ITQ' 폴더).
   → 파일 이름을 입력하고 [저장]을 클릭한다.

기적의 TIP

시험에서 파일 이름은 '수험번호–성명'으로 저장한다. 답안 문서 파일명이 '수험번호–성명'과 일치하지 않거나, 답안 파일을 전송하지 않아 미제출로 처리될 경우 실격 처리된다.

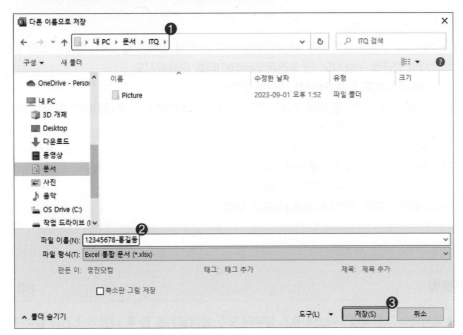

"제1작업" 시트의 「B4:H12」 영역을 복사하여 "제2작업" 시트의 「B2」 셀부터 모두 붙여넣기를 한 후 다음의 조건과 같이 작업하시오.

| 조건 | |
|---|---|
| | (1) 목표값 찾기 – 「B11:G11」 셀을 병합하여 "욕실의 총공사비 평균"을 입력한 후 「H11」 셀에 욕실의 총공사비 평균을 구하시오. 단 조건은 입력데이터를 이용하시오<br>(DAVERAGE 함수, 테두리, 가운데 맞춤).<br>– '욕실의 총공사비 평균'이 '8,000,000'이 되려면 화이트빌의 총공사비가 얼마가 되어야 하는지 목표값을 구하시오.<br>(2) 고급필터 – 지역이 '서울'이 아니면서 공사기간(일)이 '5' 이상인 자료의 관리번호, 주택명, 공사시작일, 공사내용 데이터만 추출하시오.<br>– 조건 범위 : 「B14」 셀부터 입력하시오.<br>– 복사 위치 : 「B18」 셀부터 나타나도록 하시오. |

"제1작업" 시트의 「B4:H12」 영역을 복사하여 "제3작업" 시트의 「B2」 셀부터 모두 붙여넣기를 한 후 다음의 조건과 같이 작업하시오.

| 조건 | |
|---|---|
| | (1) 부분합 – ≪출력형태≫처럼 정렬하고, 주택명의 개수와 총공사비의 평균을 구하시오.<br>(2) 개요【윤곽】 – 지우시오.<br>(3) 나머지 사항은 ≪출력형태≫에 맞게 작성하시오. |

**출력형태**

| | A | B | C | D | E | F | G | H |
|---|---|---|---|---|---|---|---|---|
| 1 | | | | | | | | |
| 2 | | 관리번호 | 주택명 | 지역 | 공사기간(일) | 총공사비 | 공사시작일 | 공사내용 |
| 3 | | A1-001 | 아이파크 | 인천 | 13 | 28,850,000원 | 2023-02-20 | 전체 |
| 4 | | K2-003 | 한솔마을 | 인천 | 4 | 6,768,000원 | 2023-03-08 | 주방 |
| 5 | | | | 인천 평균 | | 17,809,000원 | | |
| 6 | | | 2 | 인천 개수 | | | | |
| 7 | | K1-001 | 푸르지오 | 서울 | 4 | 10,250,000원 | 2023-03-20 | 주방 |
| 8 | | B1-002 | 파크타운 | 서울 | 5 | 5,778,000원 | 2023-03-06 | 욕실 |
| 9 | | A2-002 | 그린빌 | 서울 | 17 | 32,170,000원 | 2023-02-27 | 전체 |
| 10 | | | | 서울 평균 | | 16,066,000원 | | |
| 11 | | | 3 | 서울 개수 | | | | |
| 12 | | B2-001 | 화이트빌 | 경기 | 5 | 8,558,000원 | 2023-02-06 | 욕실 |
| 13 | | K3-002 | 시그마 | 경기 | 3 | 7,870,000원 | 2023-01-30 | 주방 |
| 14 | | B3-003 | 트레스벨 | 경기 | 6 | 9,560,000원 | 2023-02-13 | 욕실 |
| 15 | | | | 경기 평균 | | 8,662,667원 | | |
| 16 | | | 3 | 경기 개수 | | | | |
| 17 | | | | 전체 평균 | | 13,725,500원 | | |
| 18 | | | 8 | 전체 개수 | | | | |
| 19 | | | | | | | | |

# 제1작업
# 표 서식 작성 및 값 계산

배점 **240점** | A등급 목표점수 **200점**

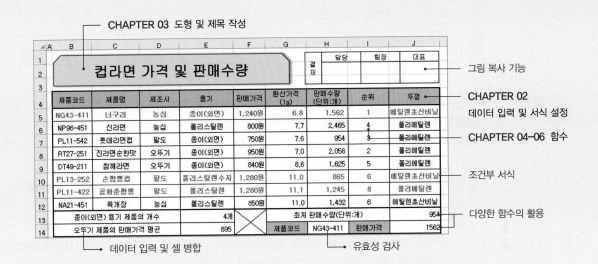

CHAPTER 03 도형 및 제목 작성

그림 복사 기능

CHAPTER 02
데이터 입력 및 서식 설정

CHAPTER 04–06 함수

조건부 서식

다양한 함수의 활용

데이터 입력 및 셀 병합

유효성 검사

## 출제포인트

셀 서식 · 유효성 검사 · 셀 병합 · 열 너비 조정 · 서식 도구 모음의 활용 · 다양한 함수의 활용 · 그림 복사 기능 · 조건
부 서식 · 그리기 도구 활용 · 그림자 스타일

## 출제기준

출력형태의 표를 작성하여 조건에 따른 서식과 다양한 함수 사용 능력을 종합적으로 평가하는 문항입니다.

## A등급 TIP

제1작업은 가장 배점이 높으며 제2, 3, 4작업이 제1작업 데이터를 기반으로 하기 때문에, 틀린 내용이 발생하면 합격이
어려울 수 있습니다. 계산작업을 포함한 다양한 기능을 사용해야 하므로 집중해서 연습하세요.

## 제 1 작업 | 표 서식 작성 및 값 계산

**240점**

다음은 '우리 인테리어 공사현황보고'에 대한 자료이다. 자료를 입력하고 조건에 맞도록 작업하시오.

**출력형태**

| 관리번호 | 주택명 | 지역 | 공사기간(일) | 총공사비 | 공사시작일 | 공사내용 | 구분 | 선수금(단위:원) |
|---|---|---|---|---|---|---|---|---|
| B2-001 | 화이트빌 | 경기 | 5 | 8,558,000 | 2023-02-06 | 욕실 | (1) | (2) |
| K1-001 | 푸르지오 | 서울 | 4 | 10,250,000 | 2023-03-20 | 주방 | (1) | (2) |
| K3-002 | 시그마 | 경기 | 3 | 7,870,000 | 2023-01-30 | 주방 | (1) | (2) |
| A1-001 | 아이파크 | 인천 | 13 | 28,850,000 | 2023-02-20 | 전체 | (1) | (2) |
| B1-002 | 파크타운 | 서울 | 5 | 5,778,000 | 2023-03-06 | 욕실 | (1) | (2) |
| B3-003 | 트레스벨 | 경기 | 6 | 9,560,000 | 2023-02-13 | 욕실 | (1) | (2) |
| A2-002 | 그린빌 | 서울 | 17 | 32,170,000 | 2023-02-27 | 전체 | (1) | (2) |
| K2-003 | 한솔마을 | 인천 | 4 | 6,768,000 | 2023-03-08 | 주방 | (1) | (2) |
| 서울지역 총 공사건수 | | | (3) | | 가장 긴 공사기간(일) | | | (5) |
| 욕실 총공사비 합계 | | | (4) | | | 관리번호 | B2-001 | 총공사비 (6) |

결재란: 점장 / 부장 / 대표

제목: 우리 인테리어 공사현황보고

**조건**

- 모든 데이터의 서식에는 글꼴(굴림, 11pt), 정렬은 숫자 및 회계 서식은 오른쪽 정렬, 나머지 서식은 가운데 정렬로 작성하며 예외적인 것은 ≪출력형태≫를 참조하시오.
- 제목 ⇒ 도형(배지)과 그림자(오프셋 오른쪽)를 이용하여 작성하고 "우리 인테리어 공사현황보고"를 입력한 후 다음 서식을 적용하시오(글꼴 – 굴림, 24pt, 검정, 굵게, 채우기 – 노랑).
- 임의의 셀에 결재란을 작성하여 그림으로 복사 기능을 이용하여 붙이기 하시오(단, 원본 삭제).
- 「B4:J4, G14, I14」 영역은 '주황'으로 채우기 하시오.
- 유효성 검사를 이용하여 「H14」 셀에 관리번호(「B5:B12」 영역)가 선택 표시되도록 하시오.
- 셀 서식 ⇒ 「F5:F12」 영역에 셀 서식을 이용하여 숫자 뒤에 '원'을 표시하시오(예 : 8,558,000원).
- 「E5:E12」 영역에 대해 '공사기간'으로 이름정의를 하시오.

**(1)~(6) 셀은 반드시 <u>주어진 함수를 이용</u>하여 값을 구하시오(결과값을 직접 입력하면 해당 셀은 0점 처리됨).**

(1) 구분 ⇒ 관리번호 2번째 글자가 1이면 '아파트', 2이면 '빌라' 3이면 '오피스텔'로 구하시오(CHOOSE, MID 함수).

(2) 선수금(단위:원) ⇒ 공사내용이 전체면 「총공사비×30%」, 그 외에는 「총공사비×20%」로 반올림하여 십만 단위까지 구하시오(ROUND, IF 함수)(예 : 1,456,273 → 1,500,000).

(3) 서울지역 총 공사건수 ⇒ 결과값에 '건'을 붙이시오(COUNTIF 함수, & 연산자)(예 : 1건).

(4) 욕실 총공사비 합계 ⇒ 공사내용이 욕실인 공사의 총공사비 합계를 구하시오. 단, 조건은 입력 데이터를 이용하시오 (DSUM 함수).

(5) 가장 긴 공사기간(일) ⇒ 정의된 이름(공사기간)을 이용하여 구하시오(MAX 함수).

(6) 총공사비 ⇒ 「H14」 셀에서 선택한 관리번호에 대한 총공사비를 구하시오(VLOOKUP 함수).

(7) 조건부 서식의 수식을 이용하여 총공사비가 '8,000,000' 이하인 행 전체에 다음의 서식을 적용하시오 (글꼴 : 파랑, 굵게).

[제1작업]
# 데이터 입력 및 서식 설정

▶ 합격 강의

| 문제파일 | PART 01 시험 유형 따라하기\CHAPTER02.xlsx |
| 정답파일 | PART 01 시험 유형 따라하기\CHAPTER02_정답.xlsx |

---

**문제보기**

- 모든 작업시트의 테두리는 《출력형태》와 같이 작업하시오.
- 해당 작업란에서는 각각 제시된 조건에 따라 《출력형태》와 같이 작업하시오.

**출력형태**

| 제품코드 | 제품명 | 제조사 | 용기 | 판매가격 | 환산가격 (1g) | 판매수량 (단위:개) | 순위 | 뚜껑 |
|---|---|---|---|---|---|---|---|---|
| NG43-411 | 너구리 | 농심 | 종이(외면) | 1,240 | 6.8 | 1,562 | | |
| NP96-451 | 신라면 | 농심 | 폴리스틸렌 | 800 | 7.7 | 2,465 | | |
| PL11-542 | 롯데라면컵 | 팔도 | 종이(외면) | 750 | 7.6 | 954 | | |
| RT27-251 | 진라면순한맛 | 오뚜기 | 종이(외면) | 950 | 7.0 | 2,056 | | |
| DT49-211 | 참깨라면 | 오뚜기 | 종이(외면) | 840 | 8.6 | 1,625 | | |
| PL13-252 | 손짬뽕컵 | 팔도 | 폴리스틸렌수지 | 1,280 | 11.0 | 865 | | |
| PL11-422 | 공화춘짬뽕 | 팔도 | 폴리스틸렌 | 1,280 | 11.1 | 1,245 | | |
| NA21-451 | 육개장 | 농심 | 폴리스틸렌 | 850 | 11.0 | 1,432 | | |
| 종이(외면) 용기 제품의 개수 | | | | | 최저 판매수량(단위:개) | | | |
| 오뚜기 제품의 판매가격 평균 | | | | | 제품코드 | NG43-411 | 판매가격 | |

**조건**

- 모든 데이터의 서식에는 글꼴(굴림, 11pt), 정렬은 숫자 및 회계 서식은 오른쪽 정렬, 나머지 서식은 가운데 정렬로 작성하며 예외적인 것은 《출력형태》를 참조하시오.
- 「B4:J4, G14, I14」 영역은 '주황'으로 채우기 하시오.
- 셀 서식 ⇒ 「F5:F12」 영역에 셀 서식을 이용하여 숫자 뒤에 '원'을 표시하시오(예 : 1,240원).
- 유효성 검사를 이용하여 「H14」 셀에 제품코드(「B5:B12」 영역)가 선택 표시되도록 하시오.
- 「F5:F12」 영역에 대해 '판매가격'으로 이름 정의를 하시오.
- 조건부 서식의 수식을 이용하여 판매가격이 '1,000' 이상인 행 전체에 다음의 서식을 적용하시오(글꼴 : 파랑, 굵게).

"제1작업" 시트를 이용하여 조건에 따라 ≪출력형태≫와 같이 작업하시오.

| 조건 | (1) 차트 종류 ⇒ 〈묶은 세로 막대형〉으로 작업하시오. |
| --- | --- |
| | (2) 데이터 범위 ⇒ "제1작업" 시트의 내용을 이용하여 작업하시오. |
| | (3) 위치 ⇒ "새 시트"로 이동하고, "제4작업"으로 시트 이름을 바꾸시오. |
| | (4) 차트 디자인 도구 ⇒ 레이아웃 3, 스타일 1을 선택하여 ≪출력형태≫에 맞게 작업하시오. |
| | (5) 영역 서식 ⇒ 차트 : 글꼴(굴림, 11pt), 채우기 효과(질감 – 분홍 박엽지) |
| |                      그림 : 채우기(흰색, 배경1) |
| | (6) 제목 서식 ⇒ 차트 제목 : 글꼴(굴림, 굵게, 20pt), 채우기(흰색, 배경1), 테두리 |
| | (7) 서식 ⇒ 메뉴수 계열의 차트 종류를 〈표식이 있는 꺾은선형〉으로 변경한 후 보조 축으로 지정하시오. |
| |          계열 : ≪출력형태≫를 참조하여 표식(세모, 크기 10)과 레이블 값을 표시하시오. |
| |          눈금선 : 선 스타일 – 파선 |
| |          축 : ≪출력형태≫를 참조하시오. |
| | (8) 범례 ⇒ 범례명을 변경하고 ≪출력형태≫를 참조하시오. |
| | (9) 도형 ⇒ '모서리가 둥근 사각형 설명선'을 삽입한 후 ≪출력형태≫와 같이 내용을 입력하시오. |
| | (10) 나머지 사항은 ≪출력형태≫에 맞게 작성하시오. |
| 출력형태 | 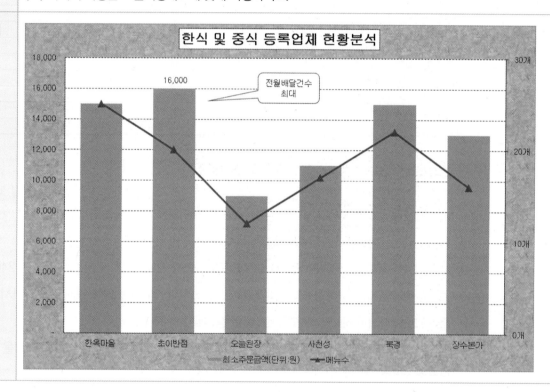 |

**주의** 시트명 순서가 차례대로 "제1작업", "제2작업", "제3작업", "제4작업"이 되도록 할 것

① "제1작업" 시트에 ≪출력형태≫에 제시된 내용을 입력한다.

| | A | B | C | D | E | F | G | H | I | J |
|---|---|---|---|---|---|---|---|---|---|---|
| 1 | | | | | | | | | | |
| 2 | | | | | | | | | | |
| 3 | | | | | | | | | | |
| 4 | | 제품코드 | 제품명 | 제조사 | 용기 | 판매가격 | 환산가격 (1g) | 판매수량 (단위:개) | 순위 | 뚜껑 |
| 5 | | NG43-411 | 너구리 | 농심 | 종이(외면) | 1240 | 6,8 | 1562 | | |
| 6 | | NP96-451 | 신라면 | 농심 | 폴리스틸렌 | 800 | 7,7 | 2465 | | |
| 7 | | PL11-542 | 롯데라면컵 | 팔도 | 종이(외면) | 750 | 7,6 | 954 | | |
| 8 | | RT27-251 | 진라면순한 | 오뚜기 | 종이(외면) | 950 | 7 | 2056 | | |
| 9 | | DT49-211 | 참깨라면 | 오뚜기 | 종이(외면) | 840 | 8,6 | 1625 | | |
| 10 | | PL13-252 | 손짬뽕컵 | 팔도 | 폴리스틸렌 | 1280 | 11 | 865 | | |
| 11 | | PL11-422 | 공화춘짬뽕 | 팔도 | 폴리스틸렌 | 1280 | 11,1 | 1245 | | |
| 12 | | NA21-451 | 육개장 | 농심 | 폴리스틸렌 | 850 | 11 | 1432 | | |
| 13 | | 종이(외면) 용기 제품의 개수 | | | | | 최저 판매수량(단위:개) | | | |
| 14 | | 오뚜기 제품의 판매가격 평균 | | | | | 제품코드 | | 판매가격 | |
| 15 | | | | | | | | | | |

② 「B13:D13」 영역을 마우스 드래그하여 블록 설정한다.

→ Ctrl 을 누른 채 「B14:D14」, 「F13:F14」, 「G13:I13」 영역을 각각 블록 설정한다.

→ [홈] 탭 – [맞춤] 그룹 – [병합하고 가운데 맞춤](▦)을 클릭한다.

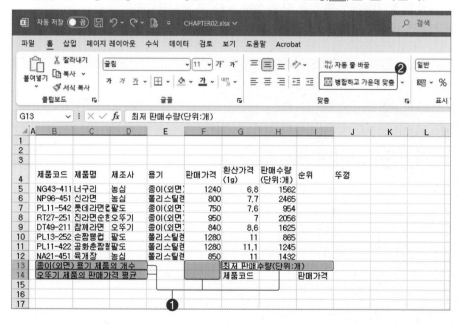

**기적의 TIP**

표 안의 데이터는 출력형태를 참고하여 모두 직접 입력해야 한다. 빠르게 데이터를 입력하려면 입력 후 Tab 을 누르면 우측 셀로 바로 이동할 수 있고, Enter 를 누르면 아래 셀로 바로 이동할 수 있다.

**기적의 TIP**

한 개의 셀에 두 줄 이상의 내용을 입력할 때는 Alt + Enter 를 눌러 줄바꿈한다.

"제1작업" 시트의 「B4:H12」 영역을 복사하여 "제2작업" 시트의 「B2」 셀부터 모두 붙여넣기를 한 후 다음의 조건과 같이 작업하시오.

| 조건 | |
|---|---|
| | (1) 고급 필터 – 분류가 '서양식'이거나 등록일이 '2021–09–01' 전인(해당일 미포함) 자료의 코드번호, 업체명, 메뉴수, 전월배달건수 데이터만 추출하시오. |
| |         – 조건 범위 : 「B14」 셀부터 입력하시오. |
| |         – 복사 위치 : 「B18」 셀부터 나타나도록 하시오. |
| | (2) 표 서식 – 고급필터의 결과셀을 채우기 없음으로 설정한 후 '표 스타일 보통 7'의 서식을 적용하시오. |
| |         – 머리글 행, 줄무늬 행을 적용하시오. |

"제1작업" 시트를 이용하여 "제3작업" 시트에 조건에 따라 ≪출력형태≫와 같이 작업하시오.

| 조건 | |
|---|---|
| | (1) 메뉴수 및 분류별 업체명의 개수와 최소주문금액(단위:원)의 평균을 구하시오. |
| | (2) 메뉴수를 그룹화하고, 분류를 ≪출력형태≫와 같이 정렬하시오. |
| | (3) 레이블이 있는 셀 병합 및 가운데 맞춤 적용 및 빈 셀은 '＊＊＊'로 표시하시오. |
| | (4) 행의 총합계는 지우고, 나머지 사항은 ≪출력형태≫에 맞게 작성하시오. |

**출력형태**

| 메뉴수 | 한식 개수 : 업체명 | 한식 평균 : 최소주문금액(단위:원) | 중식 개수 : 업체명 | 중식 평균 : 최소주문금액(단위:원) | 서양식 개수 : 업체명 | 서양식 평균 : 최소주문금액(단위:원) |
|---|---|---|---|---|---|---|
| 1-10 | ＊＊＊ | ＊＊＊ | ＊＊＊ | ＊＊＊ | 1 | 9,900 |
| 11-20 | 2 | 11,000 | 2 | 13,500 | 1 | 15,000 |
| 21-30 | 1 | 15,000 | 1 | 15,000 | ＊＊＊ | ＊＊＊ |
| 총합계 | 3 | 12,333 | 3 | 14,000 | 2 | 12,450 |

③ 「B4:J4」 영역을 블록 설정한다.

→ Ctrl 을 누른 채 「B5:J12」, 「B13:J14」 영역을 각각 블록 설정한다.

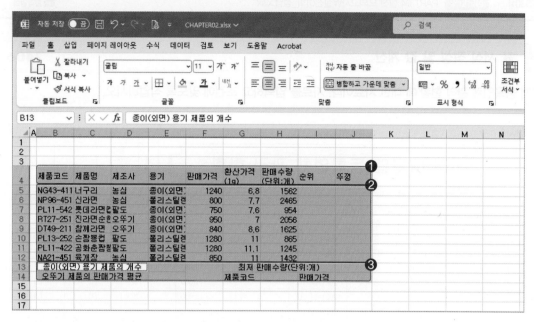

④ [홈] 탭 – [글꼴] 그룹의 [테두리]에서 [모든 테두리](田)를 선택한다.

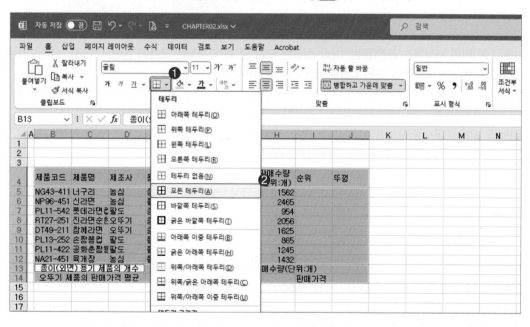

제 1 작업　표 서식 작성 및 값 계산　　　**240**점

다음은 '미래 배달앱 등록업체 관리 현황'에 대한 자료이다. 자료를 입력하고 조건에 맞도록 작업하시오.

**출력형태**

| 코드번호 | 업체명 | 분류 | 등록일 | 메뉴수 | 최소주문금액 (단위:원) | 전월배달건수 | 최소 배달비 | 등급 |
|---|---|---|---|---|---|---|---|---|
| | | | | | | | 팀장 부장 사장 | |

미래 배달앱 등록업체 관리 현황

결재

| 코드번호 | 업체명 | 분류 | 등록일 | 메뉴수 | 최소주문금액 (단위:원) | 전월배달건수 | 최소 배달비 | 등급 |
|---|---|---|---|---|---|---|---|---|
| KA1-001 | 한옥마을 | 한식 | 2022-03-10 | 25 | 15,000 | 295 | (1) | (2) |
| CH2-001 | 초이반점 | 중식 | 2020-12-20 | 20 | 16,000 | 422 | (1) | (2) |
| WE2-001 | 영파스타 | 서양식 | 2021-10-10 | 15 | 15,000 | 198 | (1) | (2) |
| KA3-002 | 오늘된장 | 한식 | 2022-05-20 | 12 | 9,000 | 343 | (1) | (2) |
| CH3-002 | 사천성 | 중식 | 2021-08-10 | 17 | 11,000 | 385 | (1) | (2) |
| CH1-003 | 북경 | 중식 | 2021-11-20 | 22 | 15,000 | 225 | (1) | (2) |
| WE1-002 | 버텍스 | 서양식 | 2022-02-10 | 9 | 9,900 | 398 | (1) | (2) |
| KA2-003 | 장수본가 | 한식 | 2022-01-20 | 16 | 13,000 | 415 | (1) | (2) |
| 한식 업체 개수 | | | (3) | | | 최소 메뉴수 | | (5) |
| 한식 전월배달건수 합계 | | | (4) | | 코드번호 | KA1-001 | 전월배달건수 | (6) |

**조건**

- 모든 데이터의 서식에는 글꼴(굴림, 11pt), 정렬은 숫자 및 회계 서식은 오른쪽 정렬, 나머지 서식은 가운데 정렬로 작성하며 예외적인 것은 ≪출력형태≫를 참조하시오.
- 제목 ⇒ 도형(십자형)과 그림자(오프셋 오른쪽)를 이용하여 작성하고 "미래 배달앱 등록업체 관리 현황"을 입력한 후 다음 서식을 적용하시오(글꼴 – 굴림, 24pt, 검정, 굵게, 채우기 – 노랑).
- 임의의 셀에 결재란을 작성하여 그림으로 복사 기능을 이용하여 붙이기 하시오(단, 원본 삭제).
- 「B4:J4, G14, I14」 영역은 '주황'으로 채우기 하시오.
- 유효성 검사를 이용하여 「H14」 셀에 코드번호(「B5:B12」 영역)가 선택 표시되도록 하시오.
- 셀 서식 ⇒ 「F5:F12」 영역에 셀 서식을 이용하여 숫자 뒤에 '개'를 표시하시오(예 : 25개).
- 「F5:F12」 영역에 대해 '메뉴수'로 이름정의를 하시오.

**(1)~(6) 셀은 반드시 주어진 함수를 이용하여 값을 구하시오(결과값을 직접 입력하면 해당 셀은 0점 처리됨).**

(1) 최소배달비 ⇒ 코드번호 세 번째 값이 1이면 '2,000', 2이면 '1,000', 3이면 '0'으로 구하시오 (CHOOSE, MID 함수).

(2) 등급 ⇒ 메뉴수가 15 이상이고, 전월배달건수가 300 이상이면 'A', 그 외에는 'B'로 구하시오(IF, AND 함수).

(3) 한식 업체 개수 ⇒ 결과값에 '개'를 붙이시오(COUNTIF 함수, & 연산자)(예 : 1개).

(4) 한식 전월배달건수 합계 ⇒ 조건은 입력 데이터를 이용하시오(DSUM 함수).

(5) 최소 메뉴수 ⇒ 정의된 이름(메뉴수)을 이용하여 구하시오(MIN 함수).

(6) 전월배달건수 ⇒ 「H14」 셀에서 선택한 코드번호에 대한 전월배달건수를 구하시오(VLOOKUP 함수).

(7) 조건부 서식의 수식을 이용하여 전월배달건수가 '300' 미만인 행 전체에 다음의 서식을 적용하시오 (글꼴 : 파랑, 굵게).

⑤ [테두리]에서 [굵은 바깥쪽 테두리](⊞)를 클릭한다.

⑥ 「F13:F14」 영역을 클릭한다.

→ [테두리]에서 [다른 테두리](⊞)를 클릭하면 [셀 서식] 대화상자가 나타난다.

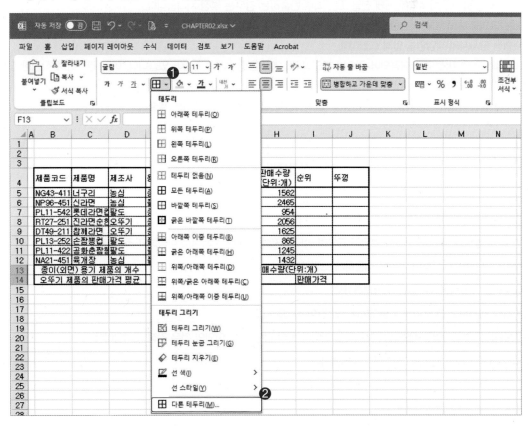

# 정보기술자격(ITQ) 시험

MS오피스

| 과목 | 코드 | 문제유형 | 시험시간 | 수험번호 | 성명 |
|---|---|---|---|---|---|
| 한글엑셀 | 1122 | A | 60분 | | |

※ 실전 모의고사 01~10회 학습 시 답안 작성요령을 동일하게 적용하세요.

## 수험자 유의사항

- 수험자는 문제지를 받는 즉시 문제지와 **수험표상의 시험과목(프로그램)이 동일한지 반드시 확인**하여야 합니다.
- 파일명은 본인의 "수험번호–성명"으로 입력하여 답안폴더(내 PC₩문서₩ITQ)에 하나의 파일로 저장해야 하며, 답안문서 파일명이 "수험번호–성명"과 일치하지 않거나, 답안파일을 전송하지 않아 미제출로 처리될 경우 실격 처리합니다(예: 12345678–홍길동.xlsx).
- 답안 작성을 마치면 파일을 저장하고, '답안 전송' 버튼을 선택하여 감독위원 PC로 답안을 전송하십시오. 수험생 정보와 저장한 파일명이 다를 경우 전송되지 않으므로 주의하시기 바랍니다.
- 답안 작성 중에도 **주기적으로 저장하고, '답안 전송'**하여야 문제 발생을 줄일 수 있습니다. 작업한 내용을 저장하지 않고 전송할 경우 이전에 저장된 내용이 전송되니 이점 유의하시기 바랍니다.
- 답안문서는 지정된 경로 외의 다른 보조기억장치에 저장하는 경우, 지정된 시험 시간 외에 작성된 파일을 활용할 경우, 기타 통신수단(이메일, 메신저, 네트워크 등)을 이용하여 타인에게 전달 또는 외부 반출하는 경우는 부정 처리합니다.
- 시험 중 부주의 또는 고의로 시스템을 파손한 경우는 수험자가 변상해야 하며, 〈수험자 유의사항〉에 기재된 방법대로 이행하지 않아 생기는 불이익은 수험생 당사자의 책임임을 알려 드립니다.
- 문제의 조건은 MS오피스 2021 버전으로 설정되어 있으며 MS오피스 2016은 【 】에 표기되어 있습니다. 이와 관련하여 작성한 답안의 출력형태가 문제지와 다를 수 있습니다.
- 시험을 완료한 수험자는 답안파일이 전송되었는지 확인한 후 감독위원의 지시에 따라 문제지를 제출하고 퇴실합니다.

## 답안 작성요령

- 온라인 답안 작성 절차
  수험자 등록 ⇒ 시험 시작 ⇒ 답안파일 저장 ⇒ 답안 전송 ⇒ 시험 종료
- 문제는 총 4단계, 즉 제1작업부터 제4작업까지 구성되어 있으며 반드시 제1작업부터 순서대로 작성하고 조건대로 작업하시오.
- 모든 작업시트의 A열은 열 너비 '1'로, 나머지 열은 적당하게 조절하시오.
- 모든 작업시트의 테두리는 ≪출력형태≫와 같이 작업하시오.
- 해당 작업란에서는 각각 제시된 조건에 따라 ≪출력형태≫와 같이 작업하시오.
- 답안 시트 이름은 "제1작업", "제2작업", "제3작업", "제4작업"이어야 하며 답안 시트 이외의 것은 감점 처리됩니다.
- 각 시트를 파일로 나누어 작업해서 저장할 경우 실격 처리됩니다.

⑦ 선 스타일에서 [가는 실선](———)을 클릭한다.
→ 두 개의 [대각선]()()을 각각 클릭하고 [확인]을 클릭한다.

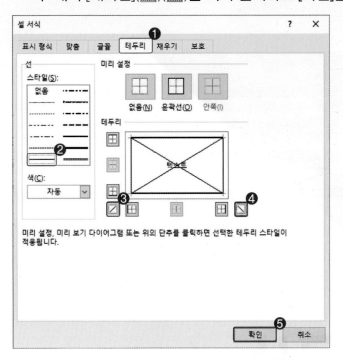

---

**SECTION 02** 행 높이, 열 너비

① 조절하고자 하는 영역을 블록 설정한다.
→ [홈] 탭 – [셀] 그룹 – [서식](▦)을 클릭하여 행 높이와 열 너비를 직
접 수치로 조절할 수 있다.

🅑 기적의 TIP

행과 열의 머리글 경계선
(╂)(╫)을 마우스 드래그하
면 간단히 조절할 수 있다.

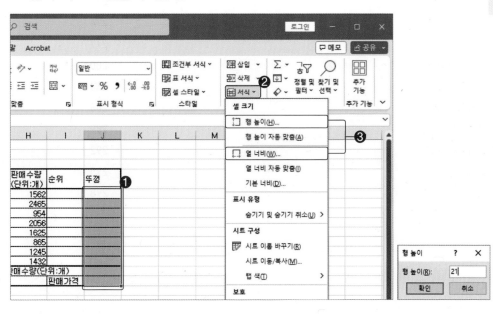

# PART
# 04

# 실전 모의고사

① 「B4:J4」 영역을 블록 설정한다.

→ Ctrl 을 누른 채 「G14」 셀과 「I14」 셀을 블록 설정한다.

② [홈] 탭 – [글꼴] 그룹 – [채우기 색](🖌)에서 '주황'을 선택한다.

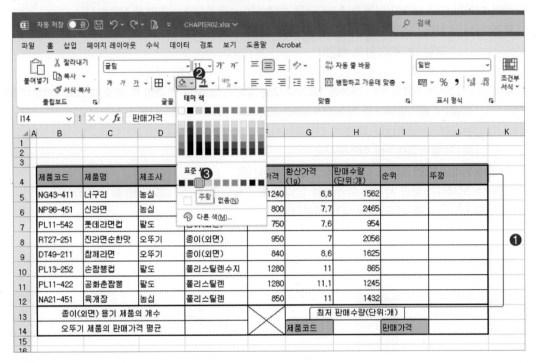

③ [홈] 탭 – [맞춤] 그룹 – [가운데 맞춤](≡)을 클릭한다.

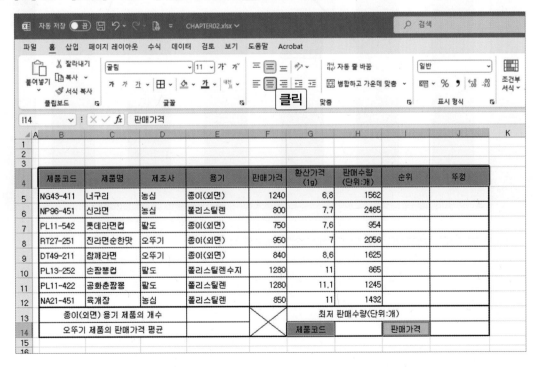

**"제1작업" 시트를 이용하여 조건에 따라 ≪출력형태≫와 같이 작업하시오.**

| | |
|---|---|
| **조건** | (1) 차트 종류 ⇒ 〈묶은 세로 막대형〉으로 작업하시오.<br>(2) 데이터 범위 ⇒ "제1작업" 시트의 내용을 이용하여 작업하시오.<br>(3) 위치 ⇒ "새 시트"로 이동하고, "제4작업"으로 시트 이름을 바꾸시오.<br>(4) 차트 디자인 도구 ⇒ 레이아웃 3, 스타일 1을 선택하여 ≪출력형태≫에 맞게 작업하시오.<br>(5) 영역 서식 ⇒ 차트 : 글꼴(굴림, 11pt), 채우기 효과(질감 – 분홍 박엽지)<br>　　　　　　　　그림 : 채우기(흰색, 배경1)<br>(6) 제목 서식 ⇒ 차트 제목 : 글꼴(굴림, 굵게, 20pt), 채우기(흰색, 배경1), 테두리<br>(7) 서식 ⇒ 신청인원 계열의 차트 종류를 〈표식이 있는 꺾은선형〉으로 변경한 후 보조 축으로 지정하시오.<br>　　　　계열 : ≪출력형태≫를 참조하여 표식(세모, 크기 10)과 레이블 값을 표시하시오.<br>　　　　눈금선 : 선 스타일 – 파선<br>　　　　축 : ≪출력형태≫를 참조하시오.<br>(8) 범례 ⇒ 범례명을 변경하고 ≪출력형태≫를 참조하시오.<br>(9) 도형 ⇒ '모서리가 둥근 사각형 설명선'을 삽입한 후 ≪출력형태≫와 같이 내용을 입력하시오.<br>(10) 나머지 사항은 ≪출력형태≫에 맞게 작성하시오. |
| **출력형태** | 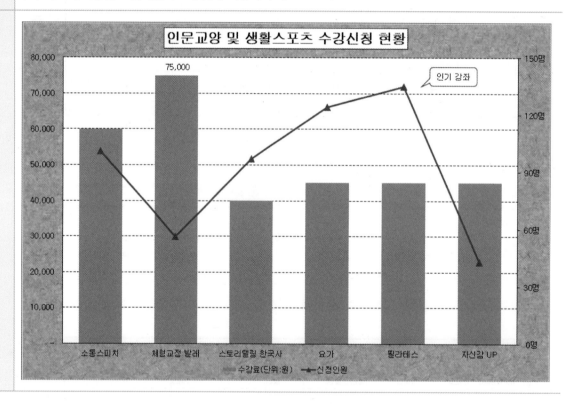 |

**주의** 시트명 순서가 차례대로 "제1작업", "제2작업", "제3작업", "제4작업"이 되도록 할 것

④ 「B5:E12」 영역을 블록 설정한다.

→ [홈] 탭 – [맞춤] 그룹 – [가운데 맞춤]( )을 클릭한다.

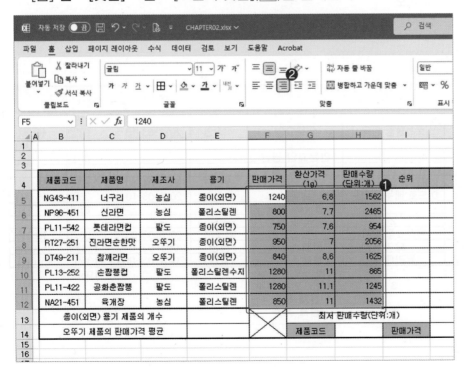

⑤ 숫자 및 회계 영역인 「F5:H12」를 블록 설정한다.

→ [홈] 탭 – [맞춤] 그룹 – [오른쪽 맞춤]( )을 클릭한다.

**기적의 TIP**

숫자 및 회계 서식은 오른쪽 맞춤, 나머지 서식은 가운데 맞춤으로 주로 출제된다.

"제1작업" 시트의 「B4:H12」 영역을 복사하여 "제2작업" 시트의 「B2」 셀부터 모두 붙여넣기를 한 후 다음의 조건과 같이 작업하시오.

| 조건 | |
|---|---|
| | (1) 목표값 찾기 – 「B11:G11」 셀을 병합하고 가운데 맞춤한 후 "인문교양 신청인원 평균"을 입력하고 「H11」 셀에 인문교양 신청인원 평균을 구하시오. 단, 조건은 입력데이터를 이용하시오 (DAVERAGE 함수, 테두리). <br>   – '인문교양 신청인원 평균'이 '85'가 되려면 소통스피치의 신청인원이 얼마가 되어야 하는지 목표값을 구하시오. <br> (2) 고급필터 – 교육대상이 '성인'이 아니면서, 수강료(단위:원)가 '50,000' 이상인 자료의 강좌명, 개강날짜, 신청인원, 수강료(단위:원) 데이터만 추출하시오. <br>   – 조건 범위 : 「B14」 셀부터 입력하시오. <br>   – 복사 위치 : 「B18」 셀부터 나타나도록 하시오. |

"제1작업" 시트의 「B4:H12」 영역을 복사하여 "제3작업" 시트의 「B2」 셀부터 모두 붙여넣기를 한 후 다음의 조건과 같이 작업하시오.

| 조건 | |
|---|---|
| | (1) 부분합 – 《출력형태》처럼 정렬하고, 강좌명의 개수와 신청인원의 평균을 구하시오. <br> (2) 개요【윤곽】 – 지우시오. <br> (3) 나머지 사항은 《출력형태》에 맞게 작성하시오. |

**출력형태**

| | 수강코드 | 강좌명 | 분류 | 교육대상 | 개강날짜 | 신청인원 | 수강료(단위:원) |
|---|---|---|---|---|---|---|---|
| | CS-210 | 소통스피치 | 인문교양 | 성인 | 2023-04-03 | 101명 | 60,000 |
| | ST-211 | 스토리텔링 한국사 | 인문교양 | 직장인 | 2023-03-13 | 97명 | 40,000 |
| | SU-231 | 자신감 UP | 인문교양 | 청소년 | 2023-04-03 | 43명 | 45,000 |
| | | | 인문교양 평균 | | | 80명 | |
| | | 3 | 인문교양 개수 | | | | |
| | CE-310 | 어린이 영어회화 | 외국어 | 청소년 | 2023-04-10 | 87명 | 55,000 |
| | ME-312 | 미드로 배우는 영어 | 외국어 | 직장인 | 2023-03-10 | 78명 | 65,000 |
| | | | 외국어 평균 | | | 83명 | |
| | | 2 | 외국어 개수 | | | | |
| | SL-101 | 체형교정 발레 | 생활스포츠 | 청소년 | 2023-03-06 | 56명 | 75,000 |
| | YL-112 | 요가 | 생활스포츠 | 성인 | 2023-03-04 | 124명 | 45,000 |
| | PL-122 | 필라테스 | 생활스포츠 | 성인 | 2023-03-06 | 135명 | 45,000 |
| | | | 생활스포츠 평균 | | | 105명 | |
| | | 3 | 생활스포츠 개수 | | | | |
| | | | 전체 평균 | | | 90명 | |
| | | 8 | 전체 개수 | | | | |

① '판매가격'에 대한 셀 서식을 지정하기 위해 「F5:F12」 영역을 블록 설정한다.

→ 마우스 오른쪽 클릭하여 [셀 서식](▤)을 클릭한다.

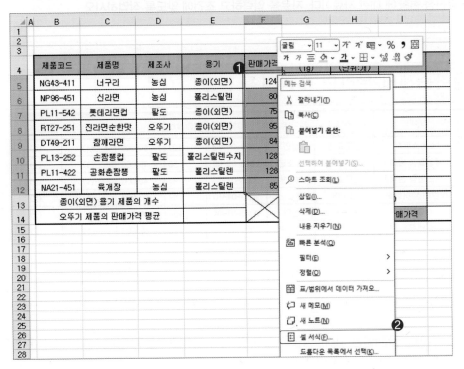

② [셀 서식] 대화상자 – [표시 형식] 탭의 범주에서 '사용자 지정'을 클릭한다.

→ #,##0을 선택하고 『"원"』을 추가로 입력한 후 [확인]을 클릭한다.

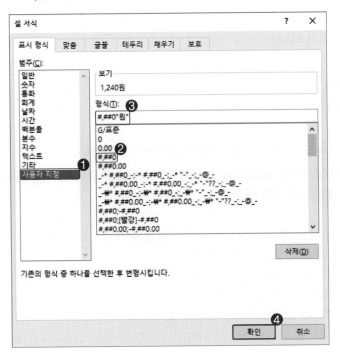

📑 기적의 TIP

**#,##0"원"**

천 단위마다 구분 쉼표를 넣고 단위를 "원"으로 표시한다. #은 유효하지 않은 0 값을 표시하지 않는다.

🔵 0010을 입력하면 10으로 표시

---

제 1 작업　표 서식 작성 및 값 계산　240점

다음은 '평생학습센터 온라인 수강신청 현황'에 대한 자료이다. 자료를 입력하고 조건에 맞도록 작업하시오.

**출력형태**

### 평생학습센터 온라인 수강신청 현황

| | | | | | 확인 | 담당 | 팀장 | 센터장 |
| | | | | | | | | |

| 수강코드 | 강좌명 | 분류 | 교육대상 | 개강날짜 | 신청인원 | 수강료(단위:원) | 교육장소 | 신청인원순위 |
|---|---|---|---|---|---|---|---|---|
| CS-210 | 소통스피치 | 인문교양 | 성인 | 2023-04-03 | 101 | 60,000 | (1) | (2) |
| SL-101 | 체형교정 발레 | 생활스포츠 | 청소년 | 2023-03-06 | 56 | 75,000 | (1) | (2) |
| ST-211 | 스토리텔링 한국사 | 인문교양 | 직장인 | 2023-03-13 | 97 | 40,000 | (1) | (2) |
| CE-310 | 어린이 영어회화 | 외국어 | 청소년 | 2023-04-10 | 87 | 55,000 | (1) | (2) |
| YL-112 | 요가 | 생활스포츠 | 성인 | 2023-03-04 | 124 | 45,000 | (1) | (2) |
| ME-312 | 미드로 배우는 영어 | 외국어 | 직장인 | 2023-03-10 | 78 | 65,000 | (1) | (2) |
| PL-122 | 필라테스 | 생활스포츠 | 성인 | 2023-03-06 | 135 | 45,000 | (1) | (2) |
| SU-231 | 자신감 UP | 인문교양 | 청소년 | 2023-04-03 | 43 | 45,000 | (1) | (2) |
| 필라테스 수강료(단위:원) | | | (3) | | 최저 수강료(단위:원) | | | (5) |
| 인문교양 최대 신청인원 | | | (4) | | 강좌명 | 소통스피치 | 개강날짜 | (6) |

**조건**

- 모든 데이터의 서식에는 글꼴(굴림, 11pt), 정렬은 숫자 및 회계 서식은 오른쪽 정렬, 나머지 서식은 가운데 정렬로 작성하며 예외적인 것은 《출력형태》를 참조하시오.
- 제목 ⇒ 도형(대각선 방향의 모서리가 잘린 사각형)과 그림자(오프셋 오른쪽)를 이용하여 작성하고 "평생학습센터 온라인 수강신청 현황"을 입력한 후 다음 서식을 적용하시오(글꼴 – 굴림, 24pt, 검정, 굵게, 채우기 – 노랑).
- 임의의 셀에 결재란을 작성하여 그림으로 복사 기능을 이용하여 붙이기 하시오(단, 원본 삭제).
- 「B4:J4, G14, I14」 영역은 '주황'으로 채우기 하시오.
- 유효성 검사를 이용하여 「H14」 셀에 강좌명(「C5:C12」 영역)이 선택 표시되도록 하시오.
- 셀 서식 ⇒ 「G5:G12」 영역에 셀 서식을 이용하여 숫자 뒤에 '명'을 표시하시오(예 : 30명).
- 「H5:H12」 영역에 대해 '수강료'로 이름정의를 하시오.

(1)~(6) 셀은 반드시 <u>주어진 함수를 이용하여</u> 값을 구하시오(결과값을 직접 입력하면 해당 셀은 0점 처리됨).

(1) 교육장소 ⇒ 수강코드의 네 번째 글자가 1이면 '제2강의실', 2이면 '제3강의실', 3이면 '제4강의실'로 구하시오(IF, MID 함수).

(2) 신청인원 순위 ⇒ 신청인원의 내림차순 순위를 구하시오(RANK.EQ 함수).

(3) 필라테스 수강료(단위:원) ⇒ (INDEX, MATCH 함수).

(4) 인문교양 최대 신청인원 ⇒ 인문교양 강좌 중에서 최대 신청인원을 구한 후 결과값에 '명'을 붙이시오. 단, 조건은 입력데이터를 이용하시오(DMAX 함수, & 연산자)(예 : 10명).

(5) 최저 수강료(단위:원) ⇒ 정의된 이름(수강료)을 이용하여 구하시오(SMALL 함수).

(6) 개강날짜 ⇒ 「H14」 셀에서 선택한 강좌명에 대한 개강날짜를 구하시오(VLOOKUP 함수).

(7) 조건부 서식의 수식을 이용하여 신청인원이 '100' 이상인 행 전체에 다음의 서식을 적용하시오 (글꼴 : 파랑, 굵게).

③ 「G5:G12」 영역을 블록 설정한다.

→ 마우스 오른쪽 클릭하여 [셀 서식](🔲)을 클릭한다.

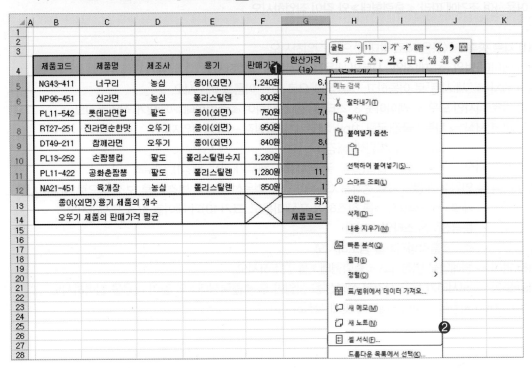

④ [셀 서식] 대화상자 – [표시 형식] 탭의 범주에서 '숫자'를 클릭한다.

→ 소수 자릿수에 『1』을 입력한 후 [확인]을 클릭한다.

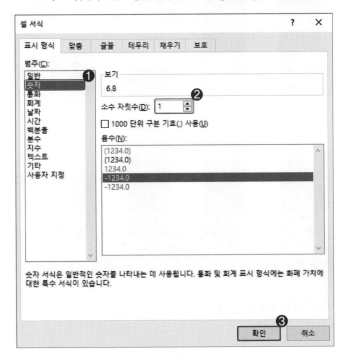

"제1작업" 시트를 이용하여 조건에 따라 ≪출력형태≫와 같이 작업하시오.

| 조건 | (1) 차트 종류 ⇒ 〈묶은 세로 막대형〉으로 작업하시오.<br>(2) 데이터 범위 ⇒ "제1작업" 시트의 내용을 이용하여 작업하시오.<br>(3) 위치 ⇒ "새 시트"로 이동하고, "제4작업"으로 시트 이름을 바꾸시오.<br>(4) 차트 디자인 도구 ⇒ 레이아웃 3, 스타일 1을 선택하여 ≪출력형태≫에 맞게 작업하시오.<br>(5) 영역 서식 ⇒ 차트 : 글꼴(굴림, 11pt), 채우기 효과(질감 – 파랑 박엽지)<br>　　　　　　　　　그림 : 채우기(흰색, 배경1)<br>(6) 제목 서식 ⇒ 차트 제목 : 글꼴(굴림, 굵게, 20pt), 채우기(흰색, 배경1), 테두리<br>(7) 서식 ⇒ 인원수 계열의 차트 종류를 〈표식이 있는 꺾은선형〉으로 변경한 후 보조 축으로 지정하시오.<br>　　　　계열 : ≪출력형태≫를 참조하여 표식(마름모, 크기 10)과 레이블 값을 표시하시오.<br>　　　　눈금선 : 선 스타일 – 파선<br>　　　　축 : ≪출력형태≫를 참조하시오.<br>(8) 범례 ⇒ 범례명을 변경하고 ≪출력형태≫를 참조하시오.<br>(9) 도형 ⇒ '모서리가 둥근 사각형 설명선'을 삽입한 후 ≪출력형태≫와 같이 내용을 입력하시오.<br>(10) 나머지 사항은 ≪출력형태≫에 맞게 작성하시오. |
|---|---|
| 출력형태 | 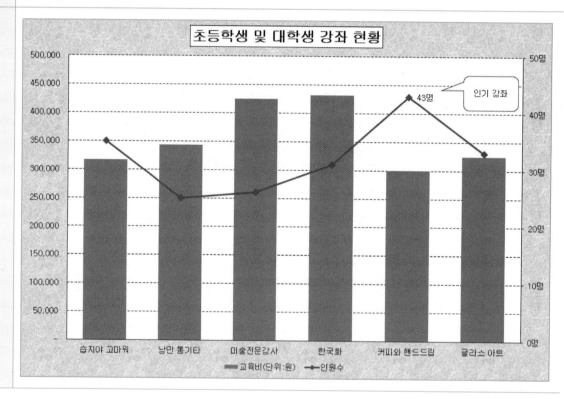 |

**주의** 시트명 순서가 차례대로 "제1작업", "제2작업", "제3작업", "제4작업"이 되도록 할 것

⑤ 「H5:H12」 영역을 블록 설정한다.

→ 마우스 오른쪽 클릭하여 [셀 서식](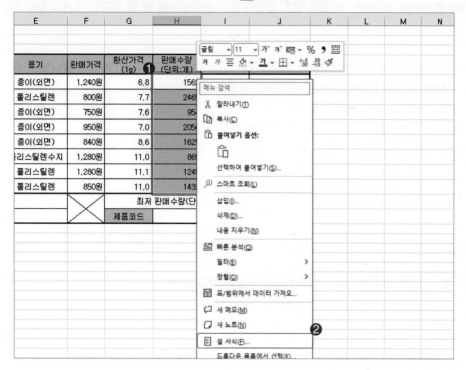)을 클릭한다.

⑥ [셀 서식] 대화상자 - [표시 형식] 탭의 범주에서 '숫자'를 클릭한다.

→ 1000 단위 구분 기호(,) 사용에 체크한 후 [확인]을 클릭한다.

🅕 기적의 TIP

표시 형식의 범주에서 회계를 선택해도 1000 단위 구분 기호가 사용된다.
숫자 범주와의 차이는 차트에서 0이 −로 표시되는 것이 다르다.

"제1작업" 시트의 「B4:H12」 영역을 복사하여 "제2작업" 시트의 「B2」 셀부터 모두 붙여넣기를 한 후 다음의 조건과 같이 작업하시오.

| 조건 | (1) 고급 필터 – 강좌코드가 'B'로 시작하거나, 교육비(단위:원)가 '400,000' 이상인 자료의 강좌코드, 강좌명, 개강일, 교육비(단위:원) 데이터만 추출하시오. |
| --- | --- |
| | 　　　　　　 – 조건 범위 : 「B14」 셀부터 입력하시오. |
| | 　　　　　　 – 복사 위치 : 「B18」 셀부터 나타나도록 하시오. |
| | (2) 표 서식 – 고급필터의 결과셀을 채우기 없음으로 설정한 후 '표 스타일 보통 6'의 서식을 적용하시오. |
| | 　　　　　 – 머리글 행, 줄무늬 행을 적용하시오. |

"제1작업" 시트를 이용하여 "제3작업" 시트에 조건에 따라 ≪출력형태≫와 같이 작업하시오.

| 조건 | (1) 개강일 및 대상별 강좌명의 개수와 교육비(단위:원)의 평균을 구하시오. |
| --- | --- |
| | (2) 개강일을 그룹화하고, 대상을 ≪출력형태≫와 같이 정렬하시오. |
| | (3) 레이블이 있는 셀 병합 및 가운데 맞춤 적용과 빈 셀은 '**'로 표시하시오. |
| | (4) 행의 총합계는 지우고, 나머지 사항은 ≪출력형태≫에 맞게 작성하시오. |

출력형태

| 개강일 | 대상 초등학생 개수 : 강좌명 | 평균 : 교육비(단위:원) | 일반인 개수 : 강좌명 | 평균 : 교육비(단위:원) | 대학생 개수 : 강좌명 | 평균 : 교육비(단위:원) |
| --- | --- | --- | --- | --- | --- | --- |
| 10월 | 1 | 317,000 | 1 | 360,000 | ** | ** |
| 11월 | ** | ** | 1 | 439,000 | 2 | 375,000 |
| 12월 | 2 | 388,000 | ** | ** | 1 | 300,000 |
| 총합계 | 3 | 364,333 | 2 | 399,500 | 3 | 350,000 |

① 「H14」 셀을 클릭한다.

→ [데이터] 탭 – [데이터 도구] 그룹 – [데이터 유효성 검사](📋)를 클릭한다.

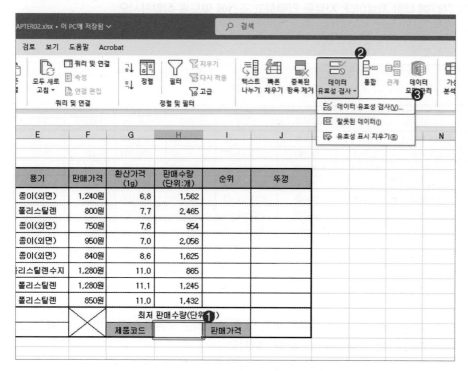

② [데이터 유효성] 대화상자에서 제한 대상을 '목록'으로 설정한다.

→ 원본 입력란을 클릭하고 「B5:B12」 영역을 마우스 드래그한 후 [확인]을 클릭한다.

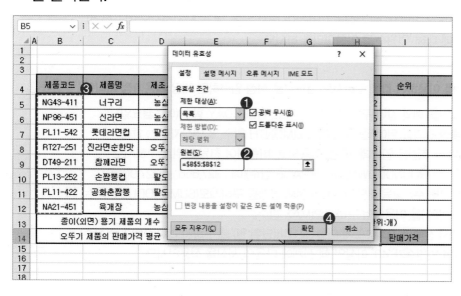

> **기적의 TIP**
>
> 원본 입력란에 직접 텍스트를 입력할 수도 있다.
> 직접 입력 시에는 목록을 쉼표(,)로 구분한다.

## 제 1 작업　표 서식 작성 및 값 계산　240점

다음은 '2023년 하반기 아카데미 강좌'에 대한 자료이다. 자료를 입력하고 조건에 맞도록 작업하시오.

**출력형태**

| | | | | | | | 확인 사원 | 팀장 | 부장 |
|---|---|---|---|---|---|---|---|---|---|
| | | **2023년 하반기 아카데미 강좌** | | | | | | | |
| 강좌코드 | 강좌명 | 대상 | 강사명 | 개강일 | 인원수 | 교육비(단위:원) | 진행요일 | 개강월 | |
| HS-212 | 습지야 고마워 | 초등학생 | 최승희 | 2023-10-02 | 35 | 317,000 | (1) | (2) | |
| TW-543 | 좋은부모 | 일반인 | 이연아 | 2023-11-07 | 32 | 439,000 | (1) | (2) | |
| FE-761 | 낭만 통기타 | 초등학생 | 조승연 | 2023-12-09 | 25 | 344,000 | (1) | (2) | |
| FP-122 | 야생화 자수 | 일반인 | 기지우 | 2023-10-02 | 41 | 360,000 | (1) | (2) | |
| LE-633 | 미술전문강사 | 대학생 | 박지율 | 2023-11-03 | 26 | 425,000 | (1) | (2) | |
| NY-822 | 한국화 | 초등학생 | 김현정 | 2023-12-01 | 31 | 432,000 | (1) | (2) | |
| BT-263 | 커피와 핸드드립 | 대학생 | 박윤비 | 2023-12-04 | 43 | 300,000 | (1) | (2) | |
| FE-367 | 글라스 아트 | 대학생 | 김수연 | 2023-11-02 | 33 | 325,000 | (1) | (2) | |
| 초등학생 평균 교육비(단위:원) | | | (3) | ✕ | | 최대 인원수 | | | (5) |
| 전체 교육비(단위:원) 합계 | | | (4) | | | 강좌코드 | HS-212 | 교육비(단위:원) | (6) |

**조건**

- 모든 데이터의 서식에는 글꼴(굴림, 11pt), 정렬은 숫자 및 회계 서식은 오른쪽 정렬, 나머지 서식은 가운데 정렬로 작성하며 예외적인 것은 《출력형태》를 참조하시오.
- 제목 ⇒ 도형(사다리꼴)과 그림자(오프셋 오른쪽)를 이용하여 작성하고 "2023년 하반기 아카데미 강좌"를 입력한 후 다음 서식을 적용하시오(글꼴 – 굴림, 24pt, 검정, 굵게, 채우기 – 노랑).
- 임의의 셀에 결재란을 작성하여 그림으로 복사 기능을 이용하여 붙이기 하시오(단, 원본 삭제).
- 「B4:J4, G14, I14」 영역은 '주황'으로 채우기 하시오.
- 유효성 검사를 이용하여 「H14」 셀에 강좌코드(「B5:B12」 영역)가 선택 표시되도록 하시오.
- 셀 서식 ⇒ 「G5:G12」 영역에 셀 서식을 이용하여 숫자 뒤에 '명'을 표시하시오(예 : 35명).
- 「G5:G12」 영역에 대해 '인원수'로 이름정의를 하시오.

(1)~(6) 셀은 반드시 <u>주어진 함수를 이용하여 값을 구하시오(결과값을 직접 입력하면 해당 셀은 0점 처리됨).</u>

(1) 진행요일 ⇒ 개강일에 대한 요일을 예와 같이 구하시오(CHOOSE, WEEKDAY 함수)(예 : 월요일).

(2) 개강월 ⇒ 개강일의 월을 추출한 결과값 뒤에 '월'을 붙이시오(MONTH 함수, & 연산자)(예 : 1월).

(3) 초등학생 평균 교육비(단위:원) ⇒ 조건은 입력데이터를 이용하고, 버림하여 천원 단위로 구하시오
(ROUNDDOWN, DAVERAGE 함수)(예 : 327,656 → 327,000).

(4) 전체 교육비(단위:원) 합계 ⇒ 「인원수×교육비(단위:원)」의 전체 합계를 구하시오(SUMPRODUCT 함수).

(5) 최대 인원수 ⇒ 정의된 이름(인원수)을 이용하여 구하시오(MAX 함수).

(6) 교육비(단위:원) ⇒ 「H14」 셀에서 선택한 강좌코드에 대한 '교육비(단위:원)'를 구하시오(VLOOKUP 함수).

(7) 조건부 서식의 수식을 이용하여 인원수가 '40' 이상인 행 전체에 다음의 서식을 적용하시오
(글꼴 : 파랑, 굵게).

③ 「H14」 셀에 드롭다운 버튼이 생성된 것을 확인한다.
→ [홈] 탭 – [맞춤] 그룹 – [가운데 맞춤](☰)을 클릭한다.

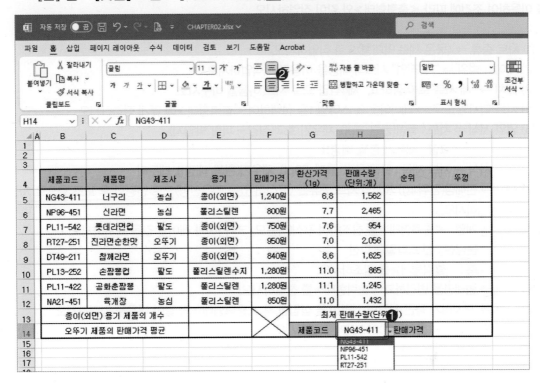

① 「F5:F12」 영역을 블록 설정한다.
→ [수식] 탭 – [정의된 이름] 그룹 – [이름 정의](✐)를 클릭한다.

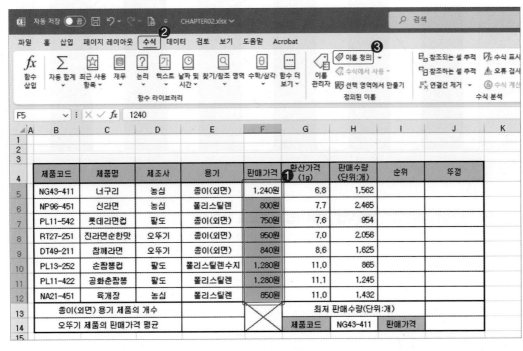

**"제1작업" 시트를 이용하여 조건에 따라 ≪출력형태≫와 같이 작업하시오.**

| | |
|---|---|
| **조건** | (1) 차트 종류 ⇒ 〈묶은 세로 막대형〉으로 작업하시오.<br>(2) 데이터 범위 ⇒ "제1작업" 시트의 내용을 이용하여 작업하시오.<br>(3) 위치 ⇒ "새 시트"로 이동하고, "제4작업"으로 시트 이름을 바꾸시오.<br>(4) 차트 디자인 도구 ⇒ 레이아웃 3, 스타일 1을 선택하여 ≪출력형태≫에 맞게 작업하시오.<br>(5) 영역 서식 ⇒ 차트 : 글꼴(굴림, 11pt), 채우기 효과(질감 – 파랑 박엽지)<br>　　　　　　　　그림 : 채우기(흰색, 배경1)<br>(6) 제목 서식 ⇒ 차트 제목 : 글꼴(굴림, 굵게, 20pt), 채우기(흰색, 배경1), 테두리<br>(7) 서식 ⇒ 판매량(단위:kg) 계열의 차트 종류를 〈표식이 있는 꺾은선형〉으로 변경한 후 보조 축으로 지정<br>　　　　하시오.<br>　　　　계열 : ≪출력형태≫를 참조하여 표식(마름모, 크기 10)과 레이블 값을 표시하시오.<br>　　　　눈금선 : 선 스타일 – 파선<br>　　　　축 : ≪출력형태≫를 참조하시오.<br>(8) 범례 ⇒ 범례명을 변경하고 ≪출력형태≫를 참조하시오.<br>(9) 도형 ⇒ '모서리가 둥근 사각형 설명선'을 삽입한 후 ≪출력형태≫와 같이 내용을 입력하시오.<br>(10) 나머지 사항은 ≪출력형태≫에 맞게 작성하시오. |
| **출력형태** | 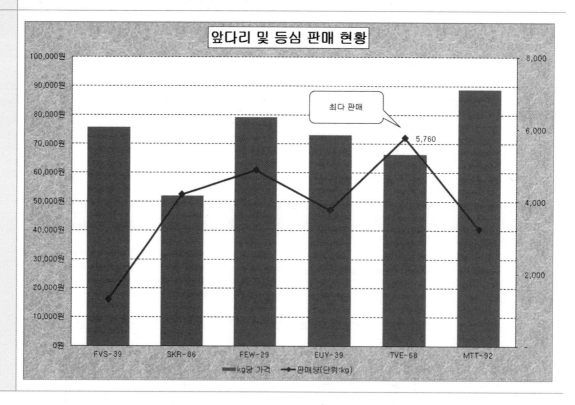 |

**주의** 시트명 순서가 차례대로 "제1작업", "제2작업", "제3작업", "제4작업"이 되도록 할 것

② 이름에 『판매가격』을 입력하고 [확인]을 클릭한다.

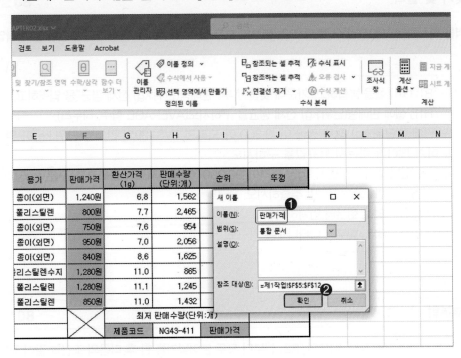

③ 「F5:F12」 영역을 블록 설정했을 때 [이름 상자]에 『판매가격』이 표시되는 것을 확인한다.

🄵 기적의 TIP

[이름 관리자](Ctrl)에서 정의된 이름을 관리할 수 있다.

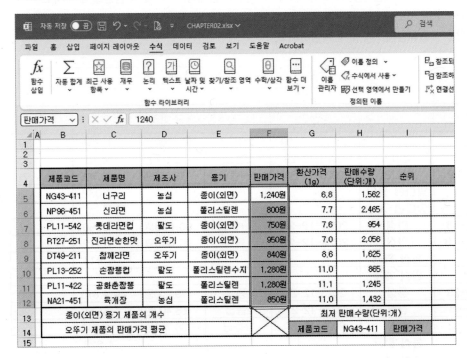

"제1작업" 시트의 「B4:H12」 영역을 복사하여 "제2작업" 시트의 「B2」 셀부터 모두 붙여넣기를 한 후 다음의 조건과 같이 작업하시오.

| 조건 | |
|---|---|
| (1) 목표값 찾기 | - 「B11:G11」 셀을 병합하고, 가운데 맞춤한 후 "판매량(단위:kg) 전체 평균"을 입력하고, 「H11」 셀에 판매량(단위:kg) 전체 평균을 구하시오(AVERAGE 함수, 테두리). |
| | - '판매량(단위:kg) 전체 평균'이 '3,300'이 되려면 FVS-39의 판매량(단위:kg)이 얼마가 되어야 하는지 목표값을 구하시오. |
| (2) 고급필터 | - 부위가 '앞다리'가 아니면서 kg당 가격이 '90,000' 이하인 자료의 품목코드, 구분, kg당 가격, 판매량(단위:kg) 데이터만 추출하시오. |
| | - 조건 범위 : 「B14」 셀부터 입력하시오. |
| | - 복사 위치 : 「B18」 셀부터 나타나도록 하시오. |

"제1작업" 시트의 「B4:H12」 영역을 복사하여 "제3작업" 시트의 「B2」 셀부터 모두 붙여넣기를 한 후 다음의 조건과 같이 작업하시오.

| 조건 |
|---|
| (1) 부분합 - 《출력형태》처럼 정렬하고, 품목코드의 개수와 판매량(단위:kg)의 평균을 구하시오. |
| (2) 개요【윤곽】 - 지우시오. |
| (3) 나머지 사항은 《출력형태》에 맞게 작성하시오. |

**출력형태**

| | A | B | C | D | E | F | G | H |
|---|---|---|---|---|---|---|---|---|
| 1 | | | | | | | | |
| 2 | | 품목코드 | 부위 | 생산일 | 구분 | kg당 가격 | 판매량(단위:kg) | 납품한 시장 수 |
| 3 | | FVS-39 | 앞다리 | 2023-12-19 | 1+등급 | 75,600원 | 1,294 | 39 |
| 4 | | SKR-86 | 앞다리 | 2023-12-29 | 2등급 | 52,000원 | 4,188 | 73 |
| 5 | | EUY-39 | 앞다리 | 2023-12-30 | 1++등급 | 73,000원 | 3,765 | 71 |
| 6 | | | 앞다리 평균 | | | | 3,082 | |
| 7 | | 3 | 앞다리 개수 | | | | | |
| 8 | | ATE-38 | 안심 | 2023-12-24 | 1++등급 | 98,200원 | 1,350 | 37 |
| 9 | | MYH-19 | 안심 | 2023-12-22 | 1등급 | 95,600원 | 1,472 | 38 |
| 10 | | | 안심 평균 | | | | 1,411 | |
| 11 | | 2 | 안심 개수 | | | | | |
| 12 | | FEW-29 | 등심 | 2023-12-24 | 1등급 | 79,200원 | 4,870 | 86 |
| 13 | | TVE-68 | 등심 | 2023-12-27 | 2등급 | 66,400원 | 5,760 | 98 |
| 14 | | MTT-92 | 등심 | 2023-12-24 | 1+등급 | 88,700원 | 3,240 | 56 |
| 15 | | | 등심 평균 | | | | 4,623 | |
| 16 | | 3 | 등심 개수 | | | | | |
| 17 | | | 전체 평균 | | | | 3,242 | |
| 18 | | 8 | 전체 개수 | | | | | |

① 「B5:J12」 영역을 블록 설정한다.

→ [홈] 탭 – [스타일] 그룹 – [조건부 서식](圃)을 클릭하고 [새 규칙](圃)을 클릭한다.

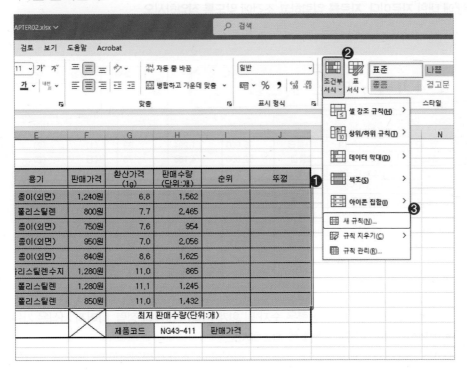

② [새 서식 규칙] 대화상자에서 '▶ 수식을 사용하여 서식을 지정할 셀 결정'을 클릭한다.

→ 『=$F5>=1000』을 입력하고 [서식]을 클릭한다.

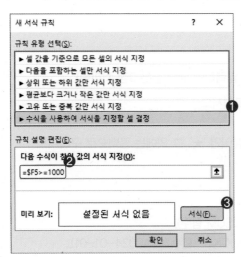

## 제 1 작업  표 서식 작성 및 값 계산                    240점

다음은 '소고기 부위별 판매 현황'에 대한 자료이다. 자료를 입력하고 조건에 맞도록 작업하시오.

**출력형태**

소고기 부위별 판매 현황

| 결재 | 담당 | 팀장 | 부장 |
|---|---|---|---|
| | | | |

| 품목코드 | 부위 | 생산일 | 구분 | kg당 가격 | 판매량(단위:kg) | 납품한 시장 수 | 판매순위 | 비고 |
|---|---|---|---|---|---|---|---|---|
| FVS-39 | 앞다리 | 2023-12-19 | 1+등급 | 75,600 | 1,294 | 39 | (1) | (2) |
| SKR-86 | 앞다리 | 2023-12-29 | 2등급 | 52,000 | 4,188 | 73 | (1) | (2) |
| ATE-38 | 안심 | 2023-12-24 | 1++등급 | 98,200 | 1,350 | 37 | (1) | (2) |
| MYH-19 | 안심 | 2023-12-22 | 1등급 | 95,600 | 1,472 | 38 | (1) | (2) |
| FEW-29 | 등심 | 2023-12-24 | 1등급 | 79,200 | 4,870 | 86 | (1) | (2) |
| EUY-39 | 앞다리 | 2023-12-30 | 1++등급 | 73,000 | 3,765 | 71 | (1) | (2) |
| TVE-68 | 등심 | 2023-12-27 | 2등급 | 66,400 | 5,760 | 98 | (1) | (2) |
| MTT-92 | 등심 | 2023-12-24 | 1+등급 | 88,700 | 3,240 | 56 | (1) | (2) |
| kg당 최고 가격 | | | (3) | | 앞다리 부위 판매량(단위:kg) 합계 | | | (5) |
| 등심 부위 납품한 시장 수 평균 | | | (4) | | 품목코드 | FVS-39 | 생산일 | (6) |

**조건**

- 모든 데이터의 서식에는 글꼴(굴림, 11pt), 정렬은 숫자 및 회계 서식은 오른쪽 정렬, 나머지 서식은 가운데 정렬로 작성하며 예외적인 것은 ≪출력형태≫를 참조하시오.
- 제목 ⇒ 도형(배지)과 그림자(오프셋 오른쪽)를 이용하여 작성하고 "소고기 부위별 판매 현황"을 입력한 후 다음 서식을 적용하시오(글꼴 – 굴림, 24pt, 검정, 굵게, 채우기 – 노랑).
- 임의의 셀에 결재란을 작성하여 그림으로 복사 기능을 이용하여 붙이기 하시오(단, 원본 삭제).
- 「B4:J4, G14, I14」 영역은 '주황'으로 채우기 하시오.
- 유효성 검사를 이용하여 「H14」 셀에 품목코드(「B5:B12」 영역)가 선택 표시되도록 하시오.
- 셀 서식 ⇒ 「F5:F12」 영역에 셀 서식을 이용하여 숫자 뒤에 '원'을 표시하시오(예 : 75,600원).
- 「F5:F12」 영역에 대해 '가격'으로 이름정의를 하시오.

**(1)~(6) 셀은 반드시 <u>주어진 함수를 이용하여</u> 값을 구하시오(결과값을 직접 입력하면 해당 셀은 0점 처리됨).**

(1) 판매순위 ⇒ 판매량(단위:kg)의 내림차순 순위를 구한 결과값에 '위'를 붙이시오
 (RANK.EQ 함수, & 연산자)(예 : 1위).

(2) 비고 ⇒ kg당 가격이 90,000 이상이거나 판매량(단위:kg)이 5,000 이상이면 '★', 그 외에는 공백으로 구하시오
 (IF, OR 함수).

(3) kg당 최고 가격 ⇒ 정의된 이름(가격)을 이용하여 구하시오(MAX 함수).

(4) 등심 부위 납품한 시장 수 평균 ⇒ (SUMIF, COUNTIF 함수)

(5) 앞다리 부위 판매량(단위:kg) 합계 ⇒ 조건은 입력데이터를 이용하시오(DSUM 함수).

(6) 생산일 ⇒ 「H14」 셀에서 선택한 품목코드에 대한 생산일을 구하시오(VLOOKUP 함수)(예 : 2024-01-01).

(7) 조건부 서식의 수식을 이용하여 납품한 시장 수가 '50' 이하인 행 전체에 다음의 서식을 적용하시오
 (글꼴 : 파랑, 굵게).

③ [셀 서식] 대화상자에서 글꼴 스타일을 '굵게', 색을 '파랑'으로 설정하고 [확인]을 클릭한다.

→ 다시 [새 서식 규칙] 대화상자로 돌아오면 [확인]을 클릭한다.

④ F열 판매가격이 1,000원 이상인 행에 서식이 적용된다.

| | 제품코드 | 제품명 | 제조사 | 용기 | 판매가격 | 환산가격<br>(1g) | 판매수량<br>(단위:개) | 순위 | 뚜껑 |
|---|---|---|---|---|---|---|---|---|---|
| 5 | NG43-411 | 너구리 | 농심 | 종이(외면) | 1,240원 | 6.8 | 1,562 | | |
| 6 | NP96-451 | 신라면 | 농심 | 폴리스틸렌 | 800원 | 7.7 | 2,465 | | |
| 7 | PL11-542 | 롯데라면컵 | 팔도 | 종이(외면) | 750원 | 7.6 | 954 | | |
| 8 | RT27-251 | 진라면순한맛 | 오뚜기 | 종이(외면) | 950원 | 7.0 | 2,056 | | |
| 9 | DT49-211 | 참깨라면 | 오뚜기 | 종이(외면) | 840원 | 8.6 | 1,625 | | |
| 10 | PL13-252 | 손짬뽕컵 | 팔도 | 폴리스틸렌수지 | 1,280원 | 11.0 | 865 | | |
| 11 | PL11-422 | 공화춘짬뽕 | 팔도 | 폴리스틸렌 | 1,280원 | 11.1 | 1,245 | | |
| 12 | NA21-451 | 육개장 | 농심 | 폴리스틸렌 | 850원 | 11.0 | 1,432 | | |
| 13 | 종이(외면) 용기 제품의 개수 | | | | | 최저 판매수량(단위:개) | | | |
| 14 | 오뚜기 제품의 판매가격 평균 | | | | | 제품코드 | NG43-411 | 판매가격 | |

**"제1작업" 시트를 이용하여 조건에 따라 ≪출력형태≫와 같이 작업하시오.**

| 조건 | |
|---|---|
| | (1) 차트 종류 ⇒ 〈묶은 세로 막대형〉으로 작업하시오. |
| | (2) 데이터 범위 ⇒ "제1작업" 시트의 내용을 이용하여 작업하시오. |
| | (3) 위치 ⇒ "새 시트"로 이동하고, "제4작업"으로 시트 이름을 바꾸시오. |
| | (4) 차트 디자인 도구 ⇒ 레이아웃 3, 스타일 1을 선택하여 ≪출력형태≫에 맞게 작업하시오. |
| | (5) 영역 서식 ⇒ 차트 : 글꼴(굴림, 11pt), 채우기 효과(질감 – 분홍 박엽지) |
| | 　　　　　　　그림 : 채우기(흰색, 배경1) |
| | (6) 제목 서식 ⇒ 차트 제목 : 글꼴(굴림, 굵게, 20pt), 채우기(흰색, 배경1), 테두리 |
| | (7) 서식 ⇒ 매출액(백만) 계열의 차트 종류를 〈표식이 있는 꺾은선형〉으로 변경한 후 보조 축으로 지정하시오. |
| | 　　　　계열 : ≪출력형태≫를 참조하여 표식(세모, 크기 10)과 레이블 값을 표시하시오. |
| | 　　　　눈금선 : 선 스타일 – 파선 |
| | 　　　　축 : ≪출력형태≫를 참조하시오. |
| | (8) 범례 ⇒ 범례명을 변경하고 ≪출력형태≫를 참조하시오. |
| | (9) 도형 ⇒ '모서리가 둥근 사각형 설명선'을 삽입한 후 ≪출력형태≫와 같이 내용을 입력하시오. |
| | (10) 나머지 사항은 ≪출력형태≫에 맞게 작성하시오. |
| 출력형태 | 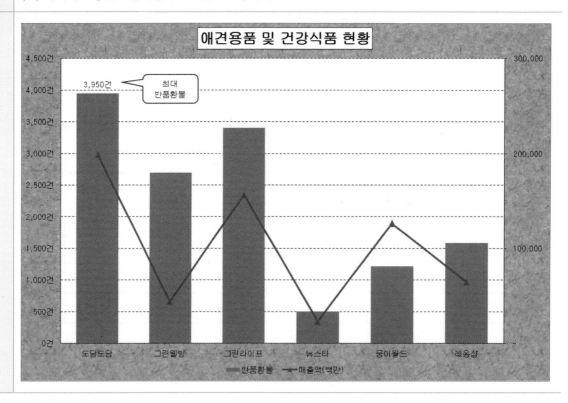 |

**주의** 시트명 순서가 차례대로 "제1작업", "제2작업", "제3작업", "제4작업"이 되도록 할 것

[제1작업]

# 도형 및 제목 작성

▶ 합격 강의

난 이 도  상 중 ⓗ
반복학습 ① ② ③

| 문제파일 | PART 01 시험 유형 따라하기\CHAPTER03.xlsx |
| 정답파일 | PART 01 시험 유형 따라하기\CHAPTER03_정답.xlsx |

**문제보기**

**출력형태**

| 제품코드 | 제품명 | 제조사 | 용기 | 판매가격 | 환산가격 (1g) | 판매수량 (단위:개) | 순위 | 뚜껑 |
|---|---|---|---|---|---|---|---|---|
| NG43-411 | 너구리 | 농심 | 종이(외면) | 1,240원 | 6.8 | 1,562 | | |
| NP96-451 | 신라면 | 농심 | 폴리스틸렌 | 800원 | 7.7 | 2,465 | | |
| PL11-542 | 롯데라면컵 | 팔도 | 종이(외면) | 750원 | 7.6 | 954 | | |
| RT27-251 | 진라면순한맛 | 오뚜기 | 종이(외면) | 950원 | 7.0 | 2,056 | | |
| DT49-211 | 참깨라면 | 오뚜기 | 종이(외면) | 840원 | 8.6 | 1,625 | | |
| PL13-252 | 손짬뽕컵 | 팔도 | 폴리스틸렌수지 | 1,280원 | 11.0 | 865 | | |
| PL11-422 | 공화춘짬뽕 | 팔도 | 폴리스틸렌 | 1,280원 | 11.1 | 1,245 | | |
| NA21-451 | 육개장 | 농심 | 폴리스틸렌 | 850원 | 11.0 | 1,432 | | |

상단 제목: **컵라면 가격 및 판매수량**

결재란: 결재 / 담당 / 팀장 / 대표

| 종이(외면) 용기 제품의 개수 | | | | 최저 판매수량(단위:개) | | | | |
| 오뚜기 제품의 판매가격 평균 | | | | 제품코드 | NG43-411 | 판매가격 | | |

**조건**

- 제목 ⇒ 도형(사각형: 잘린 위쪽 모서리)과 그림자(오프셋 오른쪽)를 이용하여 작성하고 "컵라면 가격 및 판매수량"을 입력한 후 다음 서식을 적용하시오 (글꼴 – 굴림, 24pt, 검정, 굵게, 채우기 – 노랑).
- 임의의 셀에 결재란을 작성하여 그림으로 복사 기능을 이용하여 붙이기 하시오(단, 원본 삭제).

"제1작업" 시트의 「B4:H12」 영역을 복사하여 "제2작업" 시트의 「B2」 셀부터 모두 붙여넣기를 한 후 다음의 조건과 같이 작업하시오.

| 조건 | |
|---|---|
| | (1) 고급 필터 – 소재지가 '제주'이거나 설립일이 '2010-01-01' 이후(해당일 포함)인 자료의 회사명, 소재지, 반품환불, 매출액(백만) 데이터만 추출하시오.<br>– 조건 범위 : 「B14」 셀부터 입력하시오.<br>– 복사 위치 : 「B18」 셀부터 나타나도록 하시오.<br>(2) 표 서식 – 고급필터의 결과셀을 채우기 없음으로 설정한 후 '표 스타일 밝게 9'의 서식을 적용하시오.<br>– 머리글 행, 줄무늬 행을 적용하시오. |

"제1작업" 시트를 이용하여 "제3작업" 시트에 조건에 따라 《출력형태》와 같이 작업하시오.

| 조건 | |
|---|---|
| | (1) 설립일 및 분류별 회사명의 개수와 매출액(백만)의 평균을 구하시오.<br>(2) 설립일을 그룹화하고, 분류를 《출력형태》와 같이 정렬하시오.<br>(3) 레이블이 있는 셀 병합 및 가운데 맞춤 적용과 빈 셀은 '＊＊'로 표시하시오.<br>(4) 행의 총합계는 지우고, 나머지 사항은 《출력형태》에 맞게 작성하시오. |

**출력형태**

| 설립일 | 화장품 개수 : 회사명 | 화장품 평균 : 매출액(백만) | 애견용품 개수 : 회사명 | 애견용품 평균 : 매출액(백만) | 건강식품 개수 : 회사명 | 건강식품 평균 : 매출액(백만) |
|---|---|---|---|---|---|---|
| 2007년 | ＊＊ | ＊＊ | 1 | 64,817 | 1 | 22,896 |
| 2009년 | 2 | 364,097 | ＊＊ | ＊＊ | ＊＊ | ＊＊ |
| 2011년 | ＊＊ | ＊＊ | 1 | 126,100 | 2 | 100,070 |
| 2013년 | ＊＊ | ＊＊ | 1 | 198,619 | ＊＊ | ＊＊ |
| 총합계 | 2 | 364,097 | 3 | 129,845 | 3 | 74,345 |

① 출력형태를 참고하여 도형이 들어갈 1~3행 높이를 적당히 조절한다.

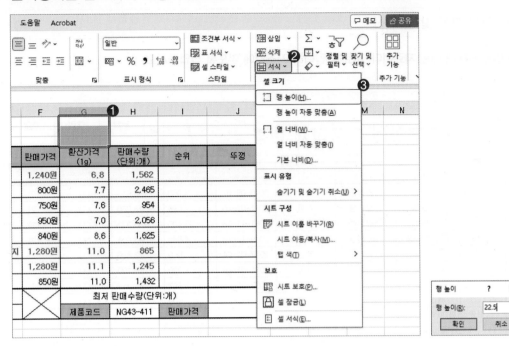

② [삽입] 탭 – [일러스트레이션] 그룹 – [도형](🔲)을 클릭하고 [사각형: 잘린 위쪽 모서리]를 클릭한다.

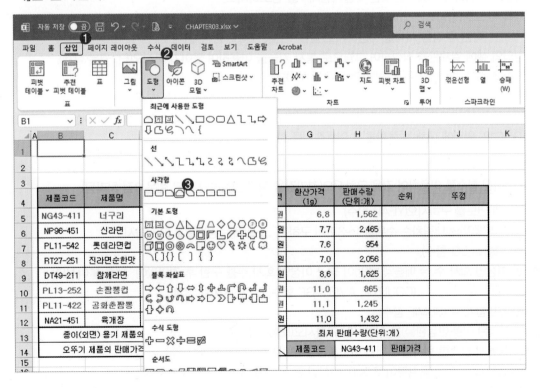

| 제 1 작업 | 표 서식 작성 및 값 계산 | 240점 |

다음은 '직접판매 유통업체 현황'에 대한 자료이다. 자료를 입력하고 조건에 맞도록 작업하시오.

**출력형태**

| 관리번호 | 회사명 | 분류 | 소재지 | 설립일 | 반품환불 | 매출액(백만) | 설립연도 | 매출액순위 |
|---|---|---|---|---|---|---|---|---|
| B2-03 | 도담도담 | 애견용품 | 부산 | 2013-05-01 | 3,950 | 198,619 | (1) | (2) |
| S1-01 | 그린웰빙 | 건강식품 | 서울 | 2011-01-20 | 2,694 | 43,766 | (1) | (2) |
| J1-04 | 그린라이프 | 건강식품 | 제주 | 2011-11-16 | 3,405 | 156,373 | (1) | (2) |
| S2-05 | 마이스토어 | 화장품 | 서울 | 2009-12-10 | 4,580 | 643,654 | (1) | (2) |
| B1-01 | 뉴스타 | 건강식품 | 부산 | 2007-01-24 | 500 | 22,896 | (1) | (2) |
| S3-02 | 뭉이월드 | 애견용품 | 서울 | 2011-01-24 | 1,220 | 126,100 | (1) | (2) |
| J3-02 | 레옹샵 | 애견용품 | 제주 | 2007-03-03 | 1,587 | 64,817 | (1) | (2) |
| S2-03 | 해피월드 | 화장품 | 서울 | 2009-10-20 | 409 | 84,540 | (1) | (2) |
| 평균 매출액(백만) 이상인 회사 수 | | | (3) | | | 최대 반품환불 | | (5) |
| 애견용품 매출액(백만) 합계 | | | (4) | | 회사명 | 도담도담 | 반품환불 | (6) |

제목 도형(평행 사변형) 내 "직접판매 유통업체 현황"

확인 / 담당 / 대리 / 과장

**조건**

- 모든 데이터의 서식에는 글꼴(굴림, 11pt), 정렬은 숫자 및 회계 서식은 오른쪽 정렬, 나머지 서식은 가운데 정렬로 작성하며 예외적인 것은 《출력형태》를 참조하시오.
- 제목 ⇒ 도형(평행 사변형)과 그림자(오프셋 오른쪽)를 이용하여 작성하고 "직접판매 유통업체 현황"을 입력한 후 다음 서식을 적용하시오(글꼴 – 굴림, 24pt, 검정, 굵게, 채우기 – 노랑).
- 임의의 셀에 결재란을 작성하여 그림으로 복사 기능을 이용하여 붙이기 하시오(단, 원본 삭제).
- 「B4:J4, G14, I14」 영역은 '주황'으로 채우기 하시오.
- 유효성 검사를 이용하여 「H14」 셀에 회사명(「C5:C12」 영역)이 선택 표시되도록 하시오.
- 셀 서식 ⇒ 「G5:G12」 영역에 셀 서식을 이용하여 숫자 뒤에 '건'을 표시하시오(예 : 3,950건).
- 「G5:G12」 영역에 대해 '반품환불'로 이름정의를 하시오.

**(1)~(6) 셀은 반드시 주어진 함수를 이용하여 값을 구하시오(결과값을 직접 입력하면 해당 셀은 0점 처리됨).**

(1)  설립연도 ⇒ 설립일의 연도를 구하시오(YEAR 함수).

(2)  매출액 순위 ⇒ 매출액(백만)의 내림차순 순위를 1~3까지 구하고, 그 외에는 공백으로 표시하시오
     (IF, RANK.EQ 함수).

(3)  평균 매출액(백만) 이상인 회사 수 ⇒ 매출액(백만)이 평균 이상인 회사 수를 구한 후 결과값에 '개'를 붙이시오
     (COUNTIF, AVERAGE 함수, & 연산자)(예 : 3개).

(4)  애견용품 매출액(백만) 합계 ⇒ (SUMIF 함수)

(5)  최대 반품환불 ⇒ 정의된 이름(반품환불)을 이용하여 구하시오(MAX 함수).

(6)  반품환불 ⇒ 「H14」셀에서 선택한 회사명에 대한 반품환불을 구하시오(VLOOKUP 함수).

(7)  조건부 서식의 수식을 이용하여 반품환불이 '3,000' 이상인 행 전체에 다음의 서식을 적용하시오
     (글꼴 : 파랑, 굵게).

③ 마우스 포인터 모양이 ┼가 된 상태에서 「B1」 셀부터 「G3」 셀까지 드래그하여 도형을 그린다.

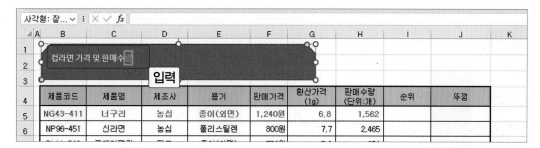

④ 노란색 조절점을 움직여 도형의 모양을 조절한다.

⑤ 도형에 『컵라면 가격 및 판매수량』을 입력한다.

⑥ 도형의 배경색 부분을 클릭한다.
　→ [홈] 탭 – [글꼴] 그룹에서 글꼴 '굴림', 크기 '24', [굵게], [채우기 색](🖌) '노랑', [글꼴 색](🅰) '검정'을 설정한다.

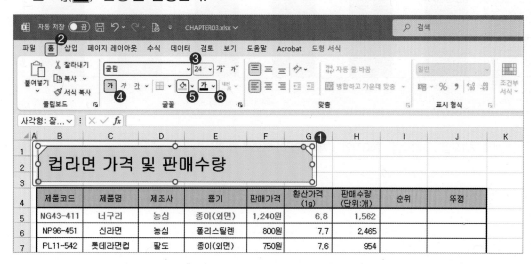

**"제1작업" 시트를 이용하여 조건에 따라 ≪출력형태≫와 같이 작업하시오.**

| 조건 | |
|---|---|
| | (1) 차트 종류 ⇒ 〈묶은 세로 막대형〉으로 작업하시오.<br>(2) 데이터 범위 ⇒ "제1작업" 시트의 내용을 이용하여 작업하시오.<br>(3) 위치 ⇒ "새 시트"로 이동하고, "제4작업"으로 시트 이름을 바꾸시오.<br>(4) 차트 디자인 도구 ⇒ 레이아웃 3, 스타일 1을 선택하여 ≪출력형태≫에 맞게 작업하시오.<br>(5) 영역 서식 ⇒ 차트 : 글꼴(굴림, 11pt), 채우기 효과(질감 – 파랑 박엽지)<br>　　　　　　　　그림 : 채우기(흰색, 배경1)<br>(6) 제목 서식 ⇒ 차트 제목 : 글꼴(굴림, 굵게, 20pt), 채우기(흰색, 배경1), 테두리<br>(7) 서식 ⇒ 치료횟수(1주) 계열의 차트 종류를 〈표식이 있는 꺾은선형〉으로 변경한 후 보조 축으로 지정하시오.<br>　　　　계열 : ≪출력형태≫를 참조하여 표식(마름모, 크기 10)과 레이블 값을 표시하시오.<br>　　　　눈금선 : 선 스타일 – 파선<br>　　　　축 : ≪출력형태≫를 참조하시오.<br>(8) 범례 ⇒ 범례명을 변경하고 ≪출력형태≫를 참조하시오.<br>(9) 도형 ⇒ '모서리가 둥근 사각형 설명선'을 삽입한 후 ≪출력형태≫와 같이 내용을 입력하시오.<br>(10) 나머지 사항은 ≪출력형태≫에 맞게 작성하시오. |
| 출력형태 | 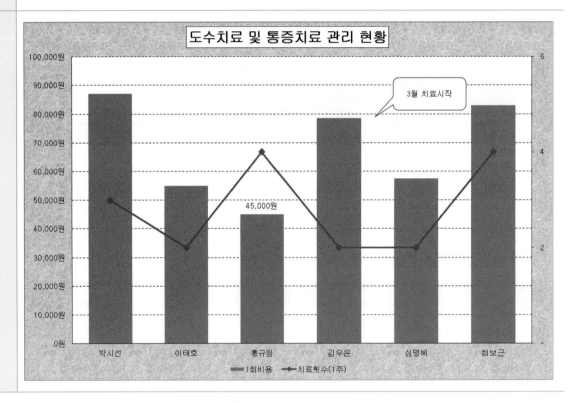 |

주의 시트명 순서가 차례대로 "제1작업", "제2작업", "제3작업", "제4작업"이 되도록 할 것

⑦ [맞춤] 그룹에서 가로와 세로 모두 [가운데 맞춤](☰, ☰)을 클릭한다.

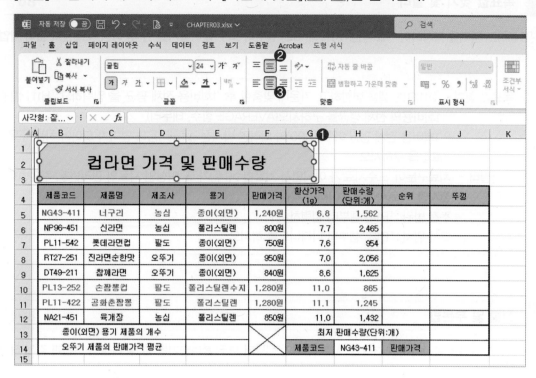

⑧ [도형 서식] 탭 – [도형 스타일] 그룹 – [도형 효과](◩)를 클릭하고 [그림자] – [오프 셋: 오른쪽]을 클릭한다.

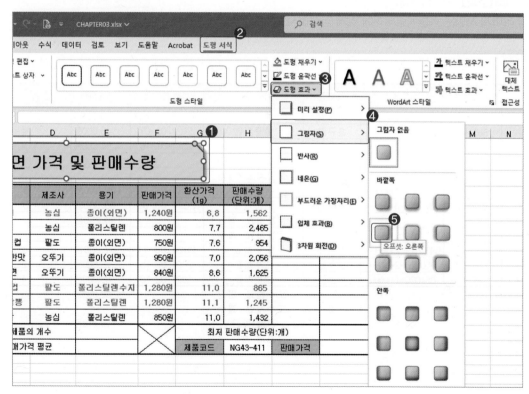

"제1작업" 시트의 「B4:H12」 영역을 복사하여 "제2작업" 시트의 「B2」 셀부터 모두 붙여넣기를 한 후 다음의 조건과 같이 작업하시오.

| 조건 | |
|---|---|
| (1) 목표값 찾기 – 「B11:G11」 셀을 병합하고, 가운데 맞춤한 후 "1회비용 전체 평균"을 입력하고, 「H11」 셀에 1회비용의 전체 평균을 구하시오(AVERAGE 함수, 테두리).<br> – '1회비용 전체 평균'이 '76,000'이 되려면 박시선의 1회비용이 얼마가 되어야 하는지 목표값을 구하시오.<br>(2) 고급필터 – 치료구분이 '도수치료'가 아니면서 치료횟수(1주)가 '3' 이상인 자료의 관리번호, 주민번호, 환자명, 치료시작일 데이터만 추출하시오<br> – 조건 범위 : 「B14」 셀부터 입력하시오.<br> – 복사 위치 : 「B18」 셀부터 나타나도록 하시오. | |

"제1작업" 시트의 「B4:H12」 영역을 복사하여 "제3작업" 시트의 「B2」 셀부터 모두 붙여넣기를 한 후 다음의 조건과 같이 작업하시오.

| 조건 | |
|---|---|
| (1) 부분합 – ≪출력형태≫처럼 정렬하고, 환자명의 개수와 1회비용의 평균을 구하시오.<br>(2) 개요【윤곽】 – 지우시오.<br>(3) 나머지 사항은 ≪출력형태≫에 맞게 작성하시오. | |

**출력형태**

| | 관리번호 | 주민번호 | 환자명 | 치료구분 | 치료시작일 | 1회비용 | 치료횟수 (1주) |
|---|---|---|---|---|---|---|---|
| | KNE-01 | 671105-1****** | 이태호 | 통증치료 | 2024-01-19 | 55,000원 | 2 |
| | SHD-02 | 020705-4****** | 홍규림 | 통증치료 | 2024-02-07 | 45,000원 | 4 |
| | WAT-02 | 480731-2****** | 심명혜 | 통증치료 | 2024-01-15 | 57,500원 | 2 |
| | | | | 통증치료 평균 | | 52,500원 | |
| | | | 3 | 통증치료 개수 | | | |
| | WAT-01 | 701210-1****** | 정상현 | 운동치료 | 2024-02-23 | 102,000원 | 3 |
| | WAT-03 | 030225-3****** | 정혜림 | 운동치료 | 2024-03-05 | 98,500원 | 3 |
| | | | | 운동치료 평균 | | 100,250원 | |
| | | | 2 | 운동치료 개수 | | | |
| | SHD-01 | 541209-2****** | 박시선 | 도수치료 | 2024-03-11 | 87,000원 | 3 |
| | KNE-02 | 910510-2****** | 김우윤 | 도수치료 | 2024-03-15 | 78,500원 | 2 |
| | SHD-03 | 851020-1****** | 최보근 | 도수치료 | 2024-02-13 | 83,000원 | 4 |
| | | | | 도수치료 평균 | | 82,833원 | |
| | | | 3 | 도수치료 개수 | | | |
| | | | | 전체 평균 | | 75,813원 | |
| | | | 8 | 전체 개수 | | | |

① 『결재』가 입력될 두 개의 셀을 블록 설정한다.

→ [홈] 탭 – [맞춤] 그룹 – [병합하고 가운데 맞춤](🔳)을 클릭한다.

**기적의 TIP**

결재란은 앞에 작성한 내용
과 행이나 열이 겹치지 않
는 셀에서 작성한다. 여기서
는 「L16」 셀에서 작성한다.

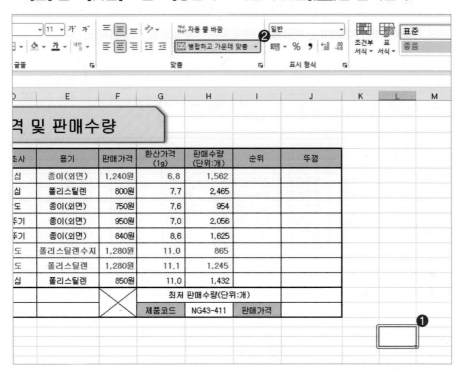

② 『결재』를 입력한다.

→ [홈] 탭 – [맞춤] 그룹 – [방향](📐)을 클릭하고 [세로 쓰기](⬇)를 클릭
한다.

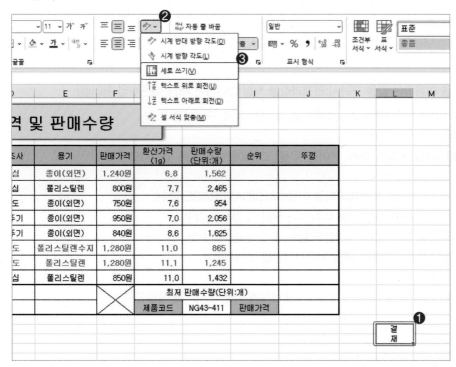

---

**제 1 작업**   **표 서식 작성 및 값 계산**   **240**점

다음은 '명재활의학과 1분기 환자 관리 현황'에 대한 자료이다. 자료를 입력하고 조건에 맞도록 작업하시오.

**출력형태**

### 명재활의학과 1분기 환자 관리 현황

| | | | | | | 결재 | 담당 | 과장 | 원장 |
|---|---|---|---|---|---|---|---|---|---|

| 관리번호 | 주민번호 | 환자명 | 치료구분 | 치료시작일 | 1회비용 | 치료횟수 (1주) | 성별 | 치료부위 |
|---|---|---|---|---|---|---|---|---|
| SHD-01 | 541209-2****** | 박시선 | 도수치료 | 2024-03-11 | 87,000 | 3 | (1) | (2) |
| KNE-01 | 671105-1****** | 이태호 | 통증치료 | 2024-01-19 | 55,000 | 2 | (1) | (2) |
| SHD-02 | 020705-4****** | 홍규림 | 통증치료 | 2024-02-07 | 45,000 | 4 | (1) | (2) |
| WAT-01 | 701210-1****** | 정상헌 | 운동치료 | 2024-02-23 | 102,000 | 3 | (1) | (2) |
| KNE-02 | 910510-2****** | 김우윤 | 도수치료 | 2024-03-15 | 78,500 | 2 | (1) | (2) |
| WAT-02 | 480731-2****** | 심명혜 | 통증치료 | 2024-01-15 | 57,500 | 2 | (1) | (2) |
| SHD-03 | 851020-1****** | 최보근 | 도수치료 | 2024-02-13 | 83,000 | 4 | (1) | (2) |
| WAT-03 | 030225-3****** | 정해림 | 운동치료 | 2024-03-05 | 98,500 | 3 | (1) | (2) |
| 도수치료 치료횟수(1주) 평균 | | | (3) | | | 운동치료 환자 수 | | (5) |
| 가장 많은 치료횟수(1주) | | | (4) | | | 관리번호 | SHD-01 | 치료시작일 (6) |

**조건**

- 모든 데이터의 서식에는 글꼴(굴림, 11pt), 정렬은 숫자 및 회계 서식은 오른쪽 정렬, 나머지 서식은 가운데 정렬로 작성하며 예외적인 것은 《출력형태》를 참조하시오.
- 제목 ⇒ 도형(배지)과 그림자(오프셋 오른쪽)를 이용하여 작성하고 "명재활의학과 1분기 환자 관리 현황" 을 입력한 후 다음 서식을 적용하시오(글꼴 – 굴림, 24pt, 검정, 굵게, 채우기 – 노랑).
- 임의의 셀에 결재란을 작성하여 그림으로 복사 기능을 이용하여 붙이기 하시오(단, 원본 삭제).
- 「B4:J4, G14, I14」 영역은 '주황'으로 채우기 하시오.
- 유효성 검사를 이용하여 「H14」 셀에 관리번호(「B5:B12」 영역)가 선택 표시되도록 하시오.
- 셀 서식 ⇒ 「G5:G12」 영역에 셀 서식을 이용하여 숫자 뒤에 '원'을 표시하시오(예 : 87,000원).
- 「H5:H12」 영역에 대해 '치료횟수'로 이름정의를 하시오.

**(1)~(6) 셀은 반드시 주어진 함수를 이용하여 값을 구하시오(결과값을 직접 입력하면 해당 셀은 0점 처리됨).**

(1) 성별 ⇒ 주민번호 8번째 값이 1이면 '남', 2이면 '여', 3이면 '남', 4이면 '여'로 구하시오 (CHOOSE, MID 함수).

(2) 치료부위 ⇒ 관리번호 첫 번째 글자가 S이면 '어깨', K이면 '무릎', 그 외에는 '허리'로 구하시오 (IF, LEFT 함수).

(3) 도수치료 치료횟수(1주) 평균 ⇒ 단, 조건은 입력데이터를 이용하시오(DAVERAGE 함수).

(4) 가장 많은 치료횟수(1주) ⇒ 정의된 이름(치료횟수)을 이용하여 구하시오(MAX 함수).

(5) 운동치료 환자 수 ⇒ 결과값에 '명'을 붙이시오(COUNTIF 함수, & 연산자)(예 : 1명).

(6) 치료시작일 ⇒ 「H14」 셀에서 선택한 관리번호에 대한 치료시작일을 구하시오 (VLOOKUP 함수)(예 : 2024-01-01).

(7) 조건부 서식의 수식을 이용하여 1회비용이 '85,000' 이상인 행 전체에 다음의 서식을 적용하시오 (글꼴 : 파랑, 굵게).

③ 텍스트를 모두 입력하고 행 높이와 열 너비를 조절한다.

→ [홈] 탭 – [맞춤] 그룹 – [가운데 맞춤](三)을 클릭한다.

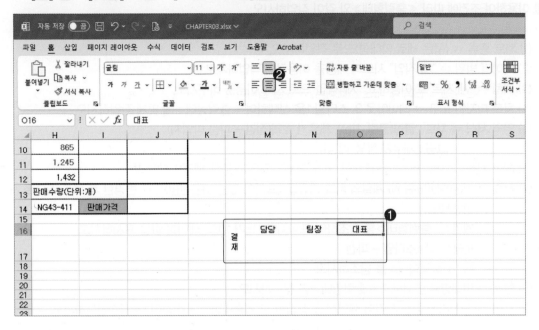

④ 결재란 영역을 모두 블록 설정한다.

→ [홈] 탭 – [글꼴] 그룹 – [테두리]에서 [모든 테두리](田)를 클릭한다.

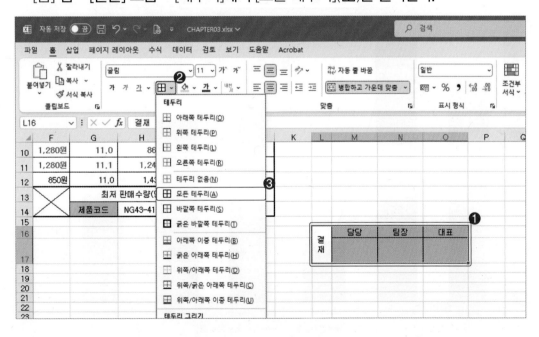

"제1작업" 시트를 이용하여 조건에 따라 ≪출력형태≫와 같이 작업하시오.

| 조건 | |
|---|---|
| | (1) 차트 종류 ⇒ 〈묶은 세로 막대형〉으로 작업하시오. |
| | (2) 데이터 범위 ⇒ "제1작업" 시트의 내용을 이용하여 작업하시오. |
| | (3) 위치 ⇒ "새 시트"로 이동하고, "제4작업"으로 시트 이름을 바꾸시오. |
| | (4) 차트 디자인 도구 ⇒ 레이아웃 3, 스타일 1을 선택하여 ≪출력형태≫에 맞게 작업하시오. |
| | (5) 영역 서식 ⇒ 차트 : 글꼴(굴림, 11pt), 채우기 효과(질감 – 파랑 박엽지) |
| | 　　　　　　　　그림 : 채우기(흰색, 배경1) |
| | (6) 제목 서식 ⇒ 차트 제목 : 글꼴(굴림, 굵게, 20pt), 채우기(흰색, 배경1), 테두리 |
| | (7) 서식 ⇒ 기본예산(단위:원) 계열의 차트 종류를 〈표식이 있는 꺾은선형〉으로 변경한 후 보조 축으로 지정하시오. |
| | 　　　　계열 : ≪출력형태≫를 참조하여 표식(네모, 크기 10)과 레이블 값을 표시하시오. |
| | 　　　　눈금선 : 선 스타일 – 파선 |
| | 　　　　축 : ≪출력형태≫를 참조하시오. |
| | (8) 범례 ⇒ 범례명을 변경하고 ≪출력형태≫를 참조하시오. |
| | (9) 도형 ⇒ '모서리가 둥근 사각형 설명선'을 삽입한 후 ≪출력형태≫와 같이 내용을 입력하시오. |
| | (10) 나머지 사항은 ≪출력형태≫에 맞게 작성하시오. |

| 출력형태 | |
|---|---|

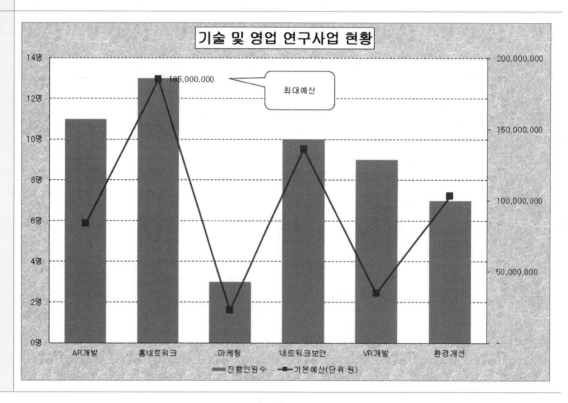

주의 시트명 순서가 차례대로 "제1작업", "제2작업", "제3작업", "제4작업"이 되도록 할 것

⑤ 결재란 영역이 블록 설정된 상태에서 [홈] 탭 – [클립보드] 그룹 – [복사](📋)에서 [그림으로 복사]를 클릭한다.

→ [그림 복사] 대화상자에서 [확인]을 클릭한다.

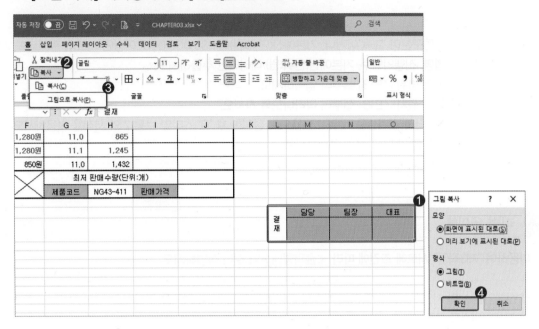

⑥ [홈] 탭 – [클립보드] 그룹 – [붙여넣기](📋)를 클릭한다.

→ 그림의 위치를 마우스 드래그하여 조절한다. 방향키(→ ← ↑ ↓)로 미세한 조절이 가능하다.

"제1작업" 시트의 「B4:H12」 영역을 복사하여 "제2작업" 시트의 「B2」 셀부터 모두 붙여넣기를 한 후 다음의 조건과 같이 작업하시오.

| 조건 | |
|---|---|
| | (1) 고급 필터 – 사업구분이 '교육'이거나, 기본예산(단위:원)이 '130,000,000' 이상인 자료의 관리코드, 사업명, 진행인원수, 기본예산(단위:원) 데이터만 추출하시오.<br>　　　　　 – 조건 범위 : 「B13」 셀부터 입력하시오.<br>　　　　　 – 복사 위치 : 「B18」 셀부터 나타나도록 하시오.<br>(2) 표 서식 – 고급필터의 결과셀을 채우기 없음으로 설정한 후 '표 스타일 보통 7'의 서식을 적용하시오.<br>　　　　　 – 머리글 행, 줄무늬 행을 적용하시오. |

"제1작업" 시트를 이용하여 "제3작업" 시트에 조건에 따라 ≪출력형태≫와 같이 작업하시오.

| 조건 | |
|---|---|
| | (1) 진행인원수 및 사업구분별 사업명의 개수와 기본예산(단위:원)의 평균을 구하시오.<br>(2) 진행인원수를 그룹화하고, 사업구분을 ≪출력형태≫와 같이 정렬하시오.<br>(3) 레이블이 있는 셀 병합 및 가운데 맞춤 적용 및 빈 셀은 '＊＊＊'로 표시하시오.<br>(4) 행의 총합계는 지우고, 나머지 사항은 ≪출력형태≫에 맞게 작성하시오. |

**출력형태**

| A | B | C | D | E | F | G | H |
|---|---|---|---|---|---|---|---|
| | | 사업구분 ▾ | | | | | |
| | | | 영업 | | 기술 | | 교육 |
| | 진행인원수 ▾ | 개수 : 사업명 | 평균 : 기본예산(단위:원) | 개수 : 사업명 | 평균 : 기본예산(단위:원) | 개수 : 사업명 | 평균 : 기본예산(단위:원) |
| | 3-6 | 1 | 22,700,000 | ＊＊＊ | ＊＊＊ | 1 | 28,000,000 |
| | 7-10 | ＊＊＊ | ＊＊＊ | 3 | 91,233,333 | 1 | 46,200,000 |
| | 11-14 | ＊＊＊ | ＊＊＊ | 2 | 134,350,000 | ＊＊＊ | ＊＊＊ |
| | 총합계 | 1 | 22,700,000 | 5 | 108,480,000 | 2 | 37,100,000 |

⑦ 기존 작업한 결재란 영역을 블록 설정한다.

→ [홈] 탭 – [셀] 그룹 – [삭제](🗵)를 클릭한다.

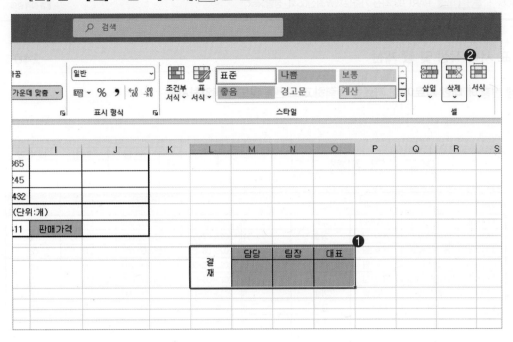

---

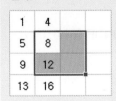
기적의 TIP

**삭제 메뉴 실행 결과**

| 1 | 2 | 3 | 4 |
|---|---|---|---|
| 5 | 6 | 7 | 8 |
| 9 | 10 | 11 | 12 |
| 13 | 14 | 15 | 16 |

**삭제** : 블록 설정한 셀만 삭제되어 아래의 셀들이 위로 올라온다.

| 1 | 2 | 3 | 4 |
|---|---|---|---|
| 5 | 14 | 15 | 8 |
| 9 | | | 12 |
| 13 | | | 16 |

**시트 행 삭제** : 블록 설정한 셀의 행 전체가 삭제된다.

| 1 | 2 | 3 | 4 |
|---|---|---|---|
| 13 | 14 | 15 | 16 |

**시트 열 삭제** : 블록 설정한 셀의 열 전체가 삭제된다.

| 1 | 4 | |
|---|---|---|
| 5 | 8 | |
| 9 | 12 | |
| 13 | 16 | |

**셀 삭제** : [삭제] 대화상자가 나타난다.

수험번호 20253005    정답파일 PART 03 최신 기출문제\최신05회_정답.xlsx

▶합격 강의

---

제 1 작업    표 서식 작성 및 값 계산                                    240점

다음은 '연구사업 진행 현황'에 대한 자료이다. 자료를 입력하고 조건에 맞도록 작업하시오.

**출력형태**

| 관리코드 | 사업명 | 관리팀 | 사업구분 | 진행 인원수 | 시작일 | 기본예산 (단위:원) | 진행기간 | 예산순위 |
|---|---|---|---|---|---|---|---|---|
| EA4-06 | 이러닝 | 교육관리 | 교육 | 7 | 2023-07-10 | 46,200,000 | (1) | (2) |
| TA3-07 | AR개발 | 개발1팀 | 기술 | 11 | 2023-07-01 | 83,700,000 | (1) | (2) |
| TS1-12 | 홈네트워크 | 개발2팀 | 기술 | 13 | 2023-06-20 | 185,000,000 | (1) | (2) |
| MA2-03 | 마케팅 | 개발1팀 | 영업 | 3 | 2023-10-05 | 22,700,000 | (1) | (2) |
| TE1-10 | 네트워크보안 | 개발1팀 | 기술 | 10 | 2023-06-01 | 136,000,000 | (1) | (2) |
| SA2-05 | VR개발 | 개발2팀 | 기술 | 9 | 2023-08-10 | 34,700,000 | (1) | (2) |
| EA4-04 | 연수원관리 | 교육관리 | 교육 | 6 | 2023-09-20 | 28,000,000 | (1) | (2) |
| TE3-05 | 환경개선 | 개발2팀 | 기술 | 7 | 2023-09-01 | 103,000,000 | (1) | (2) |
| 개발1팀 기본예산(단위:원) 평균 | | | (3) | | | 교육 사업의 총 기본예산(단위:원) | | (5) |
| 최다 진행인원수 | | | (4) | | | 사업명 | 이러닝 | 사업구분 | (6) |

제목 결재 / 담당 / 팀장 / 본부장

**조건**

- 모든 데이터의 서식에는 글꼴(굴림, 11pt), 정렬은 숫자 및 회계 서식은 오른쪽 정렬, 나머지 서식은 가운데 정렬로 작성하며 예외적인 것은 《출력형태》를 참조하시오.
- 제목 ⇒ 도형(십자형)과 그림자(오프셋 오른쪽)를 이용하여 작성하고 "연구사업 진행 현황"을 입력한 후 다음 서식을 적용하시오(글꼴 – 굴림, 24pt, 검정, 굵게, 채우기 – 노랑).
- 임의의 셀에 결재란을 작성하여 그림으로 복사 기능을 이용하여 붙이기 하시오(단, 원본 삭제).
- 「B4:J4, G14, I14」 영역은 '주황'으로 채우기 하시오.
- 유효성 검사를 이용하여 「H14」 셀에 사업명(「C5:C1」 영역)가 선택 표시되도록 하시오.
- 셀 서식 ⇒ 「F5:F12」 영역에 셀 서식을 이용하여 숫자 뒤에 '명'을 표시하시오(예 : 7명).
- 「F5:F12」 영역에 대해 '진행인원수'로 이름정의를 하시오.

(1)~(6) 셀은 반드시 <u>주어진 함수</u>를 이용하여 값을 구하시오(결과값을 직접 입력하면 해당 셀은 0점 처리됨).

(1) 진행기간 ⇒ 「14 – 시작일의 월」을 구한 값에 '개월'을 붙이시오(MONTH 함수, & 연산자)
     (예 : 1개월).
(2) 예산순위 ⇒ 기본예산(단위:원)의 내림차순 순위를 '1~3'만 표시하고 그 외에는 공백으로 구하시오
     (IF, RANK.EQ 함수).
(3) 개발1팀 기본예산(단위:원) 평균 ⇒ 개발1팀의 기본예산(단위:원) 평균을 구하시오(SUMIF, COUNTIF 함수).
(4) 최다 진행인원수 ⇒ 정의된 이름(진행인원수)을 이용하여 구하시오(MAX 함수).
(5) 교육 사업의 총 기본예산(단위:원) ⇒ 조건은 입력데이터를 이용하여 구하시오(DSUM 함수).
(6) 사업구분 ⇒ 「H14」 셀에서 선택한 사업명의 사업구분을 구하시오(VLOOKUP 함수).
(7) 조건부 서식의 수식을 이용하여 진행인원수가 '10' 이상인 행 전체에 다음의 서식을 적용하시오
     (글꼴 : 파랑, 굵게).

정답파일 PART 01 시험 유형 따라하기₩유형1-1번_정답.xlsx

**문제유형 ❶-1**

다음은 '평생학습센터 온라인 수강신청 현황'에 대한 자료이다. 자료를 입력하고 조건에 맞도록 작업하시오.

**출력형태**

| | 평생학습센터 온라인 수강신청 현황 | | | | | | 확인 | 담당 | 팀장 | 센터장 |
|---|---|---|---|---|---|---|---|---|---|---|
| 수강코드 | 강좌명 | 분류 | 교육대상 | 개강날짜 | 신청인원 | 수강료(단위:원) | 교육장소 | 신청인원 순위 |
| CS-210 | 소통스피치 | 인문교양 | 성인 | 2023-04-03 | 101 | 60,000 | | |
| SL-101 | 체형교정 발레 | 생활스포츠 | 청소년 | 2023-03-06 | 56 | 75,000 | | |
| ST-211 | 스토리텔링 한국사 | 인문교양 | 직장인 | 2023-03-13 | 97 | 40,000 | | |
| CE-310 | 어린이 영어회화 | 외국어 | 청소년 | 2023-04-10 | 87 | 55,000 | | |
| YL-112 | 요가 | 생활스포츠 | 성인 | 2023-03-04 | 124 | 45,000 | | |
| ME-312 | 미드로 배우는 영어 | 외국어 | 직장인 | 2023-03-10 | 78 | 65,000 | | |
| PL-122 | 필라테스 | 생활스포츠 | 성인 | 2023-03-06 | 135 | 45,000 | | |
| SU-231 | 자신감 UP | 인문교양 | 청소년 | 2023-04-03 | 43 | 45,000 | | |
| 필라테스 수강료(단위:원) | | | | | 최저 수강료(단위:원) | | | |
| 인문교양 최대 신청인원 | | | | 강좌명 | 소통스피치 | 개강날짜 | | |

**조건**

- 제목 ⇒ 도형(사각형: 잘린 대각선 방향 모서리)과 그림자(오프셋: 오른쪽)를 이용하여 작성하고 "평생학습센터 온라인 수강신청 현황"을 입력한 후 다음 서식을 적용하시오 (글꼴 – 굴림, 24pt, 검정, 굵게, 채우기 – 노랑).

- 임의의 셀에 결재란을 작성하여 그림으로 복사 기능을 이용하여 붙이기 하시오(단, 원본 삭제).

- 「B4:J4, G14, I14」 영역은 '주황'으로 채우기 하시오.

- 유효성 검사를 이용하여 「H14」 셀에 강좌명(「C5:C12」 영역)이 선택 표시되도록 하시오.

- 셀 서식 ⇒ 「G5:G12」 영역에 셀 서식을 이용하여 숫자 뒤에 '명'을 표시하시오(예 : 30명).

- 「H5:H12」 영역에 대해 '수강료'로 이름정의를 하시오.

- 조건부 서식의 수식을 이용하여 신청인원이 '100' 이상인 행 전체에 다음의 서식을 적용하시오 (글꼴 : 파랑, 굵게).

"제1작업" 시트를 이용하여 조건에 따라 ≪출력형태≫와 같이 작업하시오.

| 조건 | |
|---|---|
| | (1) 차트 종류 ⇒ 〈묶은 세로 막대형〉으로 작업하시오. |
| | (2) 데이터 범위 ⇒ "제1작업" 시트의 내용을 이용하여 작업하시오. |
| | (3) 위치 ⇒ "새 시트"로 이동하고, "제4작업"으로 시트 이름을 바꾸시오. |
| | (4) 차트 디자인 도구 ⇒ 레이아웃 3, 스타일 1을 선택하여 ≪출력형태≫에 맞게 작업하시오. |
| | (5) 영역 서식 ⇒ 차트 : 글꼴(굴림, 11pt), 채우기 효과(질감 – 파랑 박엽지) |
| |                  그림 : 채우기(흰색, 배경1) |
| | (6) 제목 서식 ⇒ 차트 제목 : 글꼴(굴림, 굵게, 20pt), 채우기(흰색, 배경1), 테두리 |
| | (7) 서식 ⇒ 소비전력(W) 계열의 차트 종류를 〈표식이 있는 꺾은선형〉으로 변경한 후 보조 축으로 지정하시오. |
| |                  계열 : ≪출력형태≫를 참조하여 표식(네모, 크기 10)과 레이블 값을 표시하시오. |
| |                  눈금선 : 선 스타일 – 파선 |
| |                  축 : ≪출력형태≫를 참조하시오. |
| | (8) 범례 ⇒ 범례명을 변경하고 ≪출력형태≫를 참조하시오. |
| | (9) 도형 ⇒ '모서리가 둥근 사각형 설명선'을 삽입한 후 ≪출력형태≫와 같이 내용을 입력하시오. |
| | (10) 나머지 사항은 ≪출력형태≫에 맞게 작성하시오. |
| 출력형태 | 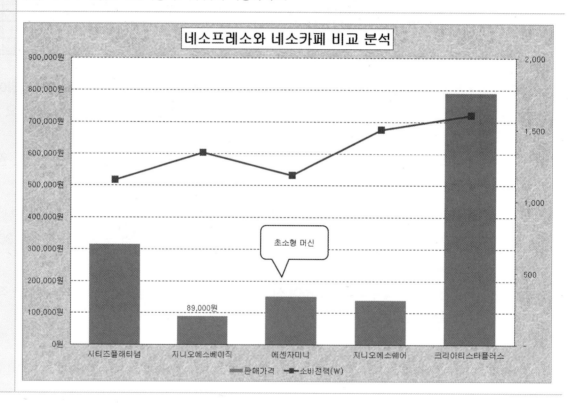 |

주의 시트명 순서가 차례대로 "제1작업", "제2작업", "제3작업", "제4작업"이 되도록 할 것

다음은 '우리제주로 숙소 예약 현황'에 대한 자료이다. 자료를 입력하고 조건에 맞도록 작업하시오.

**출력형태**

| 예약번호 | 종류 | 숙소명 | 입실일 | 1박요금 (원) | 예약인원 | 숙박일수 | 숙박비 (원) | 위치 |
|---|---|---|---|---|---|---|---|---|
| | | | | | | | 사원 | 과장 | 부장 |

우리제주로 숙소 예약 현황

결재

| 예약번호 | 종류 | 숙소명 | 입실일 | 1박요금 (원) | 예약인원 | 숙박일수 | 숙박비 (원) | 위치 |
|---|---|---|---|---|---|---|---|---|
| HA1-01 | 호텔 | 엠스테이 | 2023-08-03 | 120,000 | 4 | 2 | | |
| RE3-01 | 리조트 | 스완지노 | 2023-07-25 | 135,000 | 2 | 3 | | |
| HA2-02 | 호텔 | 더비치 | 2023-07-20 | 98,000 | 3 | 3 | | |
| PE4-01 | 펜션 | 화이트캐슬 | 2023-08-10 | 115,000 | 5 | 4 | | |
| RE1-02 | 리조트 | 베스트뷰 | 2023-08-01 | 125,000 | 3 | 2 | | |
| RE4-03 | 리조트 | 그린에코 | 2023-09-01 | 88,000 | 4 | 3 | | |
| HA2-03 | 호텔 | 크라운유니 | 2023-07-27 | 105,000 | 2 | 4 | | |
| PE4-03 | 펜션 | 푸른바다 | 2023-09-10 | 75,000 | 6 | 2 | | |
| 호텔 1박요금(원) 평균 | | | | | 가장 빠른 입실일 | | | |
| 숙박일수 4 이상인 예약건수 | | | | | 숙소명 | 엠스테이 | 예약인원 | |

**조건**

- 제목 ⇒ 도형(사다리꼴)과 그림자(오프셋: 오른쪽)를 이용하여 작성하고 "우리제주로 숙소 예약 현황"을 입력한 후 다음 서식을 적용하시오
 (글꼴 – 굴림, 24pt, 검정, 굵게, 채우기 – 노랑).
- 임의의 셀에 결재란을 작성하여 그림으로 복사 기능을 이용하여 붙이기 하시오(단, 원본 삭제).
- 「B4:J4, G14, I14」 영역은 '주황'으로 채우기 하시오.
- 유효성 검사를 이용하여 「H14」 셀에 숙소명(「D5:D12」 영역)이 선택 표시되도록 하시오.
- 셀 서식 ⇒ 「G5:G12」 영역에 셀 서식을 이용하여 숫자 뒤에 '명'을 표시하시오(예 : 4명).
- 「E5:E12」 영역에 대해 '입실일'로 이름정의를 하시오.
- 조건부 서식의 수식을 이용하여 예약인원이 '3' 이하인 행 전체에 다음의 서식을 적용하시오
 (글꼴 : 파랑, 굵게).

"제1작업" 시트의 「B4:H12」 영역을 복사하여 "제2작업" 시트의 「B2」 셀부터 모두 붙여넣기를 한 후 다음의 조건과 같이 작업하시오.

| 조건 | |
|---|---|
| | (1) 목표값 찾기 – 「B11:G11」 셀을 병합하고, 가운데 맞춤한 후 "네소프레소 소비전력(W) 평균"을 입력하고, 「H11」 셀에 네소프레소 소비전력(W) 평균을 구하시오. 단, 조건은 입력데이터를 이용하시오(DAVERAGE 함수, 테두리). |
| |    – '네소프레소 소비전력(W) 평균'이 '1,300'이 되려면 시티즈플래티넘의 소비전력(W)이 얼마가 되어야 하는지 목표값을 구하시오. |
| | (2) 고급필터 – 수입판매원이 '네소프레소'가 아니면서 판매가격이 '100,000' 이상인 자료의 관리번호, 제품명, 출시연도, 물통용량(L), 판매가격 데이터만 추출하시오. |
| |    – 조건 범위 : 「B14」 셀부터 입력하시오. |
| |    – 복사 위치 : 「B18」 셀부터 나타나도록 하시오. |

"제1작업" 시트의 「B4:H12」 영역을 복사하여 "제3작업" 시트의 「B2」 셀부터 모두 붙여넣기를 한 후 다음의 조건과 같이 작업하시오.

| 조건 | |
|---|---|
| | (1) 부분합 – ≪출력형태≫처럼 정렬하고, 제품명의 개수와 판매가격의 평균을 구하시오. |
| | (2) 개요【윤곽】 – 지우시오. |
| | (3) 나머지 사항은 ≪출력형태≫에 맞게 작성하시오. |

**출력형태**

| | A | B | C | D | E | F 물통용량 (L) | G 소비전력 (W) | H |
|---|---|---|---|---|---|---|---|---|
| 2 | | 관리번호 | 수입판매원 | 제품명 | 출시연도 | 물통용량 (L) | 소비전력 (W) | 판매가격 |
| 3 | | EF-100 | 네소프레소 | 시티즈플래티넘 | 2023년 | 1.00 | 1,150 | 315,000원 |
| 4 | | FL-309 | 네소프레소 | 에센자미니 | 2017년 | 0.60 | 1,180 | 151,140원 |
| 5 | | XF-405 | 네소프레소 | 크리아티스타플러스 | 2017년 | 1.50 | 1,600 | 789,500원 |
| 6 | | | 네소프레소 개수 | 3 | | | | |
| 7 | | | 네소프레소 평균 | | | | | 418,547원 |
| 8 | | CP-206 | 일라오마 | 프란시스와이 | 2020년 | 0.75 | 850 | 112,750원 |
| 9 | | SC-106 | 일라오마 | 씽킹캡슐머신 | 2022년 | 0.62 | 1,200 | 78,570원 |
| 10 | | ML-308 | 일라오마 | 엑스원 이녹스 | 2021년 | 1.00 | 1,200 | 572,150원 |
| 11 | | | 일라오마 개수 | 3 | | | | |
| 12 | | | 일라오마 평균 | | | | | 254,490원 |
| 13 | | XN-107 | 네소카페 | 지니오에스베이직 | 2020년 | 0.80 | 1,340 | 89,000원 |
| 14 | | NS-201 | 네소카페 | 지니오에스쉐어 | 2022년 | 0.80 | 1,500 | 138,800원 |
| 15 | | | 네소카페 개수 | 2 | | | | |
| 16 | | | 네소카페 평균 | | | | | 113,900원 |
| 17 | | | 전체 개수 | 8 | | | | |
| 18 | | | 전체 평균 | | | | | 280,864원 |
| 19 | | | | | | | | |

# 함수-1(날짜, 문자 반환, 조건)

▶ 합격 강의

난 이 도  상 ⑭ 하
반복학습 ① ② ③

문제파일  PART 01 시험 유형 따라하기\CHAPTER04.xlsx
정답파일  PART 01 시험 유형 따라하기\CHAPTER04_정답.xlsx

---

문제보기

**문제 파일을 불러온 후 다음의 조건과 같이 작업하시오.**

출력형태

— 실제 시험에서는 직접 작성한 제1작업 시트를 기준으로 작업한다.

| 예약코드 | 예약일 | 예약요일 | 예약월 | 접수처 | 행사기간 (일) | 체험비용 (원) | 지원금 |
|---|---|---|---|---|---|---|---|
| A0525 | (1) | (2) | (3) | (4) | 10 | 60,000 | (5) |
| B0401 | (1) | (2) | (3) | (4) | 9 | 60,000 | (5) |
| A0707 | (1) | (2) | (3) | (4) | 12 | 40,000 | (5) |
| C1225 | (1) | (2) | (3) | (4) | 10 | 40,000 | (5) |
| C0815 | (1) | (2) | (3) | (4) | 13 | 60,000 | (5) |
| B0131 | (1) | (2) | (3) | (4) | 14 | 70,000 | (5) |
| A0224 | (1) | (2) | (3) | (4) | 8 | 30,000 | (5) |
| B0305 | (1) | (2) | (3) | (4) | 10 | 50,000 | (5) |

조건

**(1)~(5) 셀은 반드시 주어진 함수를 이용하여 값을 구하시오.**

(1) 예약일 ⇒ 예약코드의 두 번째부터 두 글자를 '월'로, 네 번째부터 두 글자를 '일'로 하는 2024 년의 날짜를 구하시오(DATE, MID 함수)(예 : A0525 → 2024-05-25).

(2) 예약요일 ⇒ 예약일의 요일을 구하시오(CHOOSE, WEEKDAY 함수)(예 : 월요일).

(3) 예약월 ⇒ 예약일의 월을 추출하여 '월'을 붙이시오(MONTH 함수, & 연산자)(예 : 5월).

(4) 접수처 ⇒ 예약코드의 첫 번째 글자가 A이면 '본부', B이면 '직영', 그 외에는 '대리점'으로 구하 시오(IF, LEFT 함수).

(5) 지원금 ⇒ 행사기간(일)이 '10' 이상이면서 체험비용(원)이 '50,000' 이상이면 체험비용의 10%, 그 외에는 체험비용의 5%를 구하시오(IF, AND 함수).

| 수험번호 | 20253004 | 정답파일 | PART 03 최신 기출문제\최신04회_정답.xlsx | ▶ 합격 강의 |

---

| 제 1 작업 | 표 서식 작성 및 값 계산 | 240점 |

다음은 '인기 캡슐 커피머신 상품 비교'에 대한 자료이다. 자료를 입력하고 조건에 맞도록 작업하시오.

**출력형태**

| 관리번호 | 수입판매원 | 제품명 | 출시연도 | 물통용량(L) | 소비전력(W) | 판매가격 | VIP 할인가 | 제조국 |
|---|---|---|---|---|---|---|---|---|
| | | | | | | 인기 캡슐 커피머신 상품 비교 | | 결재 담당 / 팀장 / 본부장 |
| EF-100 | 네소프레소 | 시티즈플래티넘 | 2023년 | 1.00 | 1,150 | 315,000 | (1) | (2) |
| XN-107 | 네소카페 | 지니오에스베이직 | 2020년 | 0.80 | 1,340 | 89,000 | (1) | (2) |
| CP-206 | 일라오미 | 프란시스와이 | 2020년 | 0.75 | 850 | 112,750 | (1) | (2) |
| FL-309 | 네소프레소 | 에센자미니 | 2017년 | 0.60 | 1,180 | 151,140 | (1) | (2) |
| NS-201 | 네소카페 | 지니오에스쉐어 | 2022년 | 0.80 | 1,500 | 138,800 | (1) | (2) |
| XF-405 | 네소프레소 | 크리아티스타플러스 | 2017년 | 1.50 | 1,600 | 789,500 | (1) | (2) |
| SC-106 | 일라오미 | 씽킹캡슐머신 | 2022년 | 0.62 | 1,200 | 78,570 | (1) | (2) |
| ML-308 | 일라오미 | 엑스원 이녹스 | 2021년 | 1.00 | 1,200 | 572,150 | (1) | (2) |
| 판매가격 전체평균 | | | (3) | | | 2022년 출시제품 개수 | | (5) |
| 일라오미 소비전력(W) 합계 | | | (4) | | 제품명 | 시티즈플래티넘 | 소비전력(W) | (6) |

**조건**

- 모든 데이터의 서식에는 글꼴(굴림, 11pt), 정렬은 숫자 및 회계 서식은 오른쪽 정렬, 나머지 서식은 가운데 정렬로 작성하며 예외적인 것은 ≪출력형태≫를 참조하시오.
- 제목 ⇒ 도형(사다리꼴)과 그림자(오프셋 오른쪽)를 이용하여 작성하고 "인기 캡슐 커피머신 상품 비교"를 입력한 후 다음 서식을 적용하시오(글꼴 – 굴림, 24pt, 검정, 굵게, 채우기 – 노랑).
- 임의의 셀에 결재란을 작성하여 그림으로 복사 기능을 이용하여 붙이기 하시오(단, 원본 삭제).
- 「B4:J4, G14, I14」 영역은 '주황'으로 채우기 하시오.
- 유효성 검사를 이용하여 「H14」 셀에 제품명(「D5:D12」 영역)이 선택 표시되도록 하시오.
- 셀 서식 ⇒ 「H5:H12」 영역에 셀 서식을 이용하여 숫자 뒤에 '원'을 표시하시오(예 : 89,000원).
- 「E5:E12」 영역에 대해 '출시연도'로 이름정의를 하시오.

**(1)~(6) 셀은 반드시 주어진 함수를 이용하여 값을 구하시오(결과값을 직접 입력하면 해당 셀은 0점 처리됨).**

(1) VIP 할인가 ⇒ 「판매가격 × 95%」를 계산하고, 반올림하여 천원 단위까지 구하시오(ROUND 함수)
(예 : 84,550 → 85,000).

(2) 제조국 ⇒ 관리번호 네 번째 글자가 1이면 '중국', 2이면 '이탈리아', 그 외에는 '기타'로 구하시오(IF, MID 함수).

(3) 판매가격 전체평균 ⇒ 내림하여 백원 단위까지 구하시오(ROUNDDOWN, AVERAGE 함수)
(예 : 280,864 → 280,800).

(4) 일라오미 소비전력(W) 합계 ⇒ (SUMIF 함수)

(5) 2022년 출시제품 개수 ⇒ 정의된 이름(출시연도)을 이용하여 구한 결과 값에 '건'을 붙이시오(COUNTIF 함수, & 연산자)
(예 : 1건).

(6) 소비전력(W) ⇒ 「H14」 셀에서 선택한 제품명에 대한 소비전력(W)을 구하시오(VLOOKUP 함수).

(7) 조건부 서식의 수식을 이용하여 물통용량(L)이 '1' 이상인 행 전체에 다음의 서식을 적용하시오
(글꼴 : 파랑, 굵게).

① 「C5:C12」 영역을 블록 설정한다.

→ [수식] 탭 – [함수 삽입]($fx$)을 클릭한다.

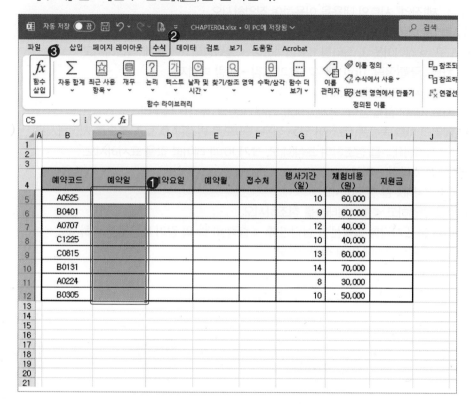

② [함수 마법사] 대화상자에서 함수 검색에 『DATE』를 입력하고 [검색]을 클릭한다.

→ 함수 선택에서 'DATE'를 클릭하고 [확인]을 클릭한다.

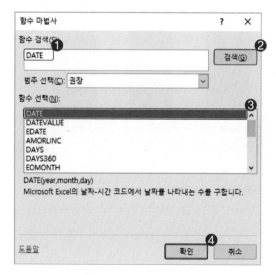

"제1작업" 시트를 이용하여 조건에 따라 ≪출력형태≫와 같이 작업하시오.

| 조건 | (1) 차트 종류 ⇒ 〈묶은 세로 막대형〉으로 작업하시오.<br>(2) 데이터 범위 ⇒ "제1작업" 시트의 내용을 이용하여 작업하시오.<br>(3) 위치 ⇒ "새 시트"로 이동하고, "제4작업"으로 시트 이름을 바꾸시오.<br>(4) 차트 디자인 도구 ⇒ 레이아웃 3, 스타일 1을 선택하여 ≪출력형태≫에 맞게 작업하시오.<br>(5) 영역 서식 ⇒ 차트 : 글꼴(굴림, 11pt), 채우기 효과(질감 – 파랑 박엽지)<br>　　　　　　　그림 : 채우기(흰색, 배경1)<br>(6) 제목 서식 ⇒ 차트 제목 : 글꼴(굴림, 굵게, 20pt), 채우기(흰색, 배경1), 테두리<br>(7) 서식 ⇒ 중량 계열의 차트 종류를 〈표식이 있는 꺾은선형〉으로 변경한 후 보조 축으로 지정하시오.<br>　　　　계열 : ≪출력형태≫를 참조하여 표식(네모, 크기 10)과 레이블 값을 표시하시오.<br>　　　　눈금선 : 선 스타일 – 파선<br>　　　　축 : ≪출력형태≫를 참조하시오.<br>(8) 범례 ⇒ 범례명을 변경하고 ≪출력형태≫를 참조하시오.<br>(9) 도형 ⇒ '모서리가 둥근 사각형 설명선'을 삽입한 후 ≪출력형태≫와 같이 내용을 입력하시오.<br>(10) 나머지 사항은 ≪출력형태≫에 맞게 작성하시오. |
|---|---|
| 출력형태 | 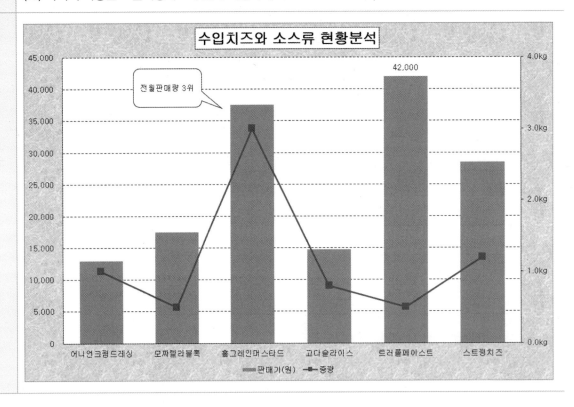 |

주의 시트명 순서가 차례대로 "제1작업", "제2작업", "제3작업", "제4작업"이 되도록 할 것

③ DATE의 [함수 인수] 대화상자에서 Year 『2024』, Month 『MID(B5,2,2)』, Day 『MID(B5,4,2)』를 입력한다.

→ Ctrl 을 누른 채 [확인]을 클릭한다.

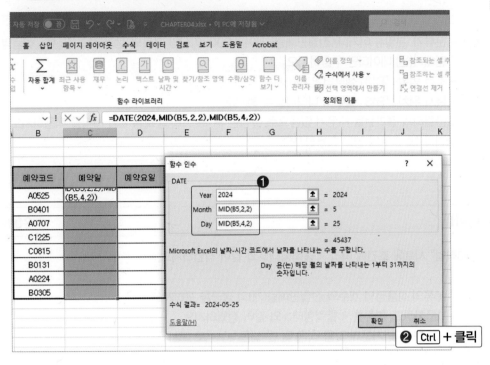

기적의 TIP

블록이 설정되어 있어도 Ctrl 을 누르지 않으면 한 개의 셀만 입력이 된다.

---

함수 설명

**=DATE(2024,MID(B5,2,2),MID(B5,4,2))**
　　　④　　　①　　　　②　　　　　③

① 연도
② 월 : 「B5」 셀의 2번째 자리부터 2자리 추출
③ 일 : 「B5」 셀의 4번째 자리부터 2자리 추출
④ 추출한 숫자를 연도, 월, 일로 입력하여 날짜로 반환

---

**DATE(Year, Month, Day) 함수**

Year : 1900~9999 사이의 범위이면 그 값이 연도로 반환
　　　　0~1899 사이의 범위이면 1900을 더해서 반환
Month : 월을 나타내는 정수
Day : 일을 나타내는 정수

**MID(Text, Start_num, Num_chars) 함수**

Text : 추출할 문자가 들어 있는 텍스트
Start_num : 추출할 문자의 시작 위치
Num_chars : 추출할 문자의 수

해결 TIP

**셀에 값이 #####로 표시 되는 경우**
표시될 데이터보다 열 너비 가 좁은 경우이므로 열 너 비를 넓혀 준다.

"제1작업" 시트의 「B4:H12」 영역을 복사하여 "제2작업" 시트의 「B2」 셀부터 모두 붙여넣기를 한 후 다음의 조건과 같이 작업하시오.

| 조건 | (1) 고급 필터 – 분류가 '분말류'이거나, 전월판매량(개)이 '1,000' 이상인 자료의 관리코드, 원산지, 식품명, 판매가(원) 데이터만 추출하시오. |
|---|---|
| |     – 조건 범위 : 「B13」 셀부터 입력하시오. |
| |     – 복사 위치 : 「B18」 셀부터 나타나도록 하시오. |
| | (2) 표 서식 – 고급필터의 결과셀을 채우기 없음으로 설정한 후 '표 스타일 보통 7'의 서식을 적용하시오. |
| |     – 머리글 행, 줄무늬 행을 적용하시오. |

"제1작업" 시트를 이용하여 "제3작업" 시트에 조건에 따라 ≪출력형태≫와 같이 작업하시오.

| 조건 | (1) 판매가(원) 및 분류의 식품명의 개수와 전월판매량(개)의 평균을 구하시오. |
|---|---|
| | (2) 판매가(원)를 그룹화하고, 분류를 ≪출력형태≫와 같이 정렬하시오. |
| | (3) 레이블이 있는 셀 병합 및 가운데 맞춤 적용 및 빈 셀은 '***'로 표시하시오. |
| | (4) 행의 총합계는 지우고, 나머지 사항은 ≪출력형태≫에 맞게 작성하시오. |

출력형태

| 판매가(원) | 분류 | | | | | | |
|---|---|---|---|---|---|---|---|
| | 수입치즈 | | 소스류 | | 분말류 | | |
| | 개수 : 식품명 | 평균 : 전월판매량(개) | 개수 : 식품명 | 평균 : 전월판매량(개) | 개수 : 식품명 | 평균 : 전월판매량(개) |
| 1-15000 | 1 | 1,250 | 1 | 970 | *** | *** |
| 15001-30000 | 2 | 720 | *** | *** | 1 | 1,050 |
| 30001-45000 | *** | *** | 2 | 900 | 1 | 430 |
| 총합계 | 3 | 897 | 3 | 923 | 2 | 740 |

① 「D5:D12」 영역을 블록 설정한다.
  → 『=CHOOSE』를 입력하고 Ctrl + A 를 누른다.

② CHOOSE의 [함수 인수] 대화상자에서 Index_num 『WEEKDAY(C5,1)』,
  Value1부터 『일요일 Tab 월요일 Tab 화요일 Tab 수요일 Tab 목요
  일 Tab 금요일 Tab 토요일』을 입력한다.
  → Ctrl +[확인]을 클릭한다.

**기적의 TIP**

『=함수명』을 입력하고 Ctrl + A 를 누르면 바로 [함수 인수] 대화상자가 나타난다.

**해결 TIP**

**[함수 인수] 대화상자가 나타나지 않아요!**
Ctrl + A 단축키가 MS-WORD 등의 프로그램과 겹치는 경우 발생할 수 있다. 의심되는 프로그램을 종료하고 EXCEL을 재실행한다.

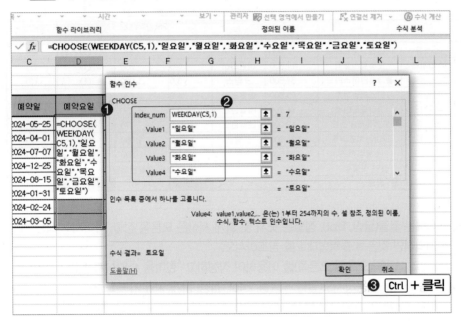

**기적의 TIP**

엑셀에서 날짜는 일련번호로 다뤄진다. 예로 2020년 1월 1일은 1900년 1월 1일을 기준으로 43,831일째 이므로 일련번호 43831이 된다.

**함수 설명**

**=CHOOSE(WEEKDAY(C5,1), "일요일","월요일","화요일", … ,"토요일")**
　　　　　　　　①　　　　　　　　　　　②

① 「C5」 셀의 요일을 1~7의 숫자로 반환
② 반환된 숫자가 1이면 "일요일", 2이면 "월요일", …, 7이면 "토요일"을 반환

---

**CHOOSE(index_num, value1, [value2], …) 함수**

index_num : 1이면 value1, 2이면 value2가 반환

**WEEKDAY(serial_number, [return_type]) 함수**

serial_number : 찾을 날짜를 나타내는 일련번호
return_type : 1 또는 생략 시 요일을 1(일요일)에서 7(토요일) 사이의 숫자로 반환
　　　　　　 2이면 1(월요일)에서 7(일요일)

---

제 1 작업   **표 서식 작성 및 값 계산**                                    **240**점

다음은 '한마음 수입식자재 관리 현황'에 대한 자료이다. 자료를 입력하고 조건에 맞도록 작업하시오.

|  | | | | | | | | | |
|---|---|---|---|---|---|---|---|---|---|
| **출력형태** | | | | | | | | | |

**한마음 수입식자재 관리 현황**

| | 결재 | 팀장 | 과장 | 대표 |
|---|---|---|---|---|

| 관리코드 | 분류 | 식품명 | 판매가(원) | 원산지 | 중량 | 전월판매량(개) | 구분 | 적립금 |
|---|---|---|---|---|---|---|---|---|
| SA2-01 | 소스류 | 어니언크림드레싱 | 13,000 | 이탈리아 | 1.0 | 970 | (1) | (2) |
| CH1-01 | 수입치즈 | 모짜렐라블록 | 17,500 | 이탈리아 | 0.5 | 850 | (1) | (2) |
| SA3-02 | 소스류 | 홀그레인머스타드 | 37,500 | 프랑스 | 3.0 | 1,030 | (1) | (2) |
| PD2-01 | 분말류 | 파스타밀가루 | 43,500 | 이탈리아 | 4.0 | 430 | (1) | (2) |
| CH3-02 | 수입치즈 | 고다슬라이스 | 14,700 | 네덜란드 | 0.8 | 1,250 | (1) | (2) |
| SA1-03 | 소스류 | 트러플페이스트 | 42,000 | 네덜란드 | 0.5 | 770 | (1) | (2) |
| PD1-02 | 분말류 | 파마산치즈가루 | 21,000 | 프랑스 | 1.5 | 1,050 | (1) | (2) |
| CH2-03 | 수입치즈 | 스트링치즈 | 28,500 | 프랑스 | 1.2 | 590 | (1) | (2) |
| 전월판매량(개) 1000 이상인 식품수 | | | (3) | | | 최대 전월판매량(개) | | (5) |
| 소스류 판매가(원) 평균 | | | (4) | | | 관리코드 | SA2-01 | 원산지 | (6) |

**조건**

- 모든 데이터의 서식에는 글꼴(굴림, 11pt), 정렬은 숫자 및 회계 서식은 오른쪽 정렬, 나머지 서식은 가운데 정렬로 작성하며 예외적인 것은 ≪출력형태≫를 참조하시오.
- 제목 ⇒ 도형(십자형)과 그림자(오프셋 오른쪽)를 이용하여 작성하고 "한마음 수입식자재 관리 현황"을 입력한 후 다음 서식을 적용하시오(글꼴 – 굴림, 24pt, 검정, 굵게, 채우기 – 노랑).
- 임의의 셀에 결재란을 작성하여 그림으로 복사 기능을 이용하여 붙이기 하시오(단, 원본 삭제).
- 「B4:J4, G14, I14」 영역은 '주황'으로 채우기 하시오.
- 유효성 검사를 이용하여 「H14」 셀에 관리코드(「B5:B12」 영역)가 선택 표시되도록 하시오.
- 셀 서식 ⇒ 「G5:G12」 영역에 셀 서식을 이용하여 숫자 뒤에 'kg'을 표시하시오(예 : 1.0kg).
- 「H5:H12」 영역에 대해 '전월판매량'으로 이름정의를 하시오.

**(1)~(6) 셀은 반드시 주어진 함수를 이용하여 값을 구하시오(결과값을 직접 입력하면 해당 셀은 0점 처리됨).**

(1) 구분 ⇒ 관리코드의 세 번째 값이 1이면 '특가상품', 2이면 '베스트상품', 3이면 '무배상품'으로 표시하시오 (CHOOSE, MID 함수).

(2) 적립금 ⇒ 분류가 수입치즈이면 판매가(원)의 3%, 아니면 판매가(원)의 2%로 계산하시오(IF 함수).

(3) 전월판매량(개) 1000 이상인 식품수 ⇒ 결과값에 '개'를 붙이시오(COUNTIF 함수, & 연산자)(예 : 1개).

(4) 소스류 판매가(원) 평균 ⇒ 반올림하여 천원 단위까지 구하시오. 단, 조건은 입력데이터를 이용하시오 (ROUND, DAVERAGE 함수)(예 : 20,630 → 21,000).

(5) 최대 전월판매량(개) ⇒ 정의된 이름(전월판매량)을 이용하여 구하시오(MAX 함수).

(6) 원산지 ⇒ 「H14」 셀에서 선택한 관리코드에 대한 원산지를 구하시오(VLOOKUP 함수).

(7) 조건부 서식의 수식을 이용하여 판매가(원)가 '30,000' 이상인 행 전체에 다음의 서식을 적용하시오 (글꼴 : 파랑, 굵게).

① 「E5:E12」 영역을 블록 설정한다.

→ 『=MONTH』를 입력하고 Ctrl + A 를 누른다.

② MONTH의 [함수 인수] 대화상자에서 Serial_number 『C5』를 입력한다.

→ Ctrl + [확인]을 클릭한다.

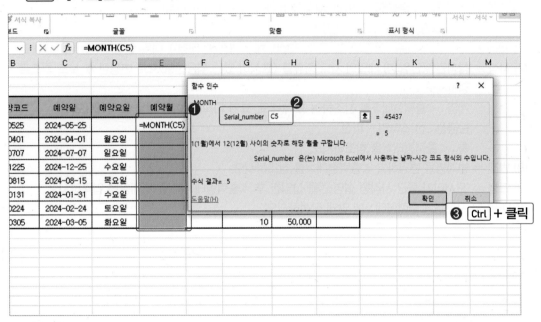

💬 함수 설명

**날짜 관련 함수**

**MONTH(Serial_number) 함수**
⇒ 월을 반환한다.

**YEAR(Serial_number) 함수**
⇒ 연도를 반환한다.

**DAY(Serial_number) 함수**
⇒ 일을 반환한다.

**TODAY() 함수**
⇒ 현재 날짜를 반환한다.

**"제1작업" 시트를 이용하여 조건에 따라 ≪출력형태≫와 같이 작업하시오.**

| 조건 | |
|---|---|
| | (1) 차트 종류 ⇒ 〈묶은 세로 막대형〉으로 작업하시오. |
| | (2) 데이터 범위 ⇒ "제1작업" 시트의 내용을 이용하여 작업하시오. |
| | (3) 위치 ⇒ "새 시트"로 이동하고, "제4작업"으로 시트 이름을 바꾸시오. |
| | (4) 차트 디자인 도구 ⇒ 레이아웃 3, 스타일 1을 선택하여 ≪출력형태≫에 맞게 작업하시오. |
| | (5) 영역 서식 ⇒ 차트 : 글꼴(굴림, 11pt), 채우기 효과(질감 – 파랑 박엽지)<br>　　　　　　 그림 : 채우기(흰색, 배경1) |
| | (6) 제목 서식 ⇒ 차트 제목 : 글꼴(굴림, 굵게, 20pt), 채우기(흰색, 배경1), 테두리 |
| | (7) 서식 ⇒ 참석인원(단위:명) 계열의 차트 종류를 〈표식이 있는 꺾은선형〉으로 변경한 후 보조 축으로 지정하시오.<br>　　　　 계열 : ≪출력형태≫를 참조하여 표식(네모, 크기 10)과 레이블 값을 표시하시오.<br>　　　　 눈금선 : 선 스타일 – 파선<br>　　　　 축 : ≪출력형태≫를 참조하시오. |
| | (8) 범례 ⇒ 범례명을 변경하고 ≪출력형태≫를 참조하시오. |
| | (9) 도형 ⇒ '모서리가 둥근 사각형 설명선'을 삽입한 후 ≪출력형태≫와 같이 내용을 입력하시오. |
| | (10) 나머지 사항은 ≪출력형태≫에 맞게 작성하시오. |
| 출력형태 | |

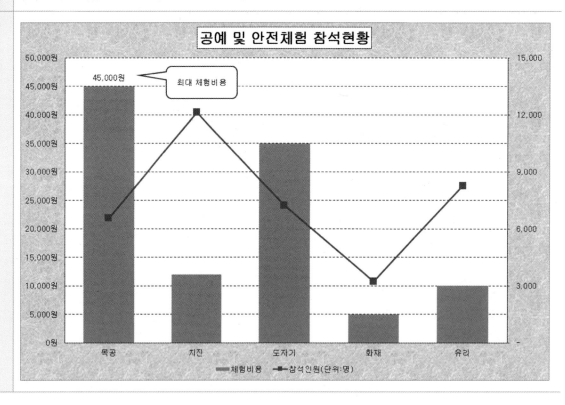

주의 시트명 순서가 차례대로 "제1작업", "제2작업", "제3작업", "제4작업"이 되도록 할 것

③ 「E5:E12」 영역이 블록 설정된 상태에서, 수식 입력줄에 『&"월"』을 이어서 입력한다.

→ Ctrl + Enter 를 누른다.

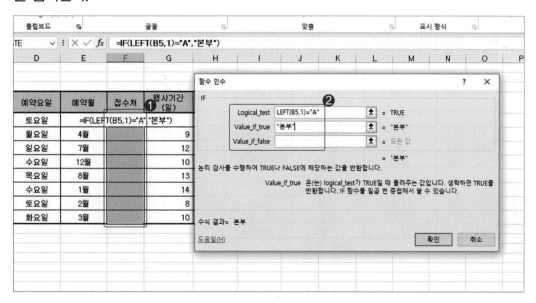

---

접수처 (IF, LEFT 함수)

① 「F5:F12」 영역을 블록 설정한다.

→ 『=IF』를 입력하고 Ctrl + A 를 누른다.

② IF의 [함수 인수] 대화상자에서 Logical_test 『LEFT(B5,1)="A"』, Value_if_true 『본부』를 입력한다.

"제1작업" 시트의 「B4:H12」 영역을 복사하여 "제2작업" 시트의 「B2」 셀부터 모두 붙여넣기를 한 후 다음의 조건과 같이 작업하시오.

| 조건 | |
|---|---|
| | (1) 목표값 찾기 – 「B11:G11」 셀을 병합하고, 가운데 맞춤한 후 "공예체험 체험비용 평균"을 입력하고, 「H11」 셀에 공예체험 체험비용 평균을 구하시오. 단, 조건은 입력데이터를 이용하시오 (DAVERAGE 함수, 테두리). |
| |     – '공예체험 체험비용 평균'이 '25,000'이 되려면 목공의 체험비용이 얼마가 되어야 하는지 목표값을 구하시오. |
| | (2) 고급필터 – 구분이 '공예'가 아니면서 참석인원(단위:명)이 '10,000' 이하인 자료의 관리코드, 체험행사명, 행사기간(일), 체험비용, 참석인원(단위:명) 데이터만 추출하시오. |
| |     – 조건 범위 : 「B14」 셀부터 입력하시오. |
| |     – 복사 위치 : 「B18」 셀부터 나타나도록 하시오. |

"제1작업" 시트의 「B4:H12」 영역을 복사하여 "제3작업" 시트의 「B2」 셀부터 모두 붙여넣기를 한 후 다음의 조건과 같이 작업하시오.

| 조건 | |
|---|---|
| | (1) 부분합 – ≪출력형태≫처럼 정렬하고, 체험행사명의 개수와 참석인원(단위:명)의 평균을 구하시오. |
| | (2) 개요【윤곽】 – 지우시오. |
| | (3) 나머지 사항은 ≪출력형태≫에 맞게 작성하시오. |

출력형태

| A | B | C | D | E | F | G | H |
|---|---|---|---|---|---|---|---|
| | 관리코드 | 체험행사명 | 구분 | 시작연도 | 행사기간(일) | 체험비용 | 참석인원(단위:명) |
| | NC-124 | 지진 | 안전 | 2001 | 14 | 12,000원 | 12,134 |
| | FG-688 | 화재 | 안전 | 1998 | 5 | 5,000원 | 3,215 |
| | | | 안전 평균 | | | | 7,675 |
| | | 2 | 안전 개수 | | | | |
| | BE-524 | 갯벌 | 생태 | 2006 | 30 | 25,000원 | 2,500 |
| | UR-242 | 숲 | 생태 | 2002 | 20 | 20,000원 | 12,500 |
| | KD-166 | 습지 | 생태 | 2000 | 15 | 30,000원 | 15,000 |
| | | | 생태 평균 | | | | 10,000 |
| | | 3 | 생태 개수 | | | | |
| | BC-546 | 목공 | 공예 | 1990 | 7 | 45,000원 | 6,552 |
| | QT-178 | 도자기 | 공예 | 2005 | 10 | 35,000원 | 7,231 |
| | BV-122 | 유리 | 공예 | 1995 | 10 | 10,000원 | 8,251 |
| | | | 공예 평균 | | | | 7,345 |
| | | 3 | 공예 개수 | | | | |
| | | | 전체 평균 | | | | 8,423 |
| | | 8 | 전체 개수 | | | | |

③ 이어서 Value_if_false 『IF(LEFT(B5,1)="B", "직영", "대리점")』을 입력한다.
→ Ctrl +[확인]을 클릭한다.

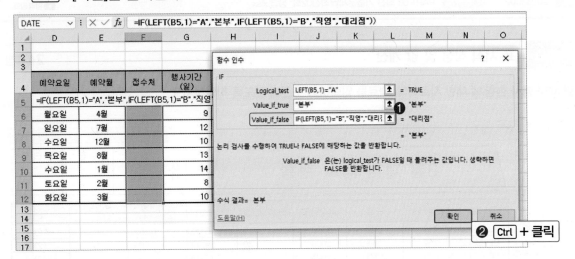

### 함수 설명

=IF(LEFT(B5,1)="A", "본부", IF(LEFT(B5,1)="B", "직영", "대리점"))
　　①　　　　 ②　　　　　③　　　　　 ④　　　 ⑤

① 「B5」 셀의 첫 번째 글자가 A인지 확인
② A가 맞으면 "본부"를 반환
③ 아니면 다시 「B5」 셀의 첫 번째 글자가 B인지 확인
④ B가 맞으면 "직영"을 반환
⑤ 아니면 "대리점"을 반환

---

**IF(Logical_test, Value_if_true, Value_if_false) 함수**

Logical_test : 조건식
Value_if_true : 조건식이 참일 때 반환되는 것
Value_if_false : 조건식이 거짓일 때 반환되는 것

---

### 함수 설명

**문자 추출 관련 함수**

---

**LEFT(Text, [Num_chars]) 함수**

Text : 추출할 문자가 들어 있는 텍스트
Num_chars : 추출할 문자 수
⇒ 문자열의 첫번째 문자부터 지정한 수만큼 추출하여 반환한다.


**RIGHT(Text, [Num_chars]) 함수**

⇒ 문자열의 마지막 문자부터 지정한 수만큼 추출하여 반환한다.


**MID(Text, Start_num, Num_chars) 함수**

⇒ 문자열의 지정한 위치부터 지정한 수만큼 추출하여 반환한다.

---

**제 1 작업**　　**표 서식 작성 및 값 계산**　　　　　　　　　**240**점

다음은 '3월 체험 행사 현황'에 대한 자료이다. 자료를 입력하고 조건에 맞도록 작업하시오.

| 출력형태 | | | | | | | | | |
|---|---|---|---|---|---|---|---|---|---|

| | | | | | | | 담당 | 팀장 | 센터장 |
|---|---|---|---|---|---|---|---|---|---|
| | | **3월 체험 행사 현황** | | | | 결재 | | | |
| | 관리코드 | 체험행사명 | 구분 | 시작연도 | 행사기간(일) | 체험비용 | 참석인원(단위:명) | 체험비지원금 | 순위 |
| | BC-546 | 목공 | 공예 | 1990 | 7 | 45,000 | 6,552 | (1) | (2) |
| | BE-524 | 갯벌 | 생태 | 2006 | 30 | 25,000 | 2,500 | (1) | (2) |
| | NC-124 | 지진 | 안전 | 2001 | 14 | 12,000 | 12,134 | (1) | (2) |
| | UR-242 | 숲 | 생태 | 2002 | 20 | 20,000 | 12,500 | (1) | (2) |
| | QT-178 | 도자기 | 공예 | 2005 | 10 | 35,000 | 7,231 | (1) | (2) |
| | FG-688 | 화재 | 안전 | 1998 | 5 | 5,000 | 3,215 | (1) | (2) |
| | BV-122 | 유리 | 공예 | 1995 | 10 | 10,000 | 8,251 | (1) | (2) |
| | KD-166 | 습지 | 생태 | 2000 | 15 | 30,000 | 15,000 | (1) | (2) |
| | 공예체험 개수 | | | (3) | | 최저 체험비용 | | | (5) |
| | 생태체험 참석인원(단위:명) 평균 | | | (4) | | 체험행사명 | 목공 | 참석인원(단위:명) | (6) |

| 조건 | • 모든 데이터의 서식에는 글꼴(굴림, 11pt), 정렬은 숫자 및 회계 서식은 오른쪽 정렬, 나머지 서식은 가운데 정렬로 작성하며 예외적인 것은 ≪출력형태≫를 참조하시오. <br> • 제목 ⇒ 도형(사다리꼴)과 그림자(오프셋 오른쪽)를 이용하여 작성하고 "3월 체험 행사 현황"을 입력한 후 다음 서식을 적용하시오(글꼴 – 굴림, 24pt, 검정, 굵게, 채우기 – 노랑). <br> • 임의의 셀에 결재란을 작성하여 그림으로 복사 기능을 이용하여 붙이기 하시오(단, 원본 삭제). <br> • 「B4:J4, G14, I14」 영역은 '주황'으로 채우기 하시오. <br> • 유효성 검사를 이용하여 「H14」 셀에 체험행사명(「C5:C12」 영역)이 선택 표시되도록 하시오. <br> • 셀 서식 ⇒ 「G5:G12」 영역에 셀 서식을 이용하여 숫자 뒤에 '원'을 표시하시오(예 : 45,000원). <br> • 「G5:G12」 영역에 대해 '체험비용'으로 이름정의를 하시오. |
|---|---|

**(1)~(6) 셀은 반드시 <u>주어진 함수</u>를 이용하여 값을 구하시오(결과값을 직접 입력하면 해당 셀은 0점 처리됨).**

(1) 체험비 지원금 ⇒ 행사기간(일)이 '15' 이상이면서 참석인원(단위:명)이 '10,000' 이상이면 체험비용의 10%, 그 외에는 체험 비용의 5%를 구하시오(IF, AND 함수).

(2) 순위 ⇒ 참석인원(단위:명)의 내림차순 순위를 구한 결과값에 '위'를 붙이시오(RANK.EQ 함수, & 연산자)(예 : 1위).

(3) 공예체험 개수 ⇒ 조건은 입력데이터를 이용하시오(DCOUNTA 함수).

(4) 생태체험 참석인원(단위:명) 평균 ⇒ (SUMIF, COUNTIF 함수)

(5) 최저 체험비용 ⇒ 정의된 이름(체험비용)을 이용하여 구하시오(MIN 함수).

(6) 참석인원(단위:명) ⇒ 「H14」 셀에서 선택한 체험행사명에 대한 참석인원(단위:명)을 구하시오(VLOOKUP 함수).

(7) 조건부 서식의 수식을 이용하여 체험비용이 '10,000' 이하인 행 전체에 다음의 서식을 적용하시오 (글꼴 : 파랑, 굵게).

① 「I5:I12」 영역을 블록 설정한다.

→ 『=IF』를 입력하고 [Ctrl]+[A]를 누른다.

② IF의 [함수 인수] 대화상자에서 Logical_test 『AND(G5>=10, H5>=50000)』,
Value_if_true 『H5*10%』, Value_if_false 『H5*5%』를 입력한다.

→ [Ctrl]+[확인]을 클릭한다.

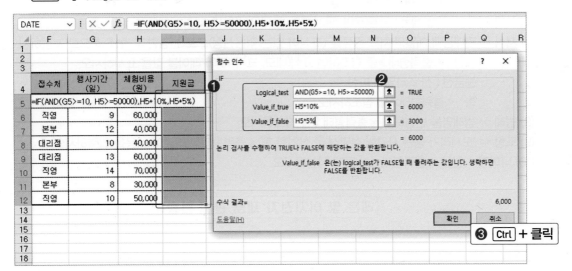

💬 함수 설명

**=IF(AND(G5>=10, H5>=50000), H5*10%, H5*5%)**
                       ①         ②   ③

① 「G5」 셀 값이 10 이상이고 「H5」 셀 값이 50000 이상인지 확인

② 두 조건이 모두 True이면, 「H5」 셀 값에 10%를 곱한 값을 반환

③ 조건 하나라도 False이면, 「H5」 셀 값에 5%를 곱한 값을 반환

💬 함수 설명

**AND와 OR**

**AND(Logical) 함수**

⇒ 모든 조건이 True이면 True를 반환한다.

**OR(Logical) 함수**

⇒ 조건 중 True가 있으면 True를 반환한다.

**"제1작업" 시트를 이용하여 조건에 따라 ≪출력형태≫와 같이 작업하시오.**

| 조건 | (1) 차트 종류 ⇒ 〈묶은 세로 막대형〉으로 작업하시오.<br>(2) 데이터 범위 ⇒ "제1작업" 시트의 내용을 이용하여 작업하시오.<br>(3) 위치 ⇒ "새 시트"로 이동하고, "제4작업"으로 시트 이름을 바꾸시오.<br>(4) 차트 디자인 도구 ⇒ 레이아웃 3, 스타일 1을 선택하여 ≪출력형태≫에 맞게 작업하시오.<br>(5) 영역 서식 ⇒ 차트 : 글꼴(굴림, 11pt), 채우기 효과(질감 – 파랑 박엽지)<br>               그림 : 채우기(흰색, 배경1)<br>(6) 제목 서식 ⇒ 차트 제목 : 글꼴(굴림, 굵게, 20pt), 채우기(흰색, 배경1), 테두리<br>(7) 서식 ⇒ 판매금액 계열의 차트 종류를 〈표식이 있는 꺾은선형〉으로 변경한 후 보조 축으로 지정하시오.<br>        계열 : ≪출력형태≫를 참조하여 표식(네모, 크기 10)과 레이블 값을 표시하시오.<br>        눈금선 : 선 스타일 – 파선<br>        축 : ≪출력형태≫를 참조하시오.<br>(8) 범례 ⇒ 범례명을 변경하고 ≪출력형태≫를 참조하시오.<br>(9) 도형 ⇒ '모서리가 둥근 사각형 설명선'을 삽입한 후 ≪출력형태≫와 같이 내용을 입력하시오.<br>(10) 나머지 사항은 ≪출력형태≫에 맞게 작성하시오. |
|---|---|
| 출력형태 | 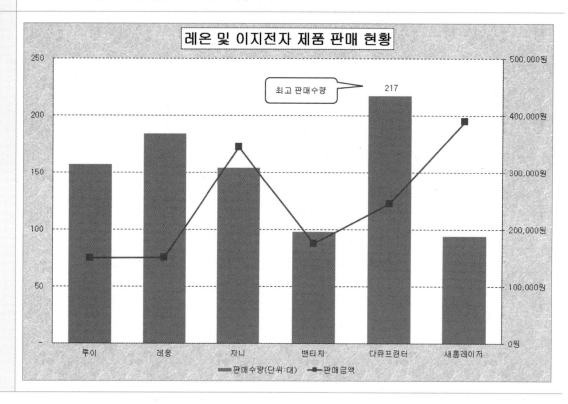 |

🔹주의 시트명 순서가 차례대로 "제1작업", "제2작업", "제3작업", "제4작업"이 되도록 할 것

난 이 도　상 ⓒ 하
반복학습　① ② ③

문제파일　PART 01 시험 유형 따라하기\CHAPTER05.xlsx
정답파일　PART 01 시험 유형 따라하기\CHAPTER05_정답.xlsx

---

**문제보기**

### 문제 파일을 불러온 후 다음의 조건과 같이 작업하시오.

출력형태

실제 시험에서는 직접 작성한 제1작업 시트를 기준으로 작업한다.

| 강사 | 과목 | 수강료 | 수강인원 | 수강인원 차트 | 순위 | 수강후기 (5점 만점) | 후기 차트 |
|---|---|---|---|---|---|---|---|
| 박지현 | 한국사 | 49,500 | 32 | (1) | (2) | 3.7 | (3) |
| 강혜린 | 수학 | 60,000 | 25 | (1) | (2) | 4.5 | (3) |
| 정지훈 | 물리학 | 41,100 | 17 | (1) | (2) | 3.3 | (3) |
| 로버트 | 영어 | 50,000 | 52 | (1) | (2) | 4.1 | (3) |
| 홍지윤 | 한국사 | 60,000 | 32 | (1) | (2) | 2.7 | (3) |
| 민윤기 | 물리학 | 89,900 | 40 | (1) | (2) | 3.8 | (3) |
| 이혜인 | 수학 | 80,000 | 23 | (1) | (2) | 1.9 | (3) |
| 박재상 | 수학 | ● 70,000 | 19 | (1) | (2) | 2.8 | (3) |
| 개설과목 총 수강료 | | (4) | ╳ | 최대 수강인원 | | (6) | ╳ |
| 수학과목의 수강료 평균 | | (5) | | 두 번째로 많은 수강인원 | | (7) | |

「D5:D12」 영역이 "수강료"로 이름 정의되어 있다.

조건

### (1)~(7) 셀은 반드시 주어진 함수를 이용하여 값을 구하시오.

(1) 수강인원 차트 ⇒ 수강인원 십의 단위 수치만큼 '★'을 표시하시오(CHOOSE, INT 함수)
　　　　　(예 : 32 → ★★★).

(2) 순위 ⇒ 수강인원의 내림차순 순위를 구하시오(RANK.EQ 함수).

(3) 후기 차트 ⇒ 점수(5점 만점)를 반올림하여 정수로 구한 값의 수만큼 '★'을 표시하시오
　　　　　(REPT, ROUND 함수)(예 : 3.7 → ★★★★).

(4) 개설과목 총 수강료 ⇒ 정의된 이름(수강료)을 이용하여 「수강료×수강인원」으로 구하되 반올
　　　　　림하여 천 단위까지 구하시오(ROUND, SUMPRODUCT 함수)
　　　　　(예 : 12,345,670 → 12,346,000).

(5) 수학과목의 수강료 평균 ⇒ (SUMIF, COUNTIF 함수)

(6) 최대 수강인원 ⇒ (MAX 함수)

(7) 두 번째로 많은 수강인원 ⇒ (LARGE 함수)

"제1작업" 시트의 「B4:H12」 영역을 복사하여 "제2작업" 시트의 「B2」 셀부터 모두 붙여넣기를 한 후 다음의 조건과 같이 작업하시오.

| 조건 | |
|---|---|
| (1) 고급 필터 – 제품코드가 'L'로 시작하거나 판매수량(단위:대)이 '100' 이하인 자료의 제품코드, 제품명, 판매수량(단위:대), 재고수량(단위:대) 데이터만 추출하시오.<br>– 조건 범위 : 「B14」 셀부터 입력하시오.<br>– 복사 위치 : 「B18」 셀부터 나타나도록 하시오.<br>(2) 표 서식 – 고급필터의 결과셀을 채우기 없음으로 설정한 후 '표 스타일 보통 6'의 서식을 적용하시오.<br>– 머리글 행, 줄무늬 행을 적용하시오. | |

"제1작업" 시트를 이용하여 "제3작업" 시트에 조건에 따라 ≪출력형태≫와 같이 작업하시오.

| 조건 | |
|---|---|
| (1) 판매금액 및 제조사별 제품명의 개수와 판매수량(단위:대)의 평균을 구하시오.<br>(2) 판매금액을 그룹화하고, 제조사를 ≪출력형태≫와 같이 정렬하시오.<br>(3) 레이블이 있는 셀 병합 및 가운데 맞춤 적용 및 빈 셀은 '**'로 표시하시오.<br>(4) 행의 총합계는 지우고, 나머지 사항은 ≪출력형태≫에 맞게 작성하시오. | |

출력형태

| 판매금액 | 제조사<br>티파니 | | 이지전자 | | 레온 | |
|---|---|---|---|---|---|---|
| | 개수 : 제품명 | 평균 : 판매수량(단위:대) | 개수 : 제품명 | 평균 : 판매수량(단위:대) | 개수 : 제품명 | 평균 : 판매수량(단위:대) |
| 1-200000 | 1 | 256 | 2 | 141 | 1 | 157 |
| 200001-400000 | ** | ** | 1 | 94 | 2 | 186 |
| 400001-600000 | 1 | 201 | ** | ** | ** | ** |
| 총합계 | 2 | 229 | 3 | 125 | 3 | 176 |

① 「F5:F12」 영역을 블록 설정한다.

→ 『=CHOOSE』를 입력하고 [Ctrl]+[A]를 누른다.

② CHOOSE의 [함수 인수] 대화상자에서 index_num 『INT(E5/10)』, Value1 『★』, Value2 『★★』, Value3 『★★★』, Value4 『★★★★』, Value5 『★★★★★』를 입력한다.

→ [Ctrl]+[확인]을 클릭한다.

> **기적의 TIP**
>
> ★와 같은 특수문자는 자음 'ㅁ'을 입력하고 [한자]를 눌러 입력하거나, [삽입] 탭→[기호]를 클릭하여 입력할 수 있다.

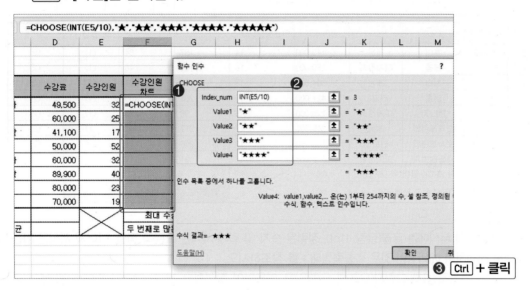

> **함수 설명**
>
> =CHOOSE(INT(E5/10), "★","★★","★★★","★★★★","★★★★★")
>       ①                        ②
>
> ① 「E5」 셀의 값을 10으로 나눈 몫의 정수만 반환
> ② 반환된 숫자가 1이면 "★", 2이면 "★★", …, 5이면 "★★★★★"를 반환
>
> **CHOOSE(Index_num, Value1, [Value2], …) 함수**
>
> Index_num : 1이면 Value1, 2이면 Value2가 반환

> **함수 설명**
>
> **정수 추출 관련 함수**
>
> **INT(Number) 함수**
> ⇒ 가까운 정수로 내린다.
>
> **TRUNC(Number) 함수**
> ⇒ 소수점 이하를 버린다. INT와는 음수를 사용하는 경우에만 결과가 다르다.
> 예 TRUNC(-4.3)은 -4를 반환하고 INT(-4.3)은 -5를 반환한다.

제 1 작업  표 서식 작성 및 값 계산  **240**점

다음은 '인기 복합기 판매 현황'에 대한 자료이다. 자료를 입력하고 조건에 맞도록 작업하시오.

**출력형태**

| 제품코드 | 제품명 | 제조사 | 판매금액 | 인쇄속도(ppm) | 판매수량(단위:대) | 재고수량(단위:대) | 판매순위 | 평가 |
|---|---|---|---|---|---|---|---|---|
| K2949 | 루이 | 레온 | 149,000 | 14 | 157 | 64 | (1) | (2) |
| P3861 | 레옹 | 이지전자 | 150,000 | 16 | 184 | 48 | (1) | (2) |
| L3997 | 지니 | 레온 | 344,000 | 15 | 154 | 101 | (1) | (2) |
| K2789 | 퍼플 | 티파니 | 421,000 | 19 | 201 | 65 | (1) | (2) |
| K6955 | 밴티지 | 이지전자 | 175,000 | 6 | 98 | 128 | (1) | (2) |
| P3811 | 다큐프린터 | 레온 | 245,000 | 17 | 217 | 87 | (1) | (2) |
| L3711 | 로사프린터 | 티파니 | 182,000 | 12 | 256 | 36 | (1) | (2) |
| L4928 | 새롬레이저 | 이지전자 | 389,000 | 18 | 94 | 117 | (1) | (2) |
| 티파니 제조사 재고수량(단위:대) 합계 | | | (3) | | 티파니 제조사 비율 | | | (5) |
| 레온 제조사 최고 판매금액 | | | (4) | | 제품코드 | K2949 | 판매수량(단위:대) | (6) |

제목 영역: **인기 복합기 판매 현황**

확인 / 담당 / 팀장 / 센터장

**조건**

- 모든 데이터의 서식에는 글꼴(굴림, 11pt), 정렬은 숫자 및 회계 서식은 오른쪽 정렬, 나머지 서식은 가운데 정렬로 작성하며 예외적인 것은 ≪출력형태≫를 참조하시오.
- 제목 ⇒ 도형(육각형)과 그림자(오프셋 오른쪽)를 이용하여 작성하고 "인기 복합기 판매 현황"을 입력한 후 다음 서식을 적용하시오(글꼴 – 굴림, 24pt, 검정, 굵게, 채우기 – 노랑).
- 임의의 셀에 결재란을 작성하여 그림으로 복사 기능을 이용하여 붙이기 하시오(단, 원본 삭제).
- 「B4:J4, G14, I14」 영역은 '주황'으로 채우기 하시오.
- 유효성 검사를 이용하여 「H14」 셀에 제품코드(「B5:B12」 영역)가 선택 표시되도록 하시오.
- 셀 서식 ⇒ 「E5:E12」 영역에 셀 서식을 이용하여 숫자 뒤에 '원'을 표시하시오(예 : 149,000원).
- 「G5:G12」 영역에 대해 '판매수량'으로 이름정의를 하시오.

(1)~(6) 셀은 반드시 <u>주어진 함수를 이용하여 값</u>을 구하시오(결과값을 직접 입력하면 해당 셀은 0점 처리됨).

(1)  판매순위 ⇒ 정의된 이름(판매수량)을 이용하여 내림차순 순위를 구한 결과값에 '위'를 붙이시오 (RANK.EQ 함수, & 연산자)(예 : 1위).

(2)  평가 ⇒ 인쇄속도(ppm)가 전체 인쇄속도(ppm)에서 세 번째로 큰 값 이상이면 '우수', 그 외에는 공백으로 표시하시오 (IF, LARGE 함수).

(3)  티파니 제조사 재고수량(단위:대) 합계 ⇒ (SUMIF 함수)

(4)  레온 제조사 최고 판매금액 ⇒ 조건은 입력데이터를 이용하시오(DMAX 함수).

(5)  티파니 제조사 비율 ⇒ 결과값을 백분율로 표시하시오(COUNTIF, COUNTA 함수).

(6)  판매수량(단위:대) ⇒ 「H14」 셀에서 선택한 제품코드에 대한 판매수량(단위:대)를 구하시오(VLOOKUP 함수).

(7)  조건부 서식의 수식을 이용하여 재고수량(단위:대)이 '100' 이상인 행 전체에 다음의 서식을 적용하시오 (글꼴 : 파랑, 굵게).

① 「G5:G12」 영역을 블록 설정한다.

→ 『=RANK.EQ』를 입력하고 [Ctrl]+[A]를 누른다.

② RANK.EQ의 [함수 인수] 대화상자에서 Number 『E5』, Ref 『E5:E12』를 입력한 후 [F4]를 눌러 절대주소를 만든다.

→ [Ctrl]+[확인]을 클릭한다.

> 🔵 **해결 TIP**
>
> **함수 사용 시 절대참조, 상대참조 어떤 것을 사용해야 하나요?**
>
> 경우에 따라 반드시 절대참조를 사용하여야만 결과값이 정확하게 나오는 경우 절대참조를 해야 하지만, 결과값의 셀이 한 셀에 고정되어 있을 경우나 어떤 참조방법을 사용해도 결과값에 변경이 없을 경우 둘 중 어느 것을 사용하여도 된다.

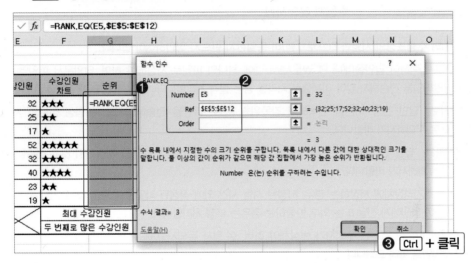

### 💬 함수 설명

**=RANK.EQ(E5, $E$5:$E$12)**
　　　　　　　① 　　② 

① 「E5」 셀의 순위를
② 「E5:E12」 영역에서 구함

---

**RANK.EQ(Number, Ref, [Order]) 함수**

Number : 순위를 구하려는 셀
Ref : 목록의 범위
Order : 순위 결정 방법, 0이거나 생략하면 내림차순, 0이 아니면 오름차순

### 🅕 기적의 TIP

**절대주소 사용**

| | 미사용 | 사용 |
|---|---|---|
| 5 | (E5, E5:E12) | (E5, $E$5:$E$12) |
| 6 | (E6, E6:E13) | (E6, $E$5:$E$12) |
| 7 | (E7, E7:E14) | (E7, $E$5:$E$12) |
| 8 | (E8, E8:E15) | (E8, $E$5:$E$12) |

절대주소를 사용하지 않으면 [Ctrl]+[확인]으로 한 번에 입력하거나 마우스 드래그 할 때, 범위가 고정되지 않고 움직일 수 있다.

# 정보기술자격(ITQ) 시험

| 과목 | 코드 | 문제유형 | 시험시간 | 수험번호 | 성명 |
|------|------|----------|----------|----------|------|
| 한글엑셀 | 1122 | A | 60분 | | |

※ 최신 기출문제 01~10회 학습 시 답안 작성요령을 동일하게 적용하세요.

## 수험자 유의사항

- 수험자는 문제지를 받는 즉시 문제지와 **수험표상의 시험과목(프로그램)이 동일한지 반드시 확인**하여야 합니다.

- 파일명은 본인의 "수험번호-성명"으로 입력하여 답안폴더(내 PC\문서\ITQ)에 하나의 파일로 저장해야 하며, 답안문서 파일명이 "수험번호-성명"과 일치하지 않거나, 답안파일을 전송하지 않아 미제출로 처리될 경우 실격 처리합니다(예: 12345678-홍길동.xlsx).

- 답안 작성을 마치면 파일을 저장하고, '답안 전송' 버튼을 선택하여 감독위원 PC로 답안을 전송하십시오. 수험생 정보와 저장한 파일명이 다를 경우 전송되지 않으므로 주의하시기 바랍니다.

- 답안 작성 중에도 **주기적으로 저장하고, '답안 전송'**하여야 문제 발생을 줄일 수 있습니다. 작업한 내용을 저장하지 않고 전송할 경우 이전에 저장된 내용이 전송되니 이점 유의하시기 바랍니다.

- 답안문서는 지정된 경로 외의 다른 보조기억장치에 저장하는 경우, 지정된 시험 시간 외에 작성된 파일을 활용할 경우, 기타 통신수단(이메일, 메신저, 네트워크 등)을 이용하여 타인에게 전달 또는 외부 반출하는 경우는 부정 처리합니다.

- 시험 중 부주의 또는 고의로 시스템을 파손한 경우는 수험자가 변상해야 하며, 〈수험자 유의사항〉에 기재된 방법대로 이행하지 않아 생기는 불이익은 수험생 당사자의 책임임을 알려 드립니다.

- 문제의 조건은 MS오피스 2021 버전으로 설정되어 있으며 MS오피스 2016은 【 】에 표기되어 있습니다. 이와 관련하여 작성한 답안의 출력형태가 문제지와 다를 수 있습니다.

- 시험을 완료한 수험자는 답안파일이 전송되었는지 확인한 후 감독위원의 지시에 따라 문제지를 제출하고 퇴실합니다.

## 답안 작성요령

- 온라인 답안 작성 절차
  수험자 등록 ⇒ 시험 시작 ⇒ 답안파일 저장 ⇒ 답안 전송 ⇒ 시험 종료

- 문제는 총 4단계, 즉 제1작업부터 제4작업까지 구성되어 있으며 반드시 제1작업부터 순서대로 작성하고 조건대로 작업하시오.

- 모든 작업시트의 A열은 열 너비 '1'로, 나머지 열은 적당하게 조절하시오.

- 모든 작업시트의 테두리는 ≪출력형태≫와 같이 작업하시오.

- 해당 작업란에서는 각각 제시된 조건에 따라 ≪출력형태≫와 같이 작업하시오.

- 답안 시트 이름은 "제1작업", "제2작업", "제3작업", "제4작업"이어야 하며 답안 시트 이외의 것은 감점 처리됩니다.

- 각 시트를 파일로 나누어 작업해서 저장할 경우 실격 처리됩니다.

① 「I5:I12」 영역을 블록 설정한다.
→ 『=REPT』를 입력하고 [Ctrl]+[A]를 누른다.

② REPT의 [함수 인수] 대화상자에서 Text 『★』, Number_times 『ROUND(H5,0)』를 입력한다.
→ [Ctrl]+[확인]을 클릭한다.

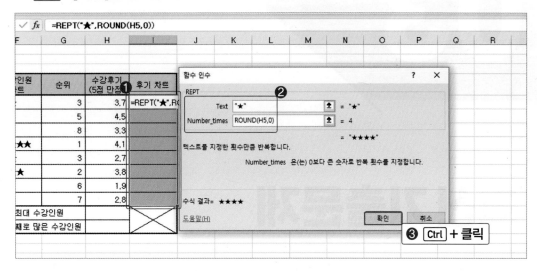

💬 함수 설명

**=REPT("★", ROUND(H5,0))**
    ②      ①

① 「H5」 셀의 값을 소수점 0자리까지 반올림(즉, 가장 가까운 정수로 반올림)해서
② 반환된 정수만큼 ★를 반환

---

**REPT(Text, Number_times) 함수**

Text : 반복할 텍스트
Number_times : 반복할 횟수

---

💬 함수 설명

**반올림, 내림 함수**

---

**ROUND(Number, Num_digits) 함수**

Number : 반올림할 숫자
Num_digits : 반올림하려는 자릿수

**ROUNDDOWN(Number, Num_digits) 함수**
⇒ 지정한 자릿수로 내림한다.

# PART

# 03

# 최신 기출문제

① 「D13」 셀에 『=ROUND』를 입력하고 Ctrl + A 를 누른다.

② ROUND의 [함수 인수] 대화상자에서 Number 『SUMPRODUCT(수강료,E5:E12)』,
Number_digits 『 − 3』을 입력한다.
→ [확인]을 클릭한다.

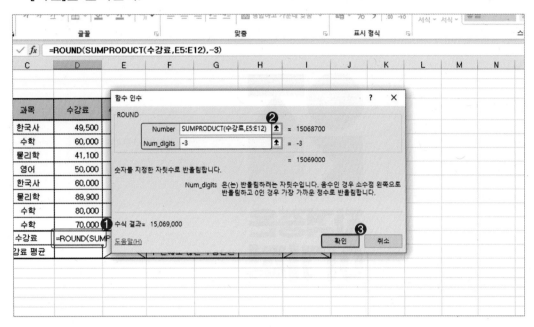

함수 설명

**=ROUND(SUMPRODUCT(수강료, E5:E12), −3)**
                              ①               ②

① "수강료"로 이름 정의한 영역과 「E5:E12」 영역의 대응되는 값을 곱하여 합계를 계산
② 소수 위 세번째 자리에서 반올림

- - - - - - - - - - - - - - - - - - - - - - - - - - - - - - - - - - - - - - - - - - - - - - - - - - - -

**SUMPRODUCT(Array1, [Array2], …) 함수**
⇒ 주어진 범위 또는 배열의 총 합계를 반환한다.

**이기적 강의는
무조건 0원!**

이기적 영진닷컴 🔍

**강의를 듣다가
궁금한 사항은?**

이기적 스터디 카페 🔍

① 「D14」 셀에 『=SUMIF』를 입력하고 Ctrl + A 를 누른다.

② SUMIF의 [함수 인수] 대화상자에서 Range 『C5:C12』, Criteria 『수학』, Sum_range 『D5:D12』를 입력한다.
   → [확인]을 클릭한다.

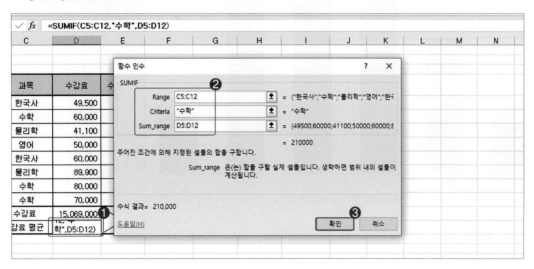

③ 「D14」 셀의 수식에 『/COUNTIF』를 이어서 입력하고 Ctrl + A 를 누른다.

④ COUNTIF의 [함수 인수] 대화상자에서 Range 『C5:C12』, Criteria 『수학』을 입력한다.
   → [확인]을 클릭한다.

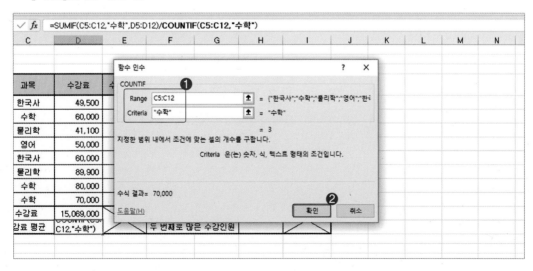

③ 노란색 조절점을 움직여 도형의 모양을 조절한다.

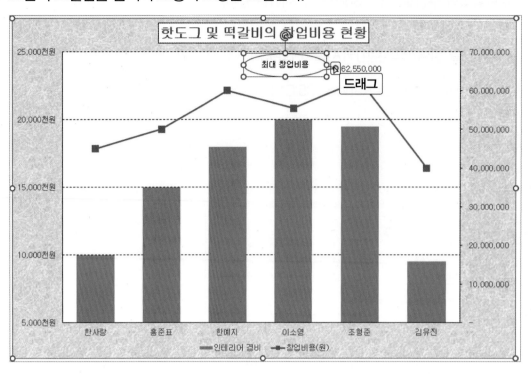

=SUMIF(C5:C12, "수학", D5:D12) / COUNTIF(C5:C12, "수학")
         ①                       ② 

① 「C5:C12」 영역에서 "수학"을 찾아 해당하는 「D5:D12」 영역의 합계를 계산
② "수학"의 개수를 구하여 나눗셈

### SUMIF(Range, Criteria, Sum_range) 함수

Range : 조건을 적용할 셀 범위
Criteria : 조건
Sum_range : Range 인수에 지정되지 않은 범위를 추가

### COUNTIF(Range, Criteria) 함수

Range : 찾으려는 위치
Criteria : 찾으려는 항목

---

**SECTION 06** **최대 수강인원 (MAX 함수)**

① 「H13」 셀에 『=MAX(E5:E12)』를 입력한다.

| 강사 | 과목 | 수강료 | 수강인원 | 수강인원 차트 | 순위 | 수강후기 (5점 만점) | 후기 차트 |
|---|---|---|---|---|---|---|---|
| 박지현 | 한국사 | 49,500 | 32 | ★★★ | 3 | 3.7 | ★★★★ |
| 강혜린 | 수학 | 60,000 | 25 | ★★ | 5 | 4.5 | ★★★★★ |
| 정지훈 | 물리학 | 41,100 | 17 | ★ | 8 | 3.3 | ★★★ |
| 로버트 | 영어 | 50,000 | 52 | ★★★★★ | 1 | 4.1 | ★★★★ |
| 홍지윤 | 한국사 | 60,000 | 32 | ★★★ | 3 | 2.7 | ★★★ |
| 민윤기 | 물리학 | 89,900 | 40 | ★★★★ | 2 | 3.8 | ★★★★ |
| 이혜인 | 수학 | 80,000 | 23 | ★★ | 6 | 1.9 | ★★ |
| 박재상 | 수학 | 70,000 | 19 | ★ | 7 | 2.8 | ★★★ |
| 개설과목 총 수강료 | | 15,069,000 | | 최대 수강인원 | | =MAX(E5:E12) | |
| 수학과목의 수강료 평균 | | 70,000 | | 두 번째로 많은 수강인원 | | | |

입력

💬 함수 설명

**MAX와 MIN**

**MAX(Number1, [Number2], …) 함수**

⇒ 가장 큰 값을 반환한다.

**MIN(Number1, [Number2], …) 함수**

⇒ 가장 작은 값을 반환한다.

① [삽입] 탭 – [일러스트레이션] 그룹 – [도형]( )을 클릭하고 [말풍선: 타원형]을 클릭한다.

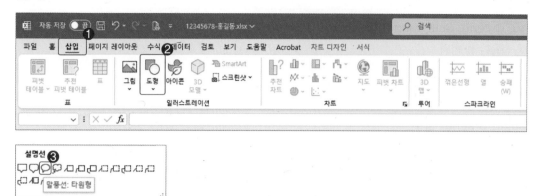

② 도형을 그리고 『최대 창업비용』을 입력한다.

→ [홈] 탭 – [글꼴] 그룹에서 글꼴 '굴림', 크기 '11', [채우기 색]( ) '흰색', [글꼴 색]( ) '검정'을 설정한다.

→ [맞춤] 그룹에서 가로와 세로 모두 [가운데 맞춤]( , )을 클릭한다.

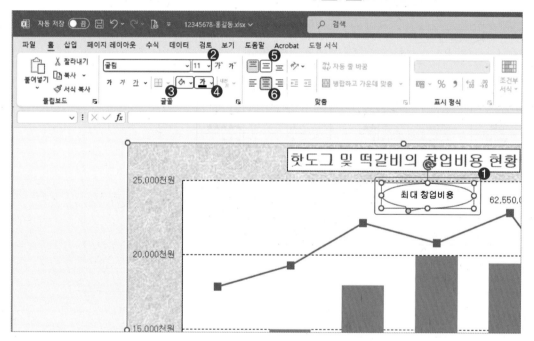

① 「H14」 셀에 『=LARGE』를 입력하고 Ctrl + A 를 누른다.

② LARGE의 [함수 인수] 대화상자에서 Array 『E5:E12』, K 『2』를 입력한다.

　　→ [확인]을 클릭한다.

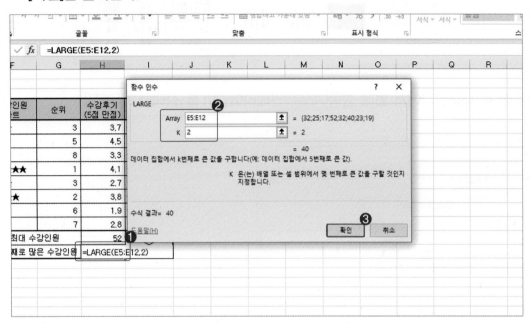

🗨 함수 설명

**LARGE와 SMALL**

**LARGE(Array, K) 함수**

⇒ 주어진 집합에서 K번째로 큰 값을 반환한다.

**SMALL(Array, K) 함수**

⇒ 주어진 집합에서 K번째로 작은 값을 반환한다.

① [차트 디자인] 탭 – [데이터] 그룹 – [데이터 선택](⊞)을 클릭한다.

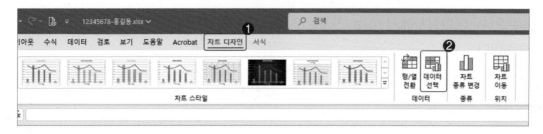

② [데이터 원본 선택] 대화상자에서 범례 항목(계열) '인테리어경비'를 선택하고 [편집]을 클릭한다.

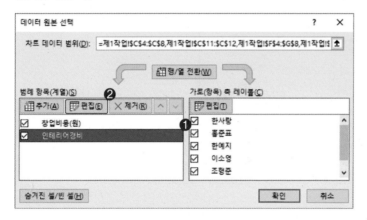

③ [계열 편집] 대화상자에서 계열 이름에 『인테리어 경비』를 입력하고 [확인]을 클릭한다.

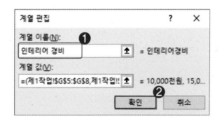

④ 다시 [데이터 원본 선택] 대화상자로 돌아오면 [확인]을 클릭한다.

→ 범례의 인테리어 경비가 한 줄로 변경된 것을 확인한다.

[제1작업]
# 함수-3(목록, 범위)

▶합격 강의

문제파일  PART 01 시험 유형 따라하기\CHAPTER06.xlsx
정답파일  PART 01 시험 유형 따라하기\CHAPTER06_정답.xlsx

**문제보기**

## 문제 파일을 불러온 후 다음의 조건과 같이 작업하시오.

출력형태

실제 시험에서는 직접 작성한 제1작업 시트를 기준으로 작업한다.

| 제품코드 | 제품명 | 시리즈 | 난이도 | 부품수 | 판매가 | 상품평 |
|---|---|---|---|---|---|---|
| 76210 | 헐크버스터 | 마블 | 어려움 | 4,049 | 500,000 | 3.8 |
| 43187 | 라푼젤의 탑 | 디즈니 | 쉬움 | 369 | 90,000 | 4.3 |
| 75304 | 다스베이더 헬멧 | 스타워즈 | 쉬움 | 834 | 110,000 | 4.3 |
| 43222 | 디즈니 캐슬 | 디즈니 | 어려움 | 4,837 | 420,000 | 4.9 |
| 76218 | 샌텀 생토럼 | 마블 | 어려움 | 2,708 | 300,000 | 4.7 |
| 76216 | 아이언맨 연구소 | 마블 | 쉬움 | 496 | 100,000 | 3.2 |
| 21326 | 곰돌이 푸 | 디즈니 | 보통 | 1,265 | 130,000 | 4.0 |
| 75308 | R2-D2 | 스타워즈 | 보통 | 2,314 | 300,000 | 4.6 |
| 마블 시리즈 판매가의 합계 | | (1) | 어려움 난이도 제품 중 최소 부품수 | | | (4) |
| 마블 시리즈 판매가의 평균 | | (2) | 어려움 난이도 제품 수 | | | (5) |
| 판매가의 전체 평균 | | (3) | 곰돌이 푸의 판매가 | | | (6) |
| | | | 제품명 | 곰돌이 푸 | 판매가 | (7) |

조건

## (1)~(7) 셀은 반드시 주어진 함수와 입력 데이터를 이용하여 값을 구하시오.

(1) 마블 시리즈 판매가의 합계 ⇒ (DSUM 함수)

(2) 마블 시리즈 판매가의 평균 ⇒ (DAVERAGE 함수)

(3) 판매가의 전체 평균 ⇒ (AVERAGE 함수)

(4) 어려움 난이도 제품 중 최소 부품수 ⇒ (DMIN 함수)

(5) 어려움 난이도 제품 수 ⇒ (DCOUNTA 함수)

(6) 곰돌이 푸의 판매가 ⇒ (INDEX, MATCH 함수)

(7) 판매가 ⇒ 제품명에 대한 판매가를 구하시오(VLOOKUP 함수).

② 보조 세로 (값) 축과 가로 (항목) 축도 [도형 윤곽선](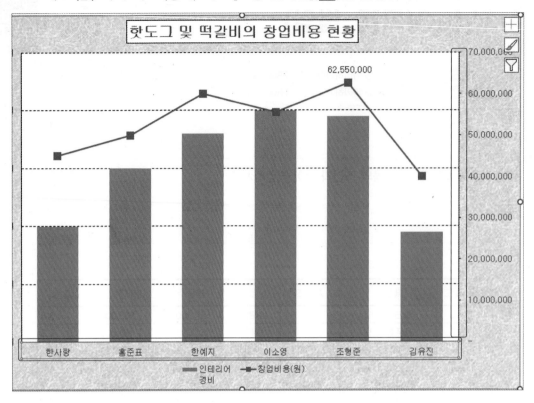✏️)을 설정한다.

③ 세로 (값) 축을 더블클릭하여 축 서식 사이드바를 연다.

→ 축 옵션 − 경계 '최소값'에 『5000』, '최대값'에 『25000』, 단위 '기본'에 『5000』을 입력한다.

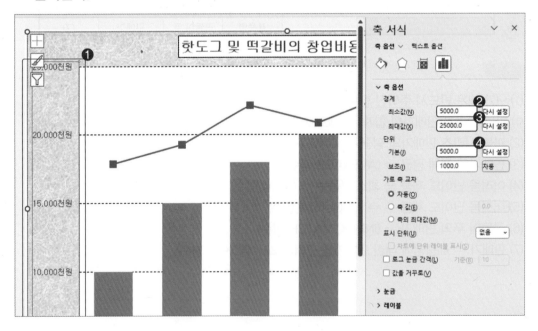

① 「D13」 셀에 『=DSUM』을 입력하고 Ctrl + A 를 누른다.

② DSUM의 [함수 인수] 대화상자에서 Database 『B4:H12』, Field 『6』, Criteria 『D4:D5』
를 입력한다.

→ [확인]을 클릭한다.

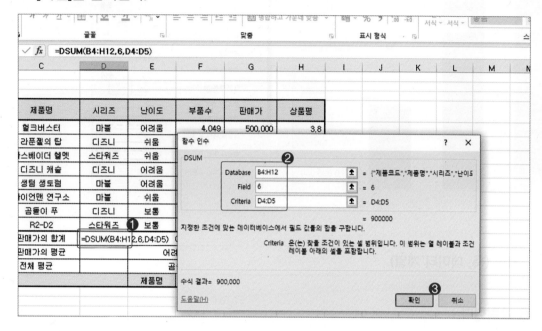

💬 **함수 설명**

**=DSUM(B4:H12, 6, D4:D5)**
　　　　　　①　　　②

① 「B4:H12」 영역의 6번째 열인 "판매가"에서
② 시리즈가 "마블"인 것들의 합계를 계산

---

**DSUM(Database, Field, Criteria) 함수**

Database : 지정할 범위
Field : 함수에 사용되는 열 위치
Criteria : 조건이 있는 셀 범위

② [주 눈금선 서식] 사이드바에서 선 색 '검정', 대시 종류 '파선'을 설정한다.

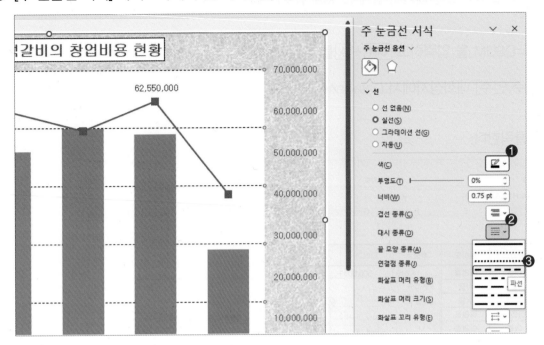

## SECTION 06  서식 (축, 데이터 계열)

① 세로 (값) 축을 클릭한다.
→ [서식] 탭 – [도형 스타일] 그룹 – [도형 윤곽선]( )을 클릭하고 '검정'을 설정한다.

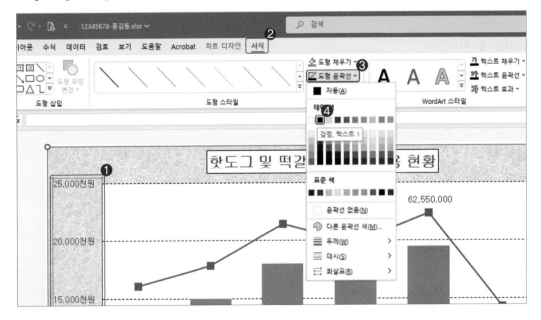

① 「D14」 셀에 『=DAVERAGE』를 입력하고 Ctrl + A 를 누른다.  앞의 DSUM처럼 6을 입력해도 된다.

② DAVERAGE의 [함수 인수] 대화상자에서 Database 『B4:H12』, Field 『G4』, Criteria 『D4:D5』를 입력한다.

→ [확인]을 클릭한다.

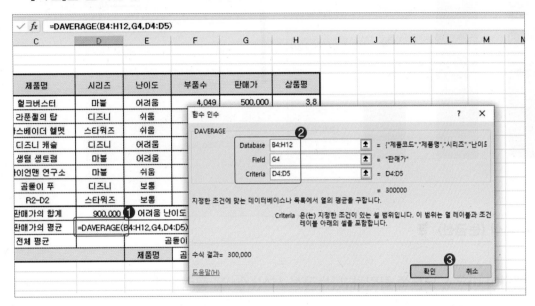

🗨 **함수 설명**

**=DAVERAGE(B4:H12, G4, D4:D5)**
  ①    ②

① 「B4:H12」 영역의 "판매가"에서
② 시리즈가 "마블"인 것들의 평균을 계산

**DAVERAGE(Database, Field, Criteria) 함수**

Database : 지정할 범위
Field : 함수에 사용되는 열 위치
Criteria : 조건이 있는 셀 범위

⑤ 간격 너비를 ≪출력형태≫를 참고하여 적당히 조절한다.

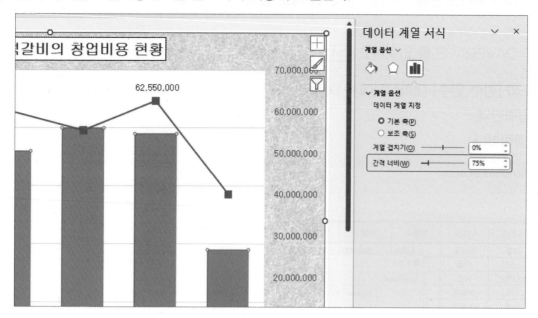

SECTION 05 | 서식 (눈금선)

① 눈금선을 선택하여 마우스 오른쪽 클릭하고 [눈금선 서식](✏️)을 클릭한다.

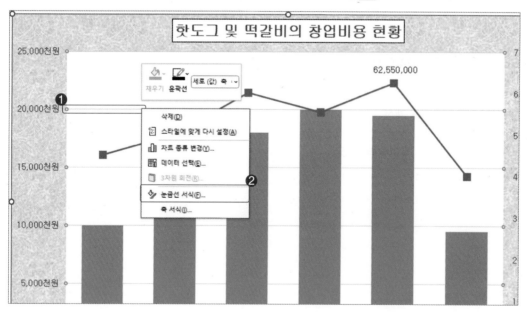

① 「D15」 셀에 『=AVERAGE(G5:G12)』를 입력한다.

| 제품코드 | 제품명 | 시리즈 | 난이도 | 부품수 | 판매가 | 상품평 |
|---|---|---|---|---|---|---|
| 76210 | 헐크버스터 | 마블 | 어려움 | 4,049 | 500,000 | 3.8 |
| 43187 | 라푼젤의 탑 | 디즈니 | 쉬움 | 369 | 90,000 | 4.3 |
| 75304 | 다스베이더 헬멧 | 스타워즈 | 쉬움 | 834 | 110,000 | 4.3 |
| 43222 | 디즈니 캐슬 | 디즈니 | 어려움 | 4,837 | 420,000 | 4.9 |
| 76218 | 샌텀 생토럼 | 마블 | 어려움 | 2,708 | 300,000 | 4.7 |
| 76216 | 아이언맨 연구소 | 마블 | 쉬움 | 496 | 100,000 | 3.2 |
| 21326 | 곰돌이 푸 | 디즈니 | 보통 | 1,265 | 130,000 | 4.0 |
| 75308 | R2-D2 | 스타워즈 | 보통 | 2,314 | 300,000 | 4.6 |

마블 시리즈 판매가의 합계 — 900,000 — 어려움 난이도 제품 중 최소 부품수
마블 시리즈 판매가의 평균 — 300,000 — 어려움 난이도 제품 수
판매가의 전체 평균 — =AVERAGE(G5:G12) — 푸의 판매가

입력

곰돌이 푸 — 판매가

**함수 설명**

**AVERAGE와 MEDIAN**

**AVERAGE(Number1, [Number2], ···) 함수**
⇒ 주어진 집합에서 평균을 반환한다.

**MEDIAN(Number1, [Number2], ···) 함수**
⇒ 주어진 집합에서 중간 값(중간에 위치한 값)을 반환한다.

③ 창업비용(원) 계열의 '조형준' 요소만 두 번 클릭하여 선택한다.

→ [차트 요소 추가]( ) – [데이터 레이블]( ) – [위쪽]( )을 클릭한다.

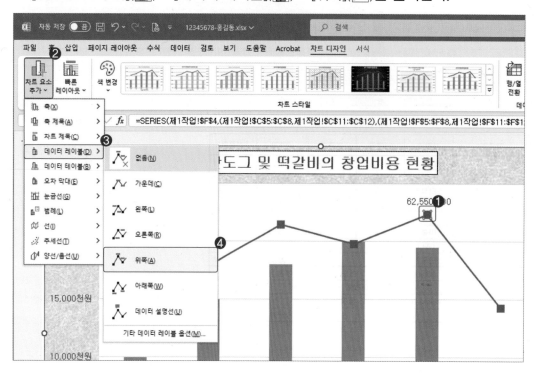

④ 인테리어경비 계열을 선택한다.

→ 마우스 오른쪽 클릭하고 [데이터 계열 서식]을 클릭한다.

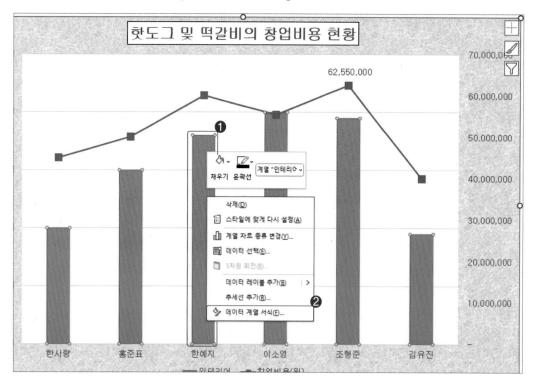

① 「H13」 셀에 『=DMIN』을 입력하고 Ctrl + A 를 누른다.

② DMIN의 [함수 인수] 대화상자에서 Database 『B4:H12』, Field 『5』, Criteria 『E4:E5』
를 입력한다.
→ [확인]을 클릭한다.

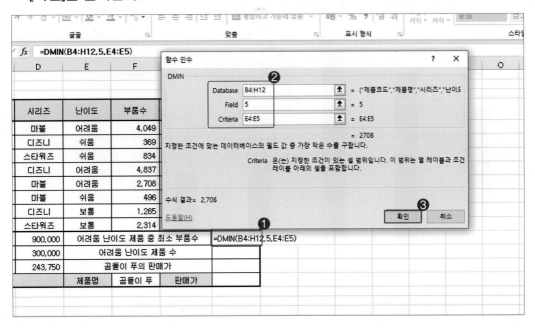

함수 설명

**DMIN과 DMAX**

**DMIN(Database, Field, Criteria) 함수**
⇒ 목록에서 조건에 맞는 가장 작은 값을 반환한다.

**DMAX(Database, Field, Criteria) 함수**
⇒ 목록에서 조건에 맞는 가장 큰 값을 반환한다.

① 창업비용(원) 계열을 선택한다.

→ 마우스 오른쪽 클릭하고 [데이터 계열 서식]을 클릭한다.

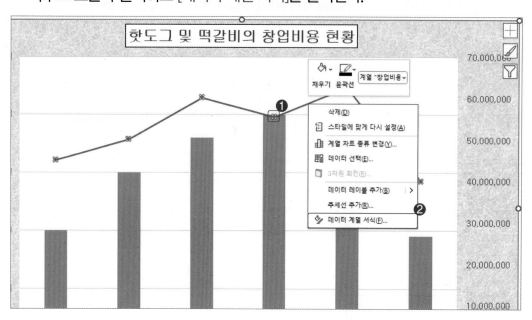

② [채우기 및 선](🎨) – 표식(〰️) – 표식 옵션을 클릭한다.

→ 형식 '네모', 크기 '10'을 설정한다.

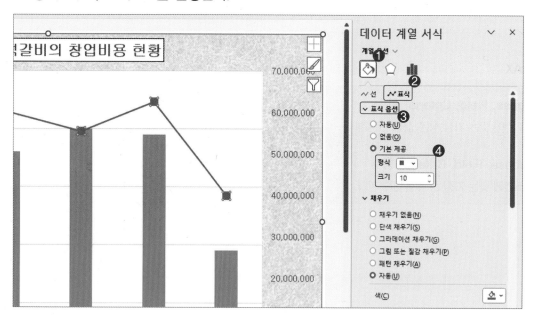

① 「H14」 셀에 『=DCOUNTA』를 입력하고 [Ctrl]+[A]를 누른다.

② DCOUNTA의 [함수 인수] 대화상자에서 Database 『B4:H12』, Field 『5』, Criteria 『E4:E5』를 입력한다.

→ [확인]을 클릭한다.

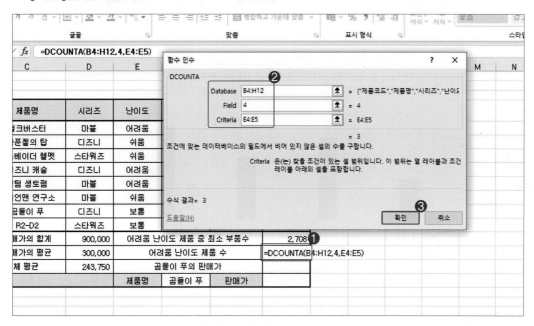

### 함수 설명

**=DCOUNTA(B4:H12, 4, E4:E5)**
             ①     ②

① 「B4:H12」 영역의 4번째 열인 "난이도"에서
② 난이도가 "어려움"인 것들의 개수를 반환

---

**DCOUNTA(Database, Field, Criteria) 함수**

Database : 지정할 범위
Field : 함수에 사용되는 열 위치
Criteria : 조건이 있는 셀 범위

① [차트 디자인] 탭 – [차트 종류 변경](🖌)을 클릭한다.

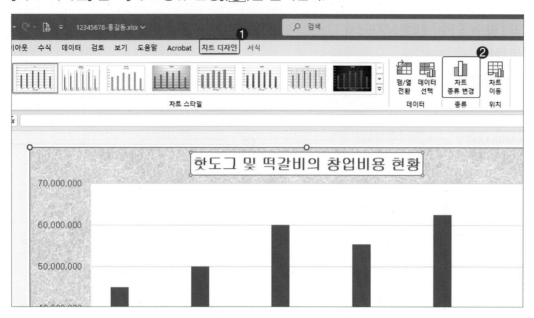

② [차트 종류 변경] 대화상자에서 '혼합'을 클릭한다.

　　→ 창업비용(원)의 차트 종류를 '표식이 있는 꺾은선형'으로 설정하고 '보조 축'에 체크한다.

　　한다.

　　→ 인테리어경비의 차트 종류를 '묶은 세로 막대형'으로 설정한다.

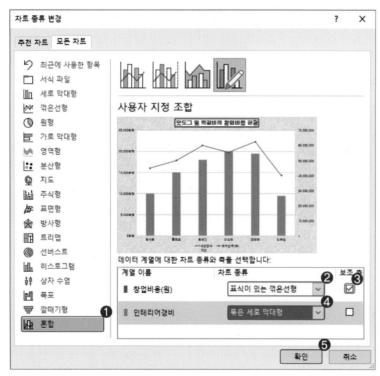

① 「H15」 셀에 『=INDEX』를 입력하고 Ctrl+A 를 누른다.

② INDEX의 [인수 선택] 대화상자에서 array,row_num,column_num을 선택한다.
   → [확인]을 클릭한다.

🗨 함수 설명

**INDEX 함수의 인수 선택**

INDEX 함수는 값을 반환하는 배열형(array)과 참조를 반환하는 참조형(reference)을 선택할 수 있다.
참조형은 범위를 여러 개 설정하는 경우에 사용하는 방식이다. 보통은 배열형을 주로 사용한다.

③ INDEX의 [함수 인수] 대화상자에서 Array 『B5:H12』, Row_num 『MATCH("곰돌이
   푸", C5:C12, 0)』, Column_num 『6』을 입력한다.
   → [확인]을 클릭한다.

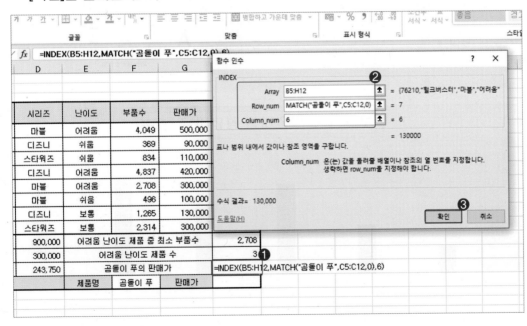

⑥ 차트 제목에 『핫도그 및 떡갈비의 창업비용 현황』을 입력한다.
  → 글꼴 '굴림', 크기 '20', [굵게] 설정한다.

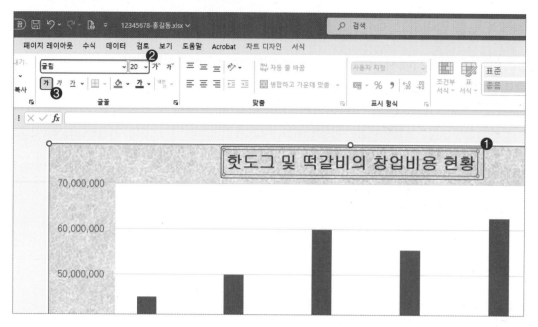

⑦ [서식] 탭 - [도형 스타일] 그룹 - [도형 채우기]( )를 클릭하고 '흰색, 배경 1'을 설정
   한다.
  → [도형 윤곽선]( )을 클릭하고 '검정'을 설정한다.

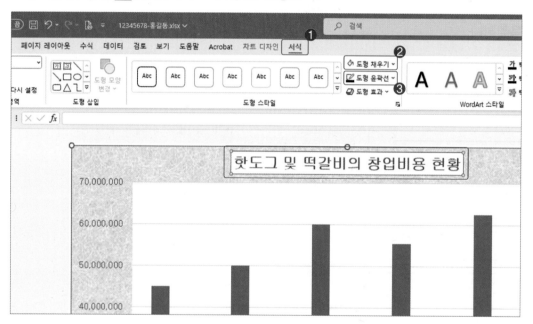

=INDEX(<u>B5:H12</u>, <u>MATCH("곰돌이 푸", C5:C12, 0)</u>, <u>6</u>)
       ①            ②            ③

① 「B5:H12」 영역에서
② "곰돌이 푸"가 「C5:C12」 범위에서 몇 번째 행에 있는지 반환하고
③ 6번째 열인 "판매가"에서 ②에서 구한 행의 데이터를 찾음

---

**INDEX(Array, Row_num, [Column_num]) 함수**

Array : 지정할 범위
Row_num : 값을 반환할 배열의 행
Column_num : 값을 반환할 배열의 열

**MATCH(Lookup_value, Lookup_array, [Match_type]) 함수**

Lookup_value : 찾으려는 값
Lookup_array : 검색할 범위
Match_type : 0이면 Lookup_value와 같은 값을 찾음

---

**SECTION 07** 판매가 (VLOOKUP 함수)

① 「H16」 셀에 『=VLOOKUP(F16, C5:H12, 5, 0)』을 입력한다.

| 제품코드 | 제품명 | 시리즈 | 난이도 | 부품수 | 판매가 | 상품명 | | |
|---|---|---|---|---|---|---|---|---|
| 76210 | 헐크버스터 | 마블 | 어려움 | 4,049 | 500,000 | 3.8 | | |
| 43187 | 라푼젤의 탑 | 디즈니 | 쉬움 | 369 | 90,000 | 4.3 | | |
| 75304 | 다스베이더 헬멧 | 스타워즈 | 쉬움 | 834 | 110,000 | 4.3 | | |
| 43222 | 디즈니 캐슬 | 디즈니 | 어려움 | 4,837 | 420,000 | 4.9 | | |
| 76218 | 샌텀 생토럼 | 마블 | 어려움 | 2,708 | 300,000 | 4.7 | | |
| 76216 | 아이언맨 연구소 | 마블 | 쉬움 | 496 | 100,000 | 3.2 | | |
| 21326 | 곰돌이 푸 | 디즈니 | 보통 | 1,265 | 130,000 | 4.0 | | |
| 75308 | R2-D2 | 스타워즈 | 보통 | 2,314 | 300,000 | 4.6 | | |
| 마블 시리즈 판매가의 합계 | | 900,000 | 어려움 난이도 제품 중 최소 부품수 | | | 2,708 | | |
| 마블 시리즈 판매가의 평균 | | 300,000 | 어려움 난이도 제품 수 | | | 3 | | |
| 판매가의 전체 평균 | | 243,750 | 곰돌이 푸의 판매가 | | | 130,000 | | |
| | | | 제품명 | 곰돌이 푸 | 판매가 | =VLOOKUP(F16,C5:H12,5,0) | | |

입력

④ [차트 영역 서식] 사이드바에서 채우기 '그림 또는 질감 채우기'를 선택한다.

→ [질감]( ) – [파랑 박엽지]를 설정한다.

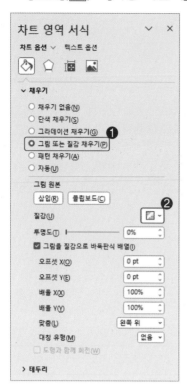

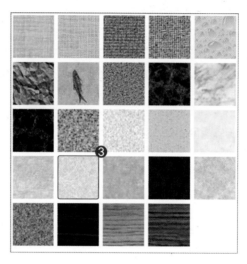

⑤ [서식] 탭 – [현재 선택 영역] 그룹에서 [그림 영역]을 선택한다.

→ 채우기 '단색 채우기'를 선택하고 [색]( ) – [흰색, 배경 1]을 설정한다.

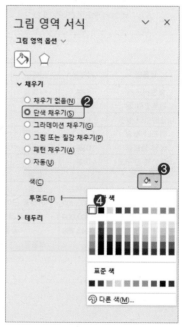

=VLOOKUP(<u>F16</u>, <u>C5:H12, 5, 0</u>)
          ①        ②

① 「F16」 셀의 값을 「C5:H12」 영역에서 조회하고
② 해당하는 행의 5번째 열인 "판매가"의 값을 반환

---

**VLOOKUP(Lookup_value, Table_array, Col_index_num, [Range_lookup]) 함수**

Lookup_value : 조회하려는 값
Table_array : 조회할 값이 있는 범위
Col_index_num : 반환할 값이 있는 열
Range_lookup : 0(FALSE)이면 정확히 일치, 1(TRUE)이면 근사값 반환

---

② 「F16」 셀 선택에 따라 「H16」 셀이 바뀌는 것을 확인한다.

| 제품코드 | 제품명 | 시리즈 | 난이도 | 부품수 | 판매가 | 상품평 |
|---|---|---|---|---|---|---|
| 76210 | 헐크버스터 | 마블 | 어려움 | 4,049 | 500,000 | 3.8 |
| 43187 | 라푼젤의 탑 | 디즈니 | 쉬움 | 369 | 90,000 | 4.3 |
| 75304 | 다스베이더 헬멧 | 스타워즈 | 쉬움 | 834 | 110,000 | 4.3 |
| 43222 | 디즈니 캐슬 | 디즈니 | 어려움 | 4,837 | 420,000 | 4.9 |
| 76218 | 샌텀 생토럼 | 마블 | 어려움 | 2,708 | 300,000 | 4.7 |
| 76216 | 아이언맨 연구소 | 마블 | 쉬움 | 496 | 100,000 | 3.2 |
| 21326 | 곰돌이 푸 | 디즈니 | 보통 | 1,265 | 130,000 | 4.0 |
| 75308 | R2-D2 | 스타워즈 | 보통 | 2,314 | 300,000 | 4.6 |
| 마블 시리즈 판매가의 합계 | | 900,000 | 어려움 난이도 제품 중 최소 부품수 | | | 2,708 |
| 마블 시리즈 판매가의 평균 | | 300,000 | 어려움 난이도 제품 수 | | | 3 |
| 판매가의 전체 평균 | | 243,750 | 곰돌이 푸의 판매가 | | | 130,000 |
| | | | 제품명 | 디즈니 캐슬 | 판매가 | 420,000 |

드롭다운 목록:
헐크버스터
라푼젤의 탑
다스베이더 헬멧
디즈니 캐슬
샌텀 생토럼
아이언맨 연구소
곰돌이 푸
R2-D2

② 차트 영역을 선택하고 [홈] 탭 – [글꼴] 그룹에서 글꼴 '굴림', 크기 '11'을 설정한다.

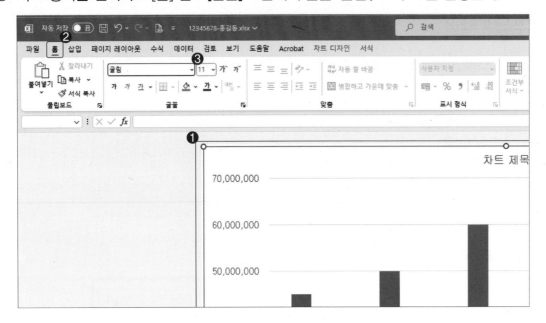

③ [서식] 탭 – [현재 선택 영역] 그룹 – [선택 영역 서식](✏️)을 클릭한다.

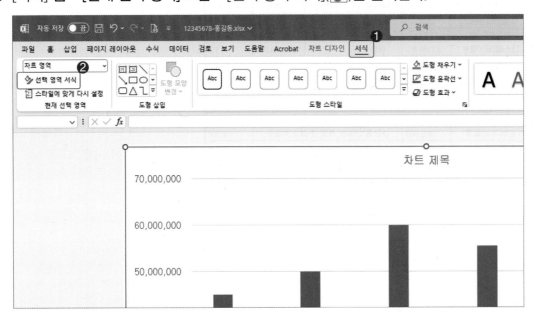

(1)~(6) 셀은 반드시 주어진 함수를 이용하여 값을 구하시오.

| 출력형태 | | | | | | | | | |
|---|---|---|---|---|---|---|---|---|---|

**평생학습센터 온라인 수강신청 현황**

| | 담당 | 팀장 | 센터장 |
|---|---|---|---|
| 확인 | | | |

| 수강코드 | 강좌명 | 분류 | 교육대상 | 개강날짜 | 신청인원 | 수강료(단위:원) | 교육장소 | 신청인원 순위 |
|---|---|---|---|---|---|---|---|---|
| CS-210 | 소통스피치 | 인문교양 | 성인 | 2023-04-03 | 101명 | 60,000 | (1) | (2) |
| SL-101 | 체형교정 발레 | 생활스포츠 | 청소년 | 2023-03-06 | 56명 | 75,000 | (1) | (2) |
| ST-211 | 스토리텔링 한국사 | 인문교양 | 직장인 | 2023-03-13 | 97명 | 40,000 | (1) | (2) |
| CE-310 | 어린이 영어회화 | 외국어 | 청소년 | 2023-04-10 | 87명 | 55,000 | (1) | (2) |
| YL-112 | 요가 | 생활스포츠 | 성인 | 2023-03-04 | 124명 | 45,000 | (1) | (2) |
| ME-312 | 미드로 배우는 영어 | 외국어 | 직장인 | 2023-03-10 | 78명 | 65,000 | (1) | (2) |
| PL-122 | 필라테스 | 생활스포츠 | 성인 | 2023-03-06 | 135명 | 45,000 | (1) | (2) |
| SU-231 | 자신감 UP | 인문교양 | 청소년 | 2023-04-03 | 43명 | 45,000 | (1) | (2) |
| 필라테스 수강료(단위:원) | | | (3) | | 최저 수강료(단위:원) | | | (5) |
| 인문교양 최대 신청인원 | | | (4) | | 강좌명 | 소통스피치 | 개강날짜 | (6) |

**조건**

(1) 교육장소 ⇒ 수강코드의 네 번째 글자가 1이면 '제2강의실', 2이면 '제3강의실', 3이면 '제4강의실'로 구하시오(IF, MID 함수).

(2) 신청인원 순위 ⇒ 신청인원의 내림차순 순위를 구하시오(RANK.EQ 함수).

(3) 필라테스 수강료(단위:원) ⇒ (INDEX, MATCH 함수)

(4) 인문교양 최대 신청인원 ⇒ 인문교양 강좌 중에서 최대 신청인원을 구한 후 결과값에 '명'을 붙이시오. 단, 조건은 입력데이터를 이용하시오 (DMAX 함수, & 연산자)(예 : 10명).

(5) 최저 수강료(단위:원) ⇒ 정의된 이름(수강료)을 이용하여 구하시오(SMALL 함수).

(6) 개강날짜 ⇒ 「H14」 셀에서 선택한 강좌명에 대한 개강날짜를 구하시오(VLOOKUP 함수).

③ [차트 디자인] 탭 – [차트 이동]( 🖼 )을 클릭한다.

→ [차트 이동] 대화상자에서 '새 시트'를 선택하고 『제4작업』을 입력한 후 [확인]을 클릭한다.

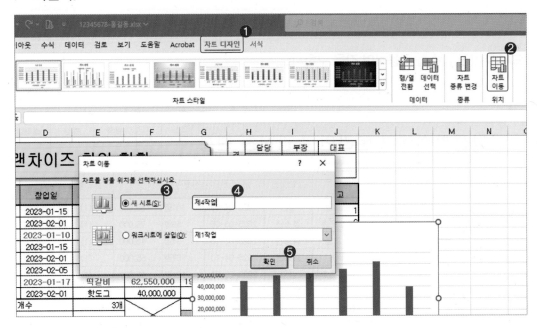

④ "제4작업" 시트를 마우스 드래그하여 제일 끝으로 이동한다.

---

① [차트 디자인] 탭 – [빠른 레이아웃]( 🖿 ) – [레이아웃 3]( 🖿 )을 클릭한다.

→ [스타일 1]을 클릭한다.

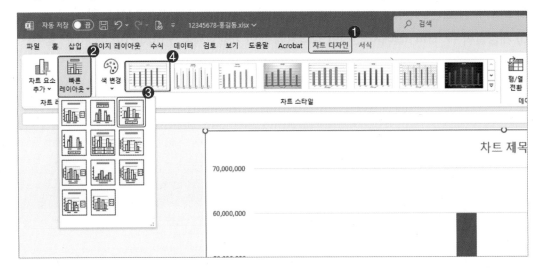

**(1)~(6) 셀은 반드시 주어진 함수를 이용하여 값을 구하시오.**

**출력형태**

| 예약번호 | 종류 | 숙소명 | 입실일 | 1박요금(원) | 예약인원 | 숙박일수 | 숙박비(원) | 위치 |
|---|---|---|---|---|---|---|---|---|
| | | | | | 결재 | 사원 | 과장 | 부장 |
| HA1-01 | 호텔 | 엠스테이 | 2023-08-03 | 120,000 | 4명 | 2 | (1) | (2) |
| RE3-01 | 리조트 | 스완지노 | 2023-07-25 | 135,000 | 2명 | 3 | (1) | (2) |
| HA2-02 | 호텔 | 더비치 | 2023-07-20 | 98,000 | 3명 | 3 | (1) | (2) |
| PE4-01 | 펜션 | 화이트캐슬 | 2023-08-10 | 115,000 | 5명 | 4 | (1) | (2) |
| RE1-02 | 리조트 | 베스트뷰 | 2023-08-01 | 125,000 | 3명 | 2 | (1) | (2) |
| RE4-03 | 리조트 | 그린에코 | 2023-09-01 | 88,000 | 4명 | 3 | (1) | (2) |
| HA2-03 | 호텔 | 크라운유니 | 2023-07-27 | 105,000 | 2명 | 4 | (1) | (2) |
| PE4-03 | 펜션 | 푸른바다 | 2023-09-10 | 75,000 | 6명 | 2 | (1) | (2) |

제목: **우리제주로 숙소 예약 현황**

호텔 1박요금(원) 평균 (3) / 가장 빠른 입실일 (5)
숙박일수 4 이상인 예약건수 (4) / 숙소명 엠스테이 예약인원 (6)

**조건**

(1) 숙박비(원) ⇒ 「1박요금(원)×숙박일수×할인율」로 구하시오. 단, 할인율은 숙박일수가 3 이상이면 '0.8', 그 외에는 '0.9'로 계산하시오(IF 함수).

(2) 위치 ⇒ 예약번호 세 번째 값이 1이면 '서귀포', 2이면 '제주', 3이면 '동부권', 4이면 '서부권'으로 구하시오(CHOOSE, MID 함수).

(3) 호텔 1박요금(원) 평균 ⇒ 반올림하여 천원 단위까지 구하고, 조건은 입력데이터를 이용하시오(ROUND, DAVERAGE 함수)(예 : 123,567 → 124,000).

(4) 숙박일수 4 이상인 예약건수 ⇒ 결과값에 '건'을 붙이시오(COUNTIF 함수, & 연산자) (예 : 1건).

(5) 가장 빠른 입실일 ⇒ 정의된 이름(입실일)을 이용하여 날짜로 표시하시오(MIN 함수) (예 : 2023-08-03).

(6) 예약인원 ⇒ 「H14」 셀에서 선택한 숙소명에 대한 예약인원을 구하시오(VLOOKUP 함수).

제4작업은 제1작업에서 작성한 데이터를 이용하여 차트로 표현하는 능력을 평가한다.
차트의 종류, 서식, 옵션, 범례 등을 다루는 형태가 출제된다.

SECTION 01　차트 작성

① "제1작업" 시트의 「C4:C8」 영역을 블록 설정한다.
　→ Ctrl 을 누른 채 「C11:C12」, 「F4:F8」, 「F11:F12」, 「G4:G8」, 「G11:G12」 영역을 블록 설정한다.

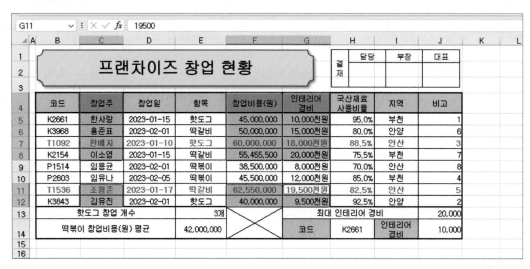

② [삽입] 탭 – [차트] 그룹 – [2차원 묶은 세로 막대형](📊)을 클릭한다.

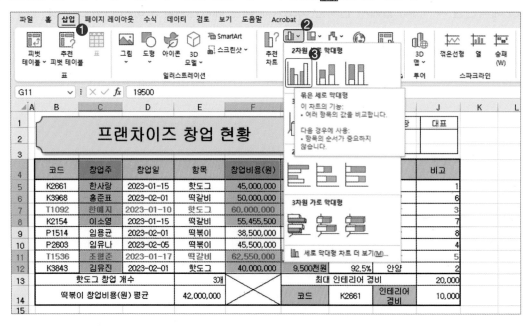

사람들은 의욕이 끝까지 가질 않는다고
말한다. 뭐, 목욕도 마찬가지 아닌가?
그래서 매일 하는 거다.
목욕도, 동기부여도.

지그 지글러(Zig Ziglar)

⑥ 항목 필터 단추를 클릭한다.

→ [텍스트 내림차순 정렬](힣↓)을 클릭한다.

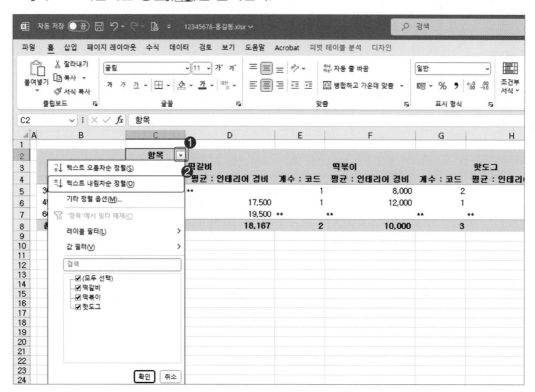

⑦ **로 표시된 셀들은 [홈] 탭 – [맞춤] 그룹 – [가운데 맞춤](≡)을 클릭한다.

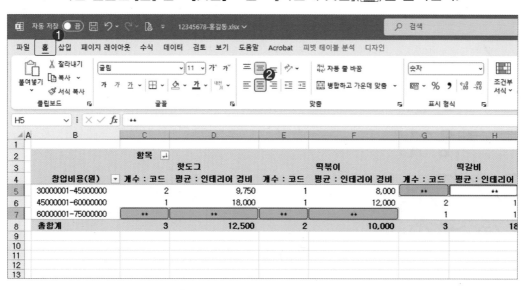

# 제2작업
# 목표값 찾기 및 필터/
# 필터 및 서식

배점 **80점** | A등급 목표점수 **70점**

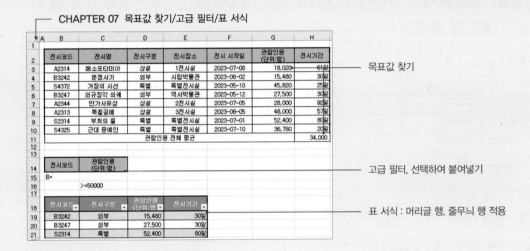

CHAPTER 07 목표값 찾기/고급 필터/표 서식

목표값 찾기

고급 필터, 선택하여 붙여넣기

표 서식 : 머리글 행, 줄무늬 행 적용

## 출제포인트

셀 복사 · 간단한 함수 이용 · 선택하여 붙여넣기 · 고급 필터 · 표 서식 · 목표값 찾기

## 출제기준

제1작업의 데이터를 이용하여 고급 필터 능력과 서식 작성 능력, 중복 데이터 제거 능력, 자동 필터 능력을 평가하는 문항입니다.

## A등급 TIP

제2작업은 제1작업의 데이터를 기반으로 작성하며 다음과 같은 기능 조합 중 한 가지가 출제됩니다.

• 목표값 찾기 및 필터 : 목표값을 찾은 후 조건에 맞는 데이터 추출
• 필터 및 서식 : 조건에 맞는 데이터 추출 후 표 서식 적용

③ 창업비용(원)을 그룹화하기 위해 「B5」 셀을 클릭하고 [선택 항목 그룹화](→)를 클릭한다.

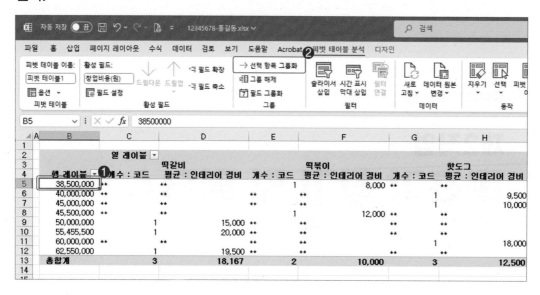

④ [그룹화] 대화상자에서 시작 『30000001』, 끝 『75000000』, 단위 『15000000』을 입력하고 [확인]을 클릭한다.

⑤ 「C2」 셀에 『항목』, 「B4」 셀에 『창업비용(원)』을 직접 입력한다.

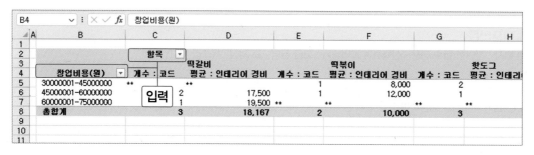

# 목표값 찾기/고급 필터/표 서식

난 이 도  상 ㉗ 하
반복학습 ① ② ③

문제파일  PART 01 시험 유형 따라하기\CHAPTER07.xlsx
정답파일  PART 01 시험 유형 따라하기\CHAPTER07_정답.xlsx

**문제보기**

**"제1작업"** 시트의 「B4:H12」 영역을 복사하여 **"제2작업"** 시트의 「B2」 셀부터 모두 붙여넣기를 한 후 다음의 조건과 같이 작업하시오.

출력형태 ●————— 실제 시험에서는 출력형태 없이 조건만 주어진다.

| 전시코드 | 전시명 | 전시구분 | 전시장소 | 전시 시작일 | 관람인원 (단위:명) | 전시기간 |
|---|---|---|---|---|---|---|
| A2314 | 메소포타미아 | 상설 | 1전시실 | 2023-07-08 | 18,020 | 61일 |
| B3242 | 분청사기 | 외부 | 시립박물관 | 2023-06-02 | 15,480 | 30일 |
| S4372 | 거장의 시선 | 특별 | 특별전시실 | 2023-05-10 | 45,820 | 25일 |
| B3247 | 외규장각 의궤 | 외부 | 역사박물관 | 2023-05-12 | 27,500 | 30일 |
| A2344 | 반가사유상 | 상설 | 2전시실 | 2023-07-05 | 28,000 | 92일 |
| A2313 | 목칠공예 | 상설 | 3전시실 | 2023-06-05 | 48,000 | 57일 |
| S2314 | 부처의 울 | 특별 | 특별전시실 | 2023-07-01 | 52,400 | 80일 |
| S4325 | 근대 문예인 | 특별 | 특별전시실 | 2023-07-10 | 36,780 | 20일 |
| 관람인원 전체 평균 | | | | | | 34,000 |

| 전시코드 | 관람인원 (단위:명) |
|---|---|
| B* | |
| | >=50000 |

| 전시코드 | 전시구분 | 관람인원 (단위:명) | 전시기간 |
|---|---|---|---|
| B3242 | 외부 | 15,480 | 30일 |
| B3247 | 외부 | 27,500 | 30일 |
| S2314 | 특별 | 52,400 | 80일 |

**조건**

(1) 목표값 찾기 – 「B11:G11」 셀을 병합하고, 가운데 맞춤한 후 "관람인원 전체 평균"을 입력하고, 「H11」 셀에 관람인원의 전체 평균을 구하시오. 단, 조건은 입력데이터를 이용하시오(AVERAGE 함수, 테두리).
　　　　　– '관람인원 전체 평균'이 '34,000'이 되려면 메소포타미아의 관람인원(단위:명)이 얼마가 되어야 하는지 목표값을 구하시오.

(2) 고급 필터 – 전시코드가 'B'로 시작하거나, 관람인원(단위:명)이 '50,000' 이상인 자료의 전시코드, 전시구분, 관람인원(단위:명), 전시기간 데이터만 추출하시오.
　　　　　– 조건 범위 : 「B14」 셀부터 입력하시오.
　　　　　– 복사 위치 : 「B18」 셀부터 나타나도록 하시오.

(3) 표 서식 – 고급필터의 결과셀을 채우기 없음으로 설정한 후 '표 스타일 보통 7'의 서식을 적용하시오.
　　　　　– 머리글 행, 줄무늬 행을 적용하시오.

① [피벗 테이블 분석] 탭 – [피벗 테이블] 그룹 – [옵션](🔲)을 클릭한다.

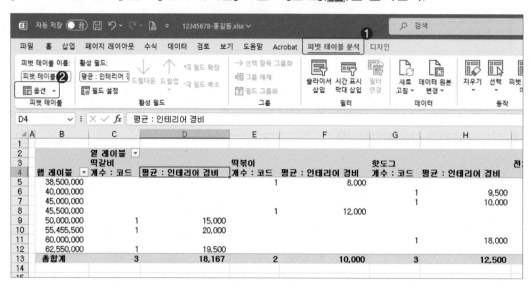

② [피벗 테이블 옵션] 대화상자에서 '레이블이 있는 셀 병합 및 가운데 맞춤'을 체크하고
빈 셀 표시 입력란에 『＊＊』를 입력한다.

→ [요약 및 필터] 탭에서 '행 총합계 표시'를 체크 해제하고 [확인]을 클릭한다.

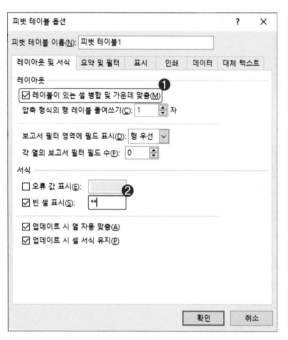

① "제1작업" 시트의 「B4:H12」 영역을 블록 설정한다.

→ [홈] 탭 – [클립보드] 그룹 – [복사](📋)를 클릭한다(Ctrl + C).

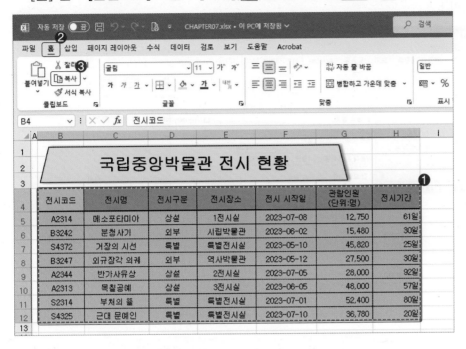

② "제2작업" 시트의 「B2」 셀에서 [붙여넣기](📋)를 한다(Ctrl + V).

→ [붙여넣기 옵션] – [원본 열 너비 유지](📋)를 클릭한다.

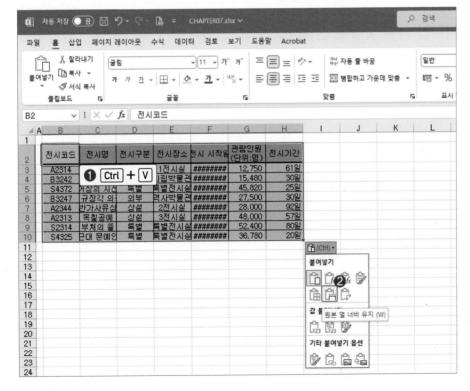

🅑 기적의 TIP

행 높이도 적당히 조절해 준다.

💡 해결 TIP

**제2작업~제3작업 데이터 도 제1작업에서 적용한 '굴 림', '11pt'로 해야 하나요?**
제1작업의 데이터를 복사해서 쓰기 때문에 특별히 바꿀 필요는 없다.

⑤ 「D4」 셀을 클릭하고 [피벗 테이블 분석] 탭 – [활성 필드] 그룹 – [필드 설정](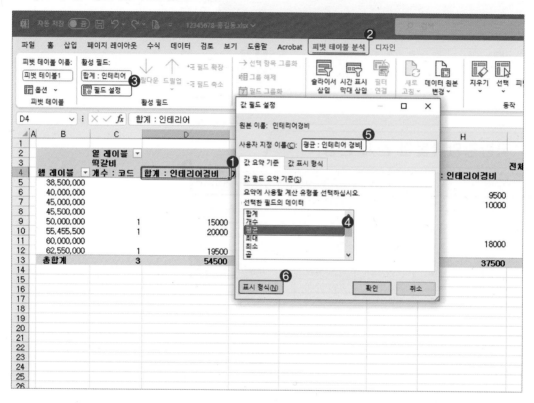)을 클릭한다.

> → [값 필드 설정] 대화상자에서 선택한 필드의 데이터 '평균'을 선택하고 사용자 지정 이름에 『경비』를 이어서 작성한다.
>
> → [표시 형식]을 클릭한다.

⑥ [셀 서식] 대화상자가 나타나면 범주 '숫자'를 선택하고 '1000 단위 구분 기호(,) 사용'을 체크한 후 [확인]을 클릭한다.

> → 다시 [값 필드 설정] 대화상자로 돌아오면 [확인]을 클릭한다.

③ 「B11:G11」 영역을 블록 설정한다.

→ [홈] 탭 – [맞춤] 그룹 – [병합하고 가운데 맞춤](▤)을 클릭한다.

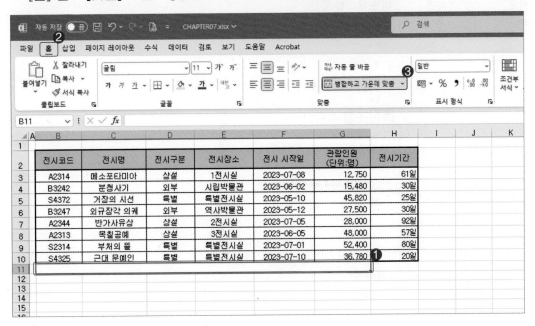

④ 병합한 셀에 『관람인원 전체 평균』을 입력한다.

→ 「H11」 셀에 『=AVERAGE(G3:G10)』을 입력한다.

💬 함수 설명

**=AVERAGE(G3:G10)**
          ①

① 「G3:G10」 영역의 평균을 반환

③ [피벗 테이블 필드] 탭에서 '창업비용(원)'을 마우스 드래그하여 행에 배치한다.

 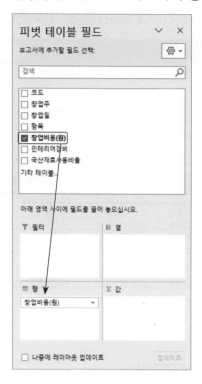

④ '항목'을 열에 배치한다.

→ '코드'와 '인테리어경비'를 값에 배치한다.

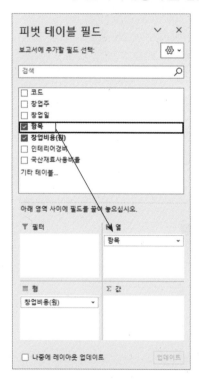 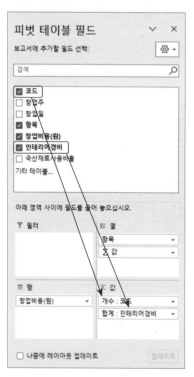

⑤ 「B11:H11」 영역을 블록 설정한다.

→ [홈] 탭 – [글꼴] 그룹 – [테두리]에서 [모든 테두리](⊞)를 클릭한다.

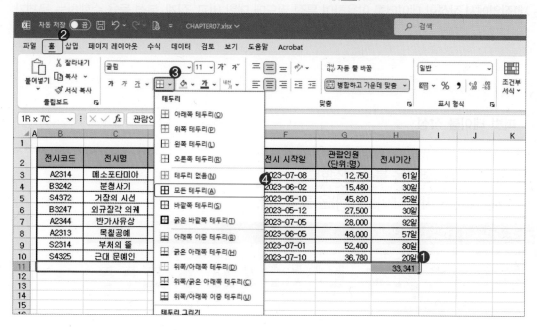

⑥ 「H11」 셀을 클릭한다.

→ [데이터] 탭 – [예측] 그룹 – [가상 분석](⊞)을 클릭하고 [목표값 찾기]를 클릭한다.

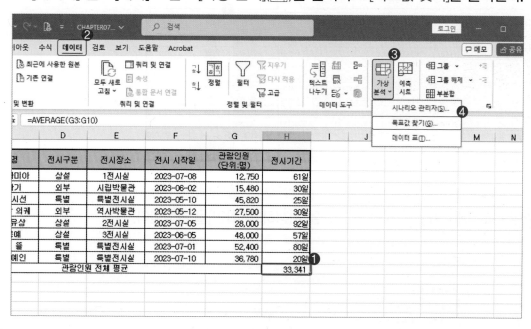

제3작업에서는 제1작업에서 작성한 데이터를 이용하여 특정 필드에 대한 비교, 집계, 분석 등을 수행하는 문제가 출제된다.

## SECTION 01 | 피벗 테이블 작성

① "제1작업" 시트의 「B4:H12」 영역을 블록 설정한다.

    → [삽입] 탭 – [표] 그룹 – [피벗 테이블](📇)을 클릭한다.

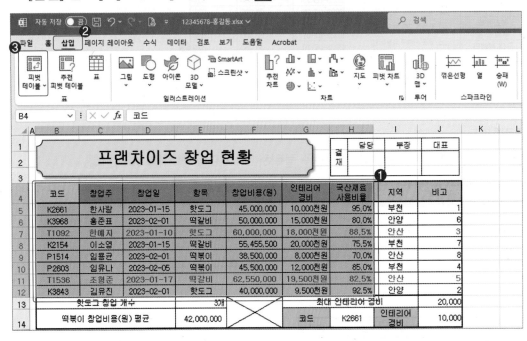

② [표 또는 범위의 피벗 테이블] 대화상자에서 '기존 워크시트'를 선택한다.

    → 위치는 마우스로 "제3작업" 시트의 「B2」 셀을 지정하고 [확인]을 클릭한다.

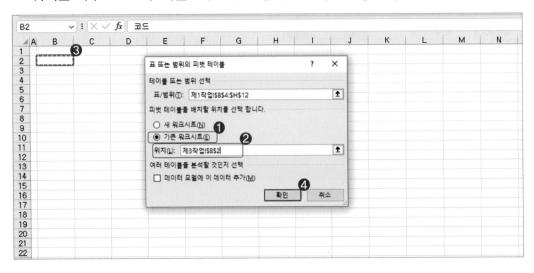

⑦ [목표값 찾기] 대화상자에서 수식 셀『H11』, 찾는 값『34000』, 값을 바꿀 셀『$G$3』을 입력한다.

→ [확인]을 클릭한다.

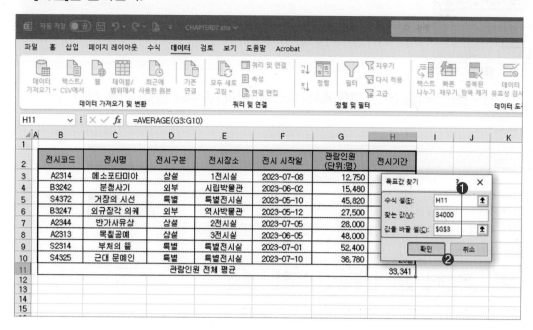

⑧ [목표값 찾기 상태] 대화상자가 나타나며「G3」셀의 값이 변경되면 [확인]을 클릭한다.

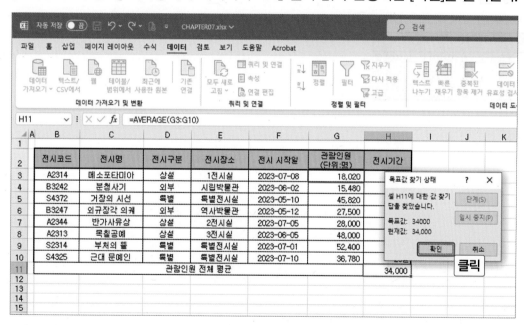

③ [표 만들기] 대화상자가 나타나면 [확인]을 클릭한다.

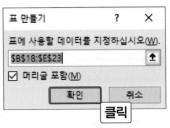

④ [테이블 디자인] 탭 – [표 스타일 옵션] 그룹에서 [머리글 행]과 [줄무늬 행]이 기본 적용된 것을 확인한다.

① Ctrl 을 누른 채 「B2」 셀과 「G2」 셀을 클릭하여 복사(Ctrl + C) 한다.

→ 조건의 위치인 「B14」 셀에 붙여넣기(Ctrl + V) 한다.

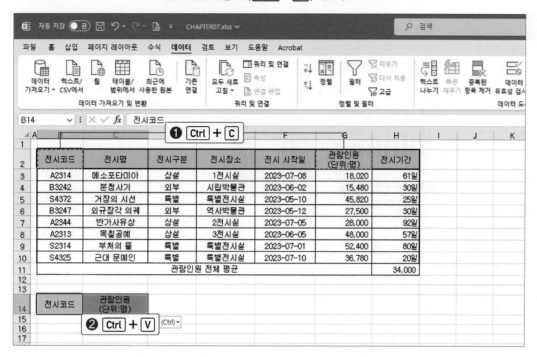

② 「B15」 셀에 『B*』, 「C16」 셀에 『〉=50000』을 입력한다.

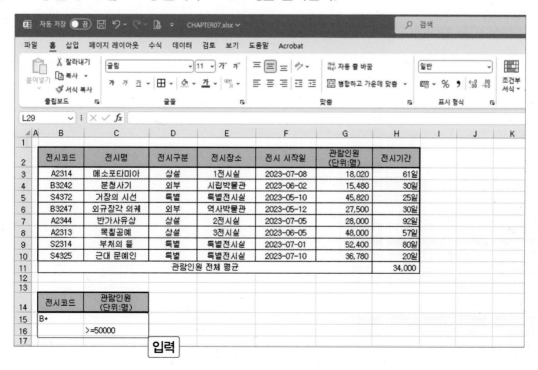

① 「B18:E23」영역을 블록 설정한다.

→ [홈] 탭 – [글꼴] 그룹 – [채우기 색](⬛⬛)을 클릭하고 '채우기 없음'을 클릭한다.

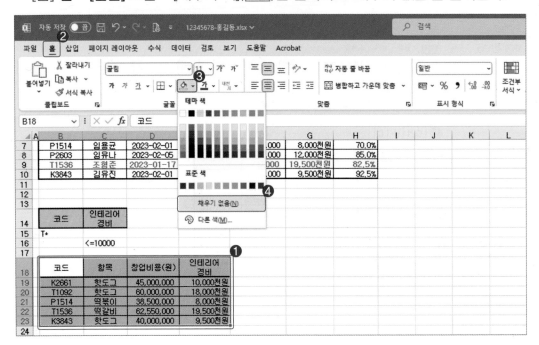

② 「B18:E23」영역이 블록 설정된 상태에서 [홈] 탭 – [스타일] 그룹 – [표 서식](▦)을 클릭한다.

→ [표 스타일 보통 6]을 클릭한다.

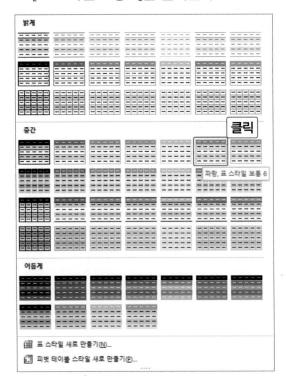

③ Ctrl 을 누른 채 「B2」, 「D2」, 「G2」, 「H2」 셀을 클릭하여 복사( Ctrl + C ) 한다.

→ 복사 위치인 「B18」 셀에 붙여넣기( Ctrl + V ) 한다.

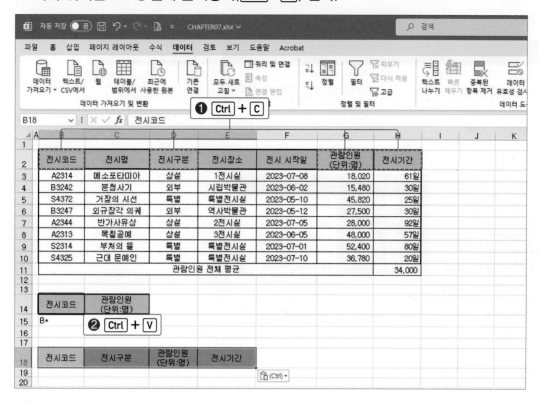

④ 「B2:H10」 영역을 블록 설정한다.

→ [데이터] 탭 – [정렬 및 필터] 그룹 – [고급]( )을 클릭한다.

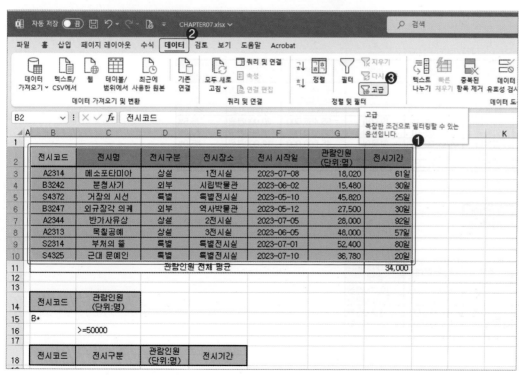

⑦ [고급 필터] 대화상자 – '결과'에서 [다른 장소에 복사]를 클릭한다.
→ 마우스 드래그로 조건 범위 『B14:C16』, 복사 위치 『B18:E18』을 지정하고 [확인]을 클릭한다.

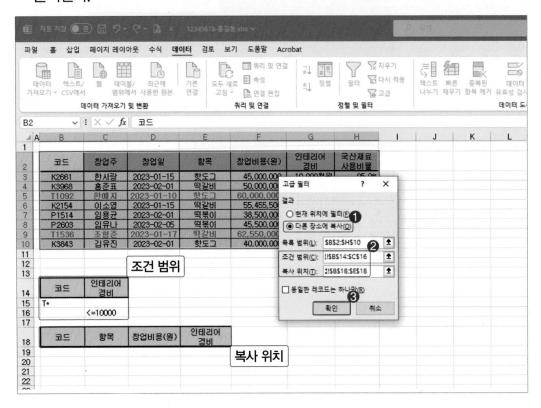

| A | B | C | D | E | F | G | H | I | J |
|---|---|---|---|---|---|---|---|---|---|
| 1 | | | | | | | | | |
| 2 | 코드 | 창업주 | 창업일 | 항목 | 창업비용(원) | 인테리어 경비 | 국산재료 사용비율 | | |
| 3 | K2661 | 한사랑 | 2023-01-15 | 핫도그 | 45,000,000 | 10,000천원 | 95.0% | | |
| 4 | K3968 | 홍준표 | 2023-02-01 | 떡갈비 | 50,000,000 | 15,000천원 | 80.0% | | |
| 5 | T1092 | 한예지 | 2023-01-10 | 핫도그 | 60,000,000 | 18,000천원 | 88.5% | | |
| 6 | K2154 | 이소영 | 2023-01-15 | 떡갈비 | 55,455,500 | 20,000천원 | 75.5% | | |
| 7 | P1514 | 임용균 | 2023-02-01 | 떡볶이 | 38,500,000 | 8,000천원 | 70.0% | | |
| 8 | P2603 | 임유나 | 2023-02-05 | 떡볶이 | 45,500,000 | 12,000천원 | 85.0% | | |
| 9 | T1536 | 조형준 | 2023-01-17 | 떡갈비 | 62,550,000 | 19,500천원 | 82.5% | | |
| 10 | K3843 | 김유진 | 2023-02-01 | 핫도그 | 40,000,000 | 9,500천원 | 92.5% | | |
| 11 | | | | | | | | | |
| 12 | | | | | | | | | |
| 13 | | | | | | | | | |
| 14 | 코드 | 인테리어 경비 | | | | | | | |
| 15 | T* | | | | | | | | |
| 16 | | <=10000 | | | | | | | |
| 17 | | | | | | | | | |
| 18 | 코드 | 항목 | 창업비용(원) | 인테리어 경비 | | | | | |
| 19 | K2661 | 핫도그 | 45,000,000 | 10,000천원 | | | | | |
| 20 | T1092 | 핫도그 | 60,000,000 | 18,000천원 | | | | | |
| 21 | P1514 | 떡볶이 | 38,500,000 | 8,000천원 | | | | | |
| 22 | T1536 | 떡갈비 | 62,550,000 | 19,500천원 | | | | | |
| 23 | K3843 | 핫도그 | 40,000,000 | 9,500천원 | | | | | |
| 24 | | | | | | | | | |

⑤ [고급 필터] 대화상자 – '결과'에서 [다른 장소에 복사]를 클릭한다.
→ 마우스 드래그로 조건 범위 『B14:C16』, 복사 위치 『B18:E18』을 지정하고 [확인]을
클릭한다.

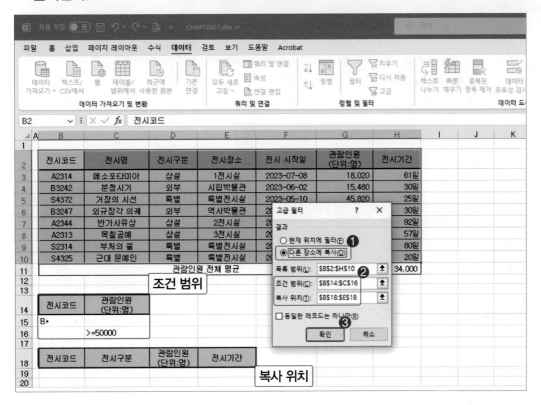

**더 알기 TIP**

**고급 필터의 조건 범위**

| AND 조건 : 조건을 서로 같은 행에 입력<br>⇒ 전시코드가 B로 시작하면서 관람인원이 50,000<br>이상인 데이터를 추출한다. | | | 전시코드 | 관람인원 |
|---|---|---|---|---|
| | | | B* | >=50000 |
| | | | | |

| OR 조건 : 조건을 서로 다른 행에 입력<br>⇒ 전시코드가 B로 시작하거나 관람인원이 50,000<br>이상인 데이터를 추출한다. | | | 전시코드 | 관람인원 |
|---|---|---|---|---|
| | | | B* | |
| | | | | >=50000 |

⑤ Ctrl을 누른 채 「B2」, 「E2」, 「F2」, 「G2」 셀을 클릭하여 복사( Ctrl + C ) 한다.

→ 복사 위치인 「B18」 셀에 붙여넣기( Ctrl + V ) 한다.

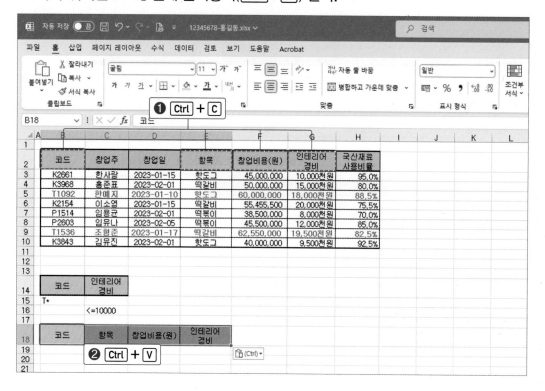

⑥ 「B2:H10」 영역을 블록 설정한다.

→ [데이터] 탭 – [정렬 및 필터] 그룹 – [고급]( )을 클릭한다.

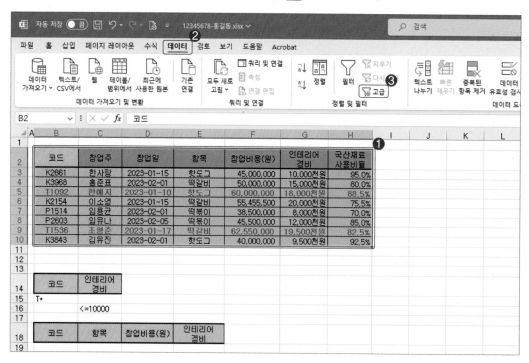

① 「B18:E21」 영역을 블록 설정한다.

→ [홈] 탭 – [글꼴] 그룹 – [채우기 색]( ) 을 클릭하고 '채우기 없음'을 클릭한다.

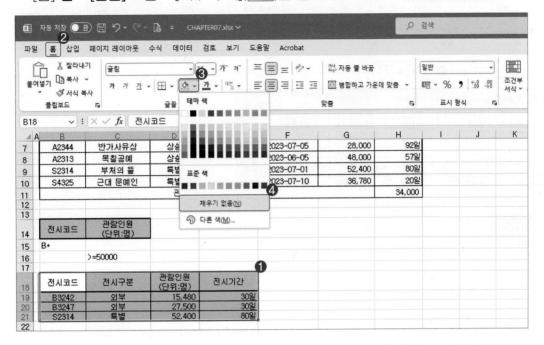

② 「B18:E21」 영역이 블록 설정된 상태에서 [홈] 탭 – [스타일] 그룹 – [표 서식]( )을 클릭한다.

→ [표 스타일 보통 7]을 클릭한다.

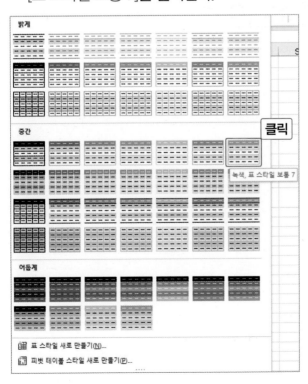

③ Ctrl 을 누른 채 「B2」 셀과 「G2」 셀을 클릭하여 복사( Ctrl + C ) 한다.
→ 조건의 위치인 「B14」 셀에 붙여넣기( Ctrl + V ) 한다.

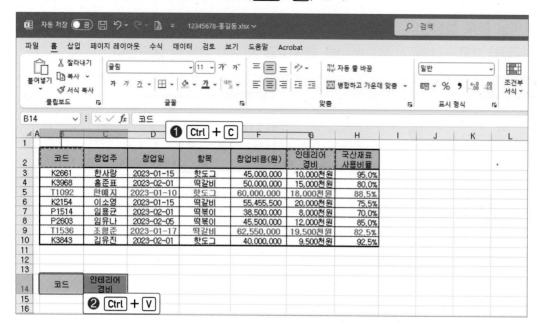

④ 「B15」 셀에 『T*』, 「C16」 셀에 『<=10000』을 입력한다.

③ [표 만들기] 대화상자가 나타나면 [확인]을 클릭한다.

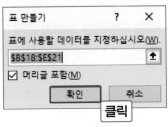

④ [테이블 디자인] 탭 – [표 스타일 옵션] 그룹에서 [머리글 행]과 [줄무늬 행]이 기본 적용된 것을 확인한다.

**기적의 TIP**

[필터 단추] 옵션은 해제하지 않아도 된다.

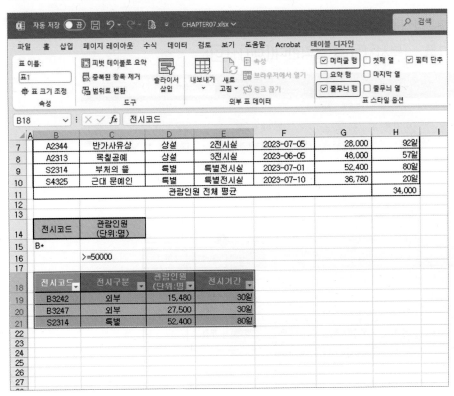

제2작업은 제1작업에서 작성한 데이터를 이용하여 조건 지정으로 필터링하고 표 서식을 지정하는 형태의 문제가 출제된다.

## SECTION 01 고급 필터

① "제1작업" 시트의 「B4:H12」 영역을 블록 설정한다.

   → [홈] 탭 – [클립보드] 그룹 – [복사](🗐)를 클릭한다(Ctrl + C).

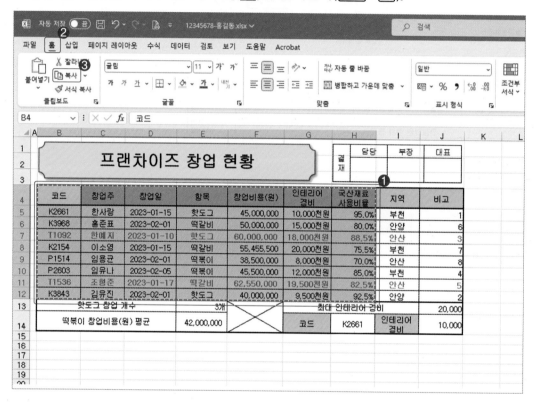

② "제2작업" 시트의 「B2」 셀에서 [붙여넣기](📋)를 한다(Ctrl + V).

   → [붙여넣기 옵션] – [원본 열 너비 유지](📋)를 클릭한다.

**문제유형 ❸-1**  　　　문제파일 PART 01 시험 유형 따라가기\유형3-1번_문제.xlsx　　정답파일 유형3-1번_정답.xlsx

"제1작업" 시트의 「B4:H12」 영역을 복사하여 "제2작업" 시트의 「B2」 셀부터 모두 붙여넣기를 한 후 다음의 조건과 같이 작업하시오.

| 조건 | |
|---|---|
| | (1) 목표값 찾기 – 「B11:G11」 셀을 병합하고 가운데 맞춤한 후 "인문교양 신청인원 평균"을 입력하고 「H11」 셀에 인문교양 신청인원 평균을 구하시오. 단, 조건은 입력데이터를 이용하시오(DAVERAGE 함수, 테두리). |
| | 　　– '인문교양 신청인원 평균'이 '85'가 되려면 소통스피치의 신청인원이 얼마가 되어야 하는지 목표값을 구하시오. |
| | (2) 고급 필터 – 교육대상이 '성인'이 아니면서, 수강료(단위:원)가 '50,000' 이상인 자료의 강좌명, 개강날짜, 신청인원, 수강료(단위:원) 데이터만 추출하시오. |
| | 　　– 조건 범위 : 「B14」 셀부터 입력하시오. |
| | 　　– 복사 위치 : 「B18」 셀부터 나타나도록 하시오. |

**문제유형 ❸-2**  　　　문제파일 PART 01 시험 유형 따라가기\유형3-2번_문제.xlsx　　정답파일 유형3-2번_정답.xlsx

"제1작업" 시트의 「B4:H12」 영역을 복사하여 "제2작업" 시트의 「B2」 셀부터 모두 붙여넣기를 한 후 다음의 조건과 같이 작업하시오.

| 조건 | |
|---|---|
| | (1) 고급 필터 – 종류가 '리조트'이거나 입실일이 '2023-09-01' 이후인(해당일 포함) 자료의 예약번호, 숙소명, 예약인원, 숙박일수 데이터만 추출하시오. |
| | 　　– 조건 범위 : 「B13」 셀부터 입력하시오. |
| | 　　– 복사 위치 : 「B18」 셀부터 나타나도록 하시오. |
| | (2) 표 서식 – 고급필터의 결과셀을 채우기 없음으로 설정한 후 '표 스타일 보통 6'의 서식을 적용하시오. |
| | 　　– 머리글 행, 줄무늬 행을 적용하시오. |

③ [셀 서식] 대화상자에서 글꼴 스타일을 '굵게', 색을 '파랑'으로 설정하고 [확인]을 클릭한다.

→ 다시 [새 서식 규칙] 대화상자로 돌아오면 [확인]을 클릭한다.

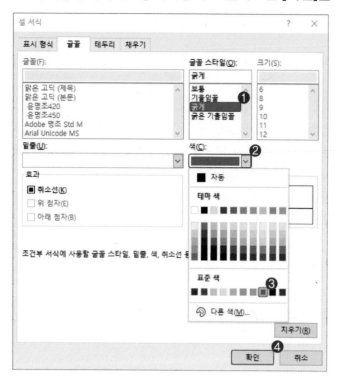

④ F열 창업비용(원)이 60,000,000 이상인 행에 서식이 적용된다.

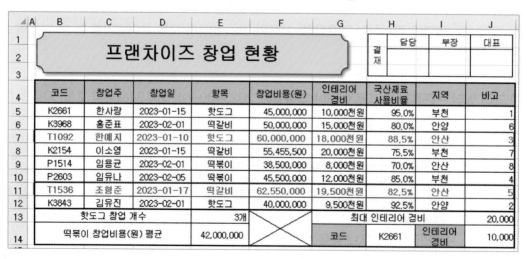

# 제3작업
# 정렬 및 부분합/
# 피벗 테이블

배점 **80점** | A등급 목표점수 **60점**

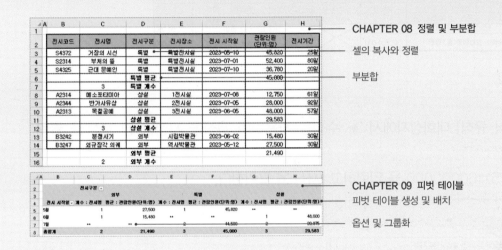

CHAPTER 08 정렬 및 부분합

셀의 복사와 정렬

부분합

CHAPTER 09 피벗 테이블

피벗 테이블 생성 및 배치

옵션 및 그룹화

## 출제포인트

셀의 복사와 정렬 · 개요(윤곽) 지우기 · 선택하여 붙여넣기 · 부분합 · 피벗 테이블

## 출제기준

필드별 분류 · 계산 능력과 특정 항목의 요약 · 분석 능력을 평가하는 문항입니다.

## A등급 TIP

제3작업은 제1작업의 데이터를 기반으로 작성하며, '정렬 및 부분합', '피벗 테이블' 중 한 가지 유형이 출제됩니다. 난이도가 높은 문항이므로 여러 차례 반복하여 학습하는 것이 중요합니다.

• 정렬 및 부분합 : 특정 필드에 대한 합계, 평균 도출
• 피벗 테이블 : 필요한 필드를 추출하여 보기 쉬운 결과물 작성

① 「B5:J12」 영역을 블록 설정한다.

→ [홈] 탭 – [스타일] 그룹 – [조건부 서식](▦)을 클릭하고 [새 규칙](▦)을 클릭한다.

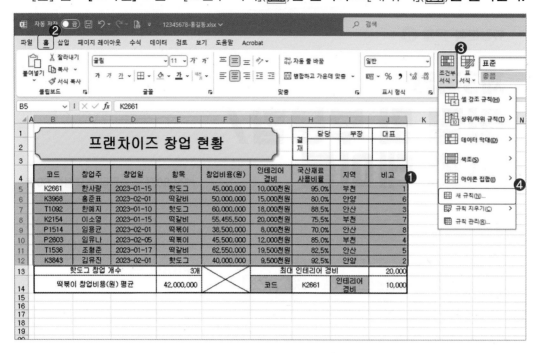

② [새 서식 규칙] 대화상자에서 '▶ 수식을 사용하여 서식을 지정할 셀 결정'을 클릭한다.

→ 『=$F5>=60000000』을 입력하고 [서식]을 클릭한다.

[제3작업]
# 정렬 및 부분합

▶합격 강의

문제파일  PART 01 시험 유형 따라하기₩CHAPTER08.xlsx
정답파일  PART 01 시험 유형 따라하기₩CHAPTER08_정답.xlsx

**문제보기**

"제1작업" 시트의 「B4:H12」 영역을 복사하여 "제3작업" 시트의 「B2」 셀부터 모두 붙여넣기를 한 후 다음의 조건과 같이 작업하시오.

**출력형태**

| | 전시코드 | 전시명 | 전시구분 | 전시장소 | 전시 시작일 | 관람인원<br>(단위:명) | 전시기간 |
|---|---|---|---|---|---|---|---|
| | S4372 | 거장의 시선 | 특별 | 특별전시실 | 2023-05-10 | 45,820 | 25일 |
| | S2314 | 부처의 뜰 | 특별 | 특별전시실 | 2023-07-01 | 52,400 | 80일 |
| | S4325 | 근대 문예인 | 특별 | 특별전시실 | 2023-07-10 | 36,780 | 20일 |
| | | | **특별 평균** | | | 45,000 | |
| | | 3 | **특별 개수** | | | | |
| | A2314 | 메소포타미아 | 상설 | 1전시실 | 2023-07-08 | 12,750 | 61일 |
| | A2344 | 반가사유상 | 상설 | 2전시실 | 2023-07-05 | 28,000 | 92일 |
| | A2313 | 목칠공예 | 상설 | 3전시실 | 2023-06-05 | 48,000 | 57일 |
| | | | **상설 평균** | | | 29,583 | |
| | | 3 | **상설 개수** | | | | |
| | B3242 | 분청사기 | 외부 | 시립박물관 | 2023-06-02 | 15,480 | 30일 |
| | B3247 | 외규장각 의궤 | 외부 | 역사박물관 | 2023-05-12 | 27,500 | 30일 |
| | | | **외부 평균** | | | 21,490 | |
| | | 2 | **외부 개수** | | | | |
| | | | **전체 평균** | | | 33,341 | |
| | | 8 | **전체 개수** | | | | |

**조건**

(1) 부분합 – 《출력형태》처럼 정렬하고, 전시명의 개수와 관람인원(단위:명)의 평균을 구하시오.

(2) 개요 – 지우시오.

(3) 나머지 사항은 《출력형태》에 맞게 작성하시오.

⑬ 「J14」 셀에 『=VLOOKUP(H14,B5:G12,6,0)』을 입력한다.

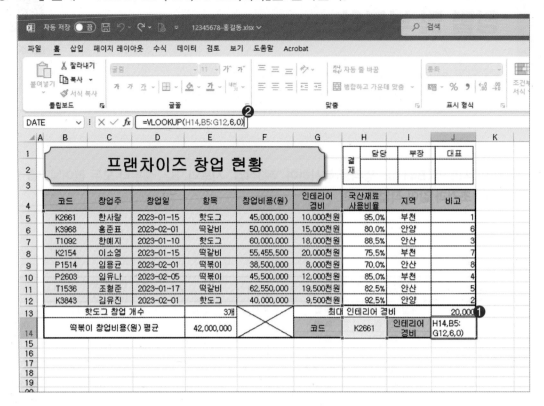

💬 함수 설명

=VLOOKUP(H14, B5:G12, 6, 0)
      ①   ②

① 「H14」 셀의 값을 「B5:G12」 영역에서 조회하고
② 해당하는 행의 6번째 열인 "인테리어 경비"의 값을 반환

---

**VLOOKUP(Lookup_value, Table_array, Col_index_num, [Range_lookup]) 함수**

Lookup_value : 조회하려는 값
Table_array : 조회할 값이 있는 범위
Col_index_num : 반환할 값이 있는 열
Range_lookup : 0(FALSE)이면 정확히 일치, 1(TRUE)이면 근사값 반환

① "제1작업" 시트의 「B4:H12」 영역을 블록 설정한다.

→ [홈] 탭 – [클립보드] 그룹 – [복사](📋)를 클릭한다(Ctrl + C).

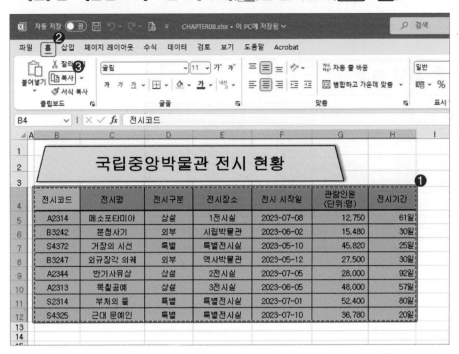

② "제3작업" 시트의 「B2」 셀에서 [붙여넣기](📋)를 한다(Ctrl + V).

→ [붙여넣기 옵션] – [원본 열 너비 유지](📋)를 클릭한다.

> **🅱 기적의 TIP**
>
> 행 높이도 적당히 조절해 준다.

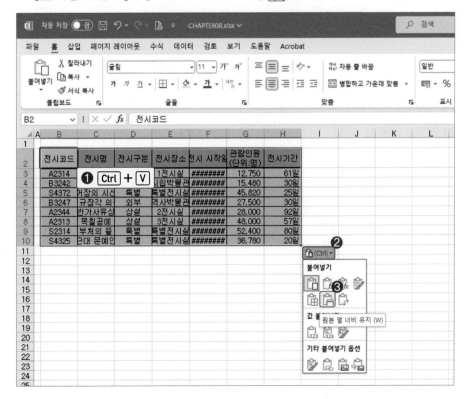

⑪ 최대 인테리어 경비를 구하기 위해 「J13」 셀에 『=MAX(G5:G12)』를 입력한다.

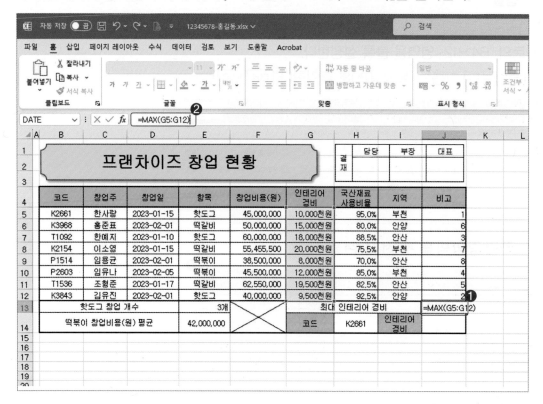

**함수 설명**

**=MAX(G5:G12)**
        ①

① 「G5:G12」 영역에서 가장 큰 값을 반환

**MAX(Number1, [Number2], …) 함수**

Number : 최대값을 구할 값의 집합

⑫ 「J13」 셀에 마우스 오른쪽 클릭하여 [셀 서식](▦)을 클릭한다.
    → [셀 서식] 대화상자에서 범주 '사용자 지정', 형식 '#,##0'을 설정한다.

③ 「B2:H10」 영역 안에 셀 포인터를 둔다.

→ [데이터] 탭 – [정렬 및 필터] 그룹 – [정렬](📊)을 클릭한다.

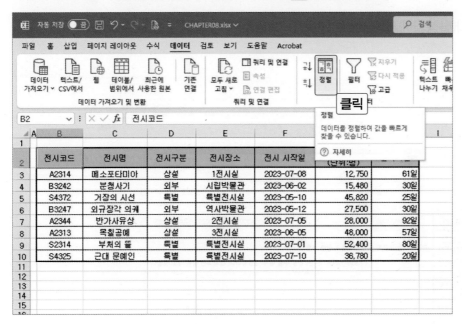

④ [정렬] 대화상자에서 세로 막대형의 정렬 기준은 '전시구분'을 선택하고, 정렬에서 '사용자 지정 목록'을 클릭한다.

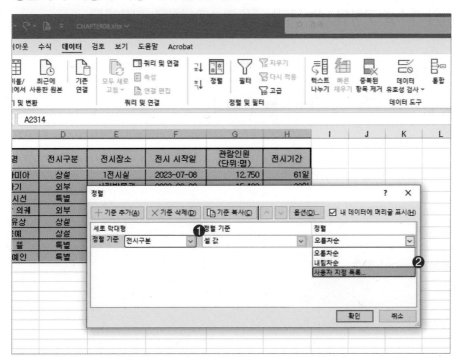

**기적의 TIP**

출력형태에서 평균, 개수 등이 보여지는 열이 정렬 기준이 된다.

**기적의 TIP**

오름차순 또는 내림차순 정렬이 아닐 경우에 '사용자 지정 목록'을 선택한다.

⑦ 떡볶이 창업비용(원) 평균을 구하기 위해 「E14」 셀에 『=SUMIF』를 입력하고 Ctrl + A 를 누른다.

⑧ SUMIF의 [함수 인수] 대화상자에서 Range 『항목』, Criteria 『"떡볶이"』, Sum_range 『F5:F12』를 입력한다.
→ [확인]을 클릭한다.

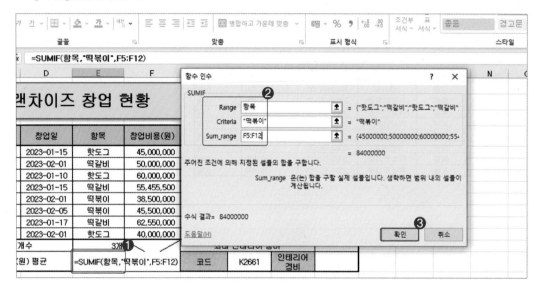

⑨ 「E14」 셀의 수식에 떡볶이의 개수를 구하여 나눗셈하는 『/COUNTIF(항목, "떡볶이")』를 이어서 입력한다.

💬 함수 설명

<u>=SUMIF(항목,"떡볶이",F5:F12)</u> / <u>COUNTIF(항목,"떡볶이")</u>
　　　　　　①　　　　　　　　　　　　②

① 항목으로 이름 정의된 영역에서 "떡볶이"를 찾아 해당하는 「F5:F12」 영역의 합계를 계산
② "떡볶이"의 개수를 구하여 나눗셈

**SUMIF(Range, Criteria, Sum_range) 함수**

Range : 조건을 적용할 셀 범위
Criteria : 조건
Sum_range : Range 인수에 지정되지 않은 범위를 추가

**COUNTIF(Range, Criteria) 함수**

⇒ 조건에 맞는 셀의 개수를 반환한다.

⑩ 「E13」 셀에 마우스 오른쪽 클릭하여 [셀 서식]( 🔢 )을 클릭한다.
→ [셀 서식] 대화상자에서 범주 '회계', 기호 '없음'을 설정한다.

⑤ [사용자 지정 목록] 대화상자가 나타나면 목록 항목 『특별 [Enter] 상설 [Enter] 외부』를
입력한다.

→ [추가]를 클릭하고 [확인]을 클릭한다.

→ [정렬] 대화상자에서 [확인]을 클릭한다.

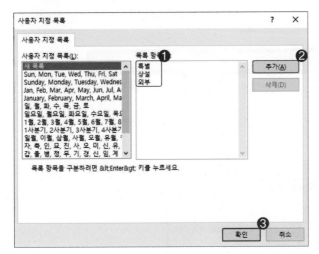

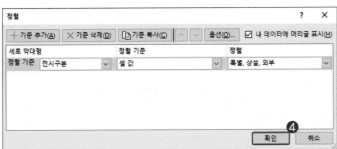

| ▲ | A | B | C | D | E | F | G | H |
|---|---|---|---|---|---|---|---|---|
| 1 | | | | | | | | |
| 2 | | 전시코드 | 전시명 | 전시구분 | 전시장소 | 전시 시작일 | 관람인원<br>(단위:명) | 전시기간 |
| 3 | | S4372 | 거장의 시선 | 특별 | 특별전시실 | 2023-05-10 | 45,820 | 25일 |
| 4 | | S2314 | 부처의 뜰 | 특별 | 특별전시실 | 2023-07-01 | 52,400 | 80일 |
| 5 | | S4325 | 근대 문예인 | 특별 | 특별전시실 | 2023-07-10 | 36,780 | 20일 |
| 6 | | A2314 | 메소포타미아 | 상설 | 1전시실 | 2023-07-08 | 12,750 | 61일 |
| 7 | | A2344 | 반가사유상 | 상설 | 2전시실 | 2023-07-05 | 28,000 | 92일 |
| 8 | | A2313 | 목칠공예 | 상설 | 3전시실 | 2023-06-05 | 48,000 | 57일 |
| 9 | | B3242 | 분청사기 | 외부 | 시립박물관 | 2023-06-02 | 15,480 | 30일 |
| 10 | | B3247 | 외규장각 의궤 | 외부 | 역사박물관 | 2023-05-12 | 27,500 | 30일 |

④ 핫도그 창업 개수를 구하기 위해 「E13」 셀에 『=DCOUNTA』를 입력하고 [Ctrl]+[A]를 누른다.

⑤ DCOUNTA의 [함수 인수] 대화상자에서 Database 『B4:H12』, Field 『4』, Criteria 『E4:E5』를 입력한다.

→ [확인]을 클릭한다.

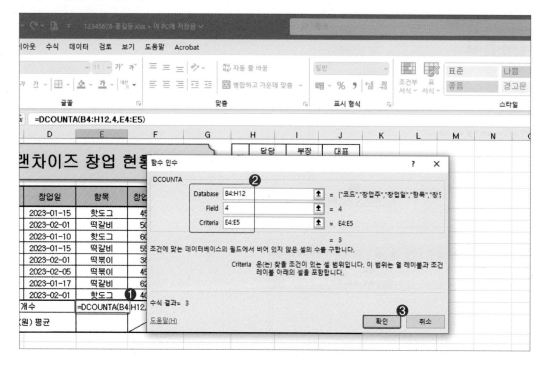

**=DCOUNTA(B4:H12,4,E4:E5)**
         ①        ②

① 「B4:H12」 영역의 4번째 열인 "항목"에서
② 항목이 "핫도그"인 것들의 개수를 반환

**DCOUNTA(Database, Field, Criteria) 함수**

Database : 지정할 범위
Field : 함수에 사용되는 열 위치
Criteria : 조건이 있는 셀 범위

⑥ 「E13」 셀의 수식에 『&"개"』를 이어서 입력한다.

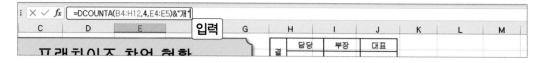

① 「B2:H10」 영역 안에 셀 포인터를 둔다.

→ [데이터] 탭 – [개요] 그룹 – [부분합](⊞)을 클릭한다.

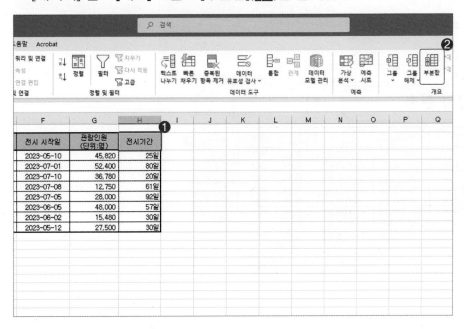

② [부분합] 대화상자에서 그룹화할 항목에 '전시구분', 사용할 함수에 '개수', 부분합 계산 항목에 '전시명'을 선택하고 [확인]을 클릭한다.

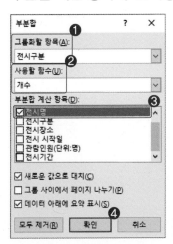

**❶ 기적의 TIP**

**부분합의 사용할 함수 순서**
출력형태에서 아래쪽에 표시된 것부터 순서대로 지정한다. 여기서는 개수를 먼저 하고 평균을 한다.

③ 다시, [데이터] 탭 – [개요] 그룹 – [부분합](⊞)을 클릭한다.

③ 비고 「J5:J12」 영역을 블록 설정한다.

→ 『=RANK.EQ(H5, $H$5:$H$12)』를 입력하고 Ctrl + Enter 를 누른다.

🟥 기적의 TIP

셀 주소를 입력 후 F4를 누르면 절대주소로 바뀐다.

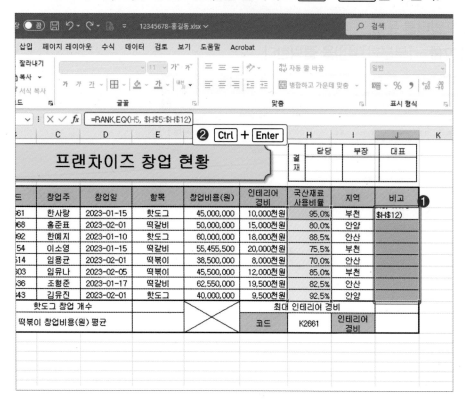

💬 함수 설명

=RANK.EQ(H5, $H$5:$H$12)
      ①        ②

① 「H5」 셀의 순위를
② 「H5:H12」 영역에서 구함

---

**RANK.EQ(Number, Ref, [Order]) 함수**

Number : 순위를 구하려는 셀

Ref : 목록의 범위

Order : 순위 결정 방법, 0이거나 생략하면 내림차순, 0이 아니면 오름차순

④ [부분합] 대화상자에서 사용할 함수에 '평균', 부분합 계산 항목에 '관람인 원(단위:명)'을 선택한다.

　→ 새로운 값으로 대치를 체크 해제하고 [확인]을 클릭한다.

 기적의 TIP

새로운 값으로 대치가 체크 되어 있으면 기존 부분합에 덮어쓰므로 체크를 해제해 야 한다.

⑤ [데이터] 탭 – [개요] 그룹 – [그룹 해제](📋)에서 [개요 지우기]를 클릭 한다.

| 1 2 3 4 | A | B | C | D | E | F | G | H |
|---|---|---|---|---|---|---|---|---|
| 1 | | | | | | | | |
| 2 | | 전시코드 | 전시명 | 전시구분 | 전시장소 | 전시 시작일 | 관람인원 (단위:명) | 전시기간 |
| 3 | | S4372 | 거장의 시선 | 특별 | 특별전시실 | 2023-05-10 | 45,820 | 25일 |
| 4 | | S2314 | 부처의 뜰 | 특별 | 특별전시실 | 2023-07-01 | 52,400 | 80일 |
| 5 | | S4325 | 근대 문예인 | 특별 | 특별전시실 | 2023-07-10 | 36,780 | 20일 |
| 6 | | | | 특별 평균 | | | 45,000 | |
| 7 | | | 3 | 특별 개수 | | | | |
| 8 | | A2314 | 메소포타미아 | 상설 | 1전시실 | 2023-07-08 | 12,750 | 61일 |
| 9 | | A2344 | 반가사유상 | 상설 | 2전시실 | 2023-07-05 | 28,000 | 92일 |
| 10 | | A2313 | 목칠공예 | 상설 | 3전시실 | 2023-06-05 | 48,000 | 57일 |
| 11 | | | | 상설 평균 | | | 29,583 | |
| 12 | | | 3 | 상설 개수 | | | | |
| 13 | | B3242 | 분청사기 | 외부 | 시립박물관 | 2023-06-02 | 15,480 | 30일 |
| 14 | | B3247 | 외규장각 의궤 | 외부 | 역사박물관 | 2023-05-12 | 27,500 | 30일 |
| 15 | | | | 외부 평균 | | | 21,490 | |
| 16 | | | 2 | 외부 개수 | | | | |
| 17 | | | | 전체 평균 | | | 33,341 | |
| 18 | | | 8 | 전체 개수 | | | | |

① 지역 「I5:I12」 영역을 블록 설정한다.

→ 『=CHOOSE』를 입력하고 Ctrl + A 를 누른다.

② CHOOSE의 [함수 인수] 대화상자에서 Index_num 『MID(B5, 2, 1)』, Value1 『안산』,
Value2 『부천』, Value3 『안양』을 입력한다.

→ Ctrl +[확인]을 클릭한다.

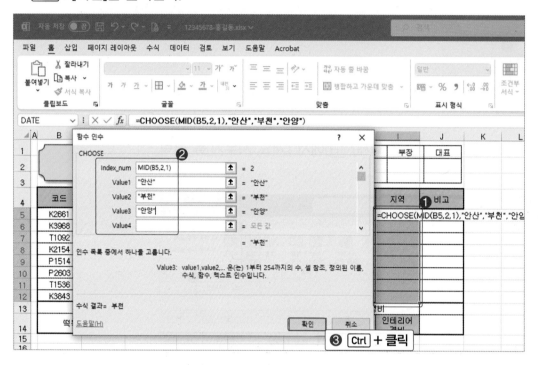

💬 함수 설명

**=CHOOSE(<u>MID(B5,2,1)</u>, <u>"안산","부천","안양"</u>)**
                ①             ②

① 「B5」 셀에서 두 번째 글자가
② 1이면 "안산", 2이면 "부천", 3이면 "안양"을 반환

**CHOOSE(Index_num, Value1, [Value2], …) 함수**

Index_num : 1이면 Value1, 2이면 Value2가 반환

**MID(Text, Start_num, Num_chars) 함수**

Text : 추출할 문자가 들어 있는 텍스트
Start_num : 추출할 문자의 시작 위치
Num_chars : 추출할 문자의 수

"제1작업" 시트의 「B4:H12」 영역을 복사하여 "제3작업" 시트의 「B2」 셀부터 모두 붙여넣기를 한 후 다음의 조건과 같이 작업하시오.

| 조건 | (1) 부분합 – ≪출력형태≫처럼 정렬하고, 강좌명의 개수와 신청인원의 평균을 구하시오. |
|---|---|
| | (2) 개요 – 지우시오. |
| | (3) 나머지 사항은 ≪출력형태≫에 맞게 작성하시오. |

**출력형태**

| A | B | C | D | E | F | G | H |
|---|---|---|---|---|---|---|---|
| 1 | | | | | | | |
| 2 | 수강코드 | 강좌명 | 분류 | 교육대상 | 개강날짜 | 신청인원 | 수강료<br>(단위:원) |
| 3 | CS-210 | 소통스피치 | 인문교양 | 성인 | 2023-04-03 | 101명 | 60,000 |
| 4 | ST-211 | 스토리텔링 한국사 | 인문교양 | 직장인 | 2023-03-13 | 97명 | 40,000 |
| 5 | SU-231 | 자신감 UP | 인문교양 | 청소년 | 2023-04-03 | 43명 | 45,000 |
| 6 | | | 인문교양 평균 | | | 80명 | |
| 7 | | 3 | 인문교양 개수 | | | | |
| 8 | CE-310 | 어린이 영어회화 | 외국어 | 청소년 | 2023-04-10 | 87명 | 55,000 |
| 9 | ME-312 | 미드로 배우는 영어 | 외국어 | 직장인 | 2023-03-10 | 78명 | 65,000 |
| 10 | | | 외국어 평균 | | | 83명 | |
| 11 | | 2 | 외국어 개수 | | | | |
| 12 | SL-101 | 체형교정 발레 | 생활스포츠 | 청소년 | 2023-03-06 | 56명 | 75,000 |
| 13 | YL-112 | 요가 | 생활스포츠 | 성인 | 2023-03-04 | 124명 | 45,000 |
| 14 | PL-122 | 필라테스 | 생활스포츠 | 성인 | 2023-03-06 | 135명 | 45,000 |
| 15 | | | 생활스포츠 평균 | | | 105명 | |
| 16 | | 3 | 생활스포츠 개수 | | | | |
| 17 | | | 전체 평균 | | | 90명 | |
| 18 | | 8 | 전체 개수 | | | | |

③ 「H14」 셀에 드롭다운 버튼이 생성된 것을 확인한다.

→ [홈] 탭 – [맞춤] 그룹 – [가운데 맞춤](三)을 클릭한다.

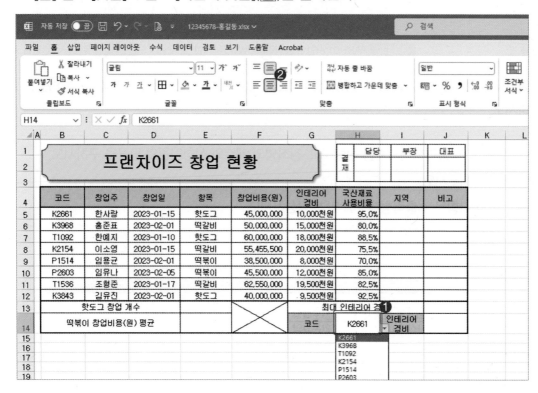

SECTION 05 이름 정의

① 「E5:E12」 영역을 블록 설정한다.

→ 수식 입력줄 왼쪽의 [이름 상자]에 『항목』을 입력한다.

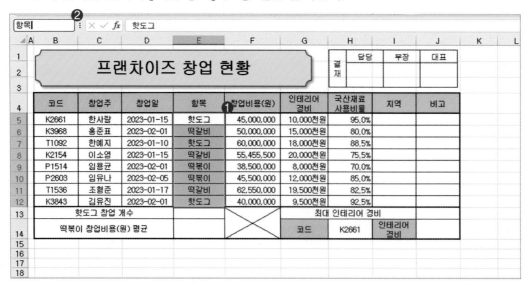

[제3작업]
# 피벗 테이블

▶ 합격 강의

문제파일 PART 01 시험 유형 따라하기\CHAPTER09.xlsx
정답파일 PART 01 시험 유형 따라하기\CHAPTER09_정답.xlsx

---

**문제보기**

**"제1작업" 시트를 이용하여 "제3작업" 시트에 조건에 따라 ≪출력형태≫와 같이 작업하시오.**

└─ 제3작업은 "정렬 및 부분합"과 "피벗 테이블" 중에 출제된다.

(출력형태)

| A | B | C | D | E | F | G | H |
|---|---|---|---|---|---|---|---|
| 1 | | | | | | | |
| 2 | | 전시구분 ▾ | | | | | |
| 3 | | 외부 | | 특별 | | 상설 | |
| 4 | 전시 시작일 ▾ | 개수 : 전시명 | 평균 : 관람인원(단위:명) | 개수 : 전시명 | 평균 : 관람인원(단위:명) | 개수 : 전시명 | 평균 : 관람인원(단위:명) |
| 5 | 5월 | 1 | 27,500 | 1 | 45,820 | ** | ** |
| 6 | 6월 | 1 | 15,480 | ** | ** | 1 | 48,000 |
| 7 | 7월 | ** | ** | 2 | 44,590 | 2 | 20,375 |
| 8 | 총합계 | 2 | 21,490 | 3 | 45,000 | 3 | 29,583 |

(조건)

(1) 전시 시작일 및 전시구분별 전시명의 개수와 관람인원(단위:명)의 평균을 구하시오.

(2) 전시 시작일을 그룹화하고, 전시구분을 ≪출력형태≫와 같이 정렬하시오.

(3) 레이블이 있는 셀 병합 및 가운데 맞춤 적용 및 빈 셀은 '**'로 표시하시오.

(4) 행의 총합계는 지우고, 나머지 사항은 ≪출력형태≫에 맞게 작성하시오.

① 「H14」셀을 클릭한다.

→ [데이터] 탭 – [데이터 도구] 그룹 – [데이터 유효성 검사](📋)를 클릭한다.

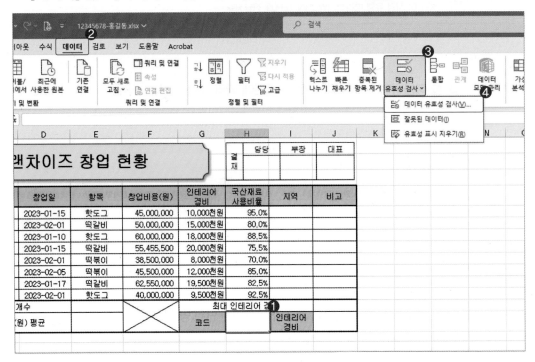

② [데이터 유효성] 대화상자에서 제한 대상을 '목록'으로 설정한다.

→ 원본 입력란을 클릭하고 「B5:B12」영역을 마우스 드래그한 후 [확인]을 클릭한다.

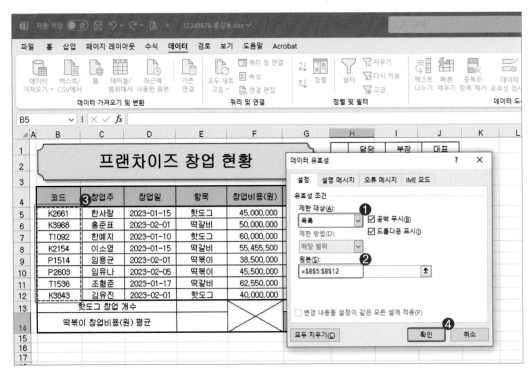

① "제1작업" 시트의 「B4:H12」 영역을 블록 설정한다.

→ [삽입] 탭 – [표] 그룹 – [피벗 테이블]( ⬚ )을 클릭한다.

> **기적의 TIP**
>
> 피벗 테이블은 데이터를 계산, 요약 및 분석하는 도구로서, 데이터의 비교, 패턴 및 추세를 보는 데 사용한다.

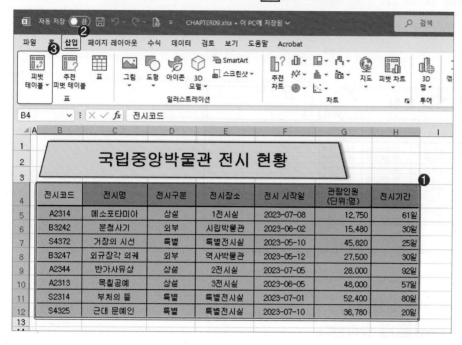

② [표 또는 범위의 피벗 테이블] 대화상자에서 '기존 워크시트'를 선택한다.

→ 위치는 마우스로 "제3작업" 시트의 「B2」 셀을 지정하고 [확인]을 클릭한다.

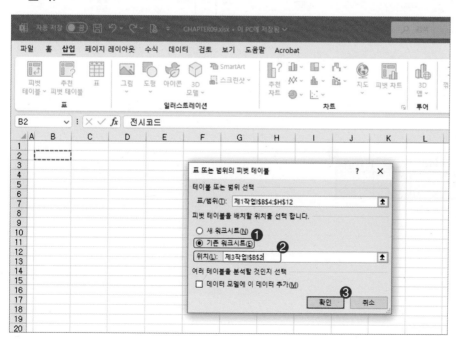

⑥ [그림 복사] 대화상자에서 [확인]을 클릭한다.

→ [홈] 탭 – [클립보드] 그룹 – [붙여넣기](📋)를 클릭한다.

→ 그림의 위치를 마우스 드래그하여 조절한다.

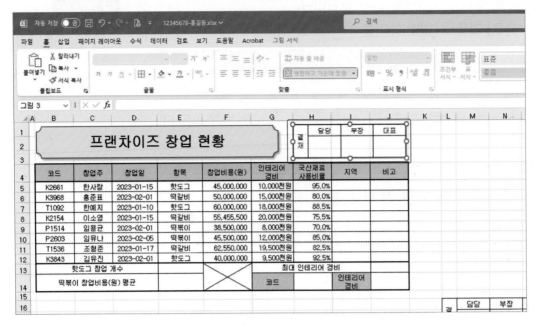

⑦ 기존 작업한 결재란 영역을 블록 설정한다.

→ [홈] 탭 – [셀] 그룹 – [삭제](📧)를 클릭한다.

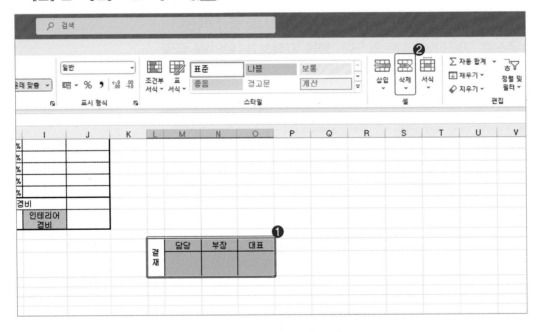

③ [피벗 테이블 필드] 탭에서 '전시 시작일'을 마우스 드래그하여 행에 배치한다.

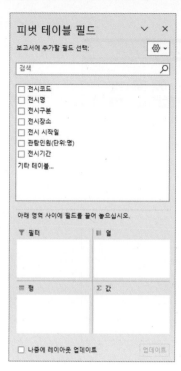
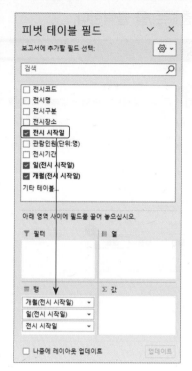

④ '전시구분'을 열에 배치한다.

→ '전시명'과 '관람인원(단위:명)'을 값에 배치한다.

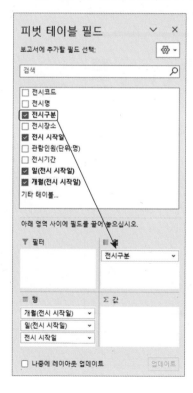
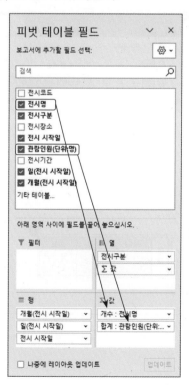

④ 텍스트를 모두 입력하고 행 높이와 열 너비를 조절한다.

　→ [홈] 탭 – [맞춤] 그룹 – [가운데 맞춤](￫)을 클릭한다.

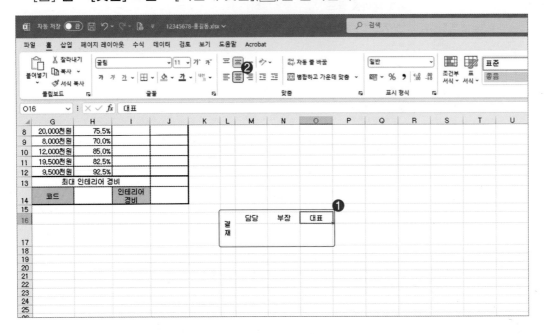

⑤ 결재란 영역을 모두 블록 설정한다.

　→ [홈] 탭 – [글꼴] 그룹 – [테두리]에서 [모든 테두리](田)를 클릭한다.

　→ [클립보드] 그룹 – [복사](🗐)에서 [그림으로 복사]를 클릭한다.

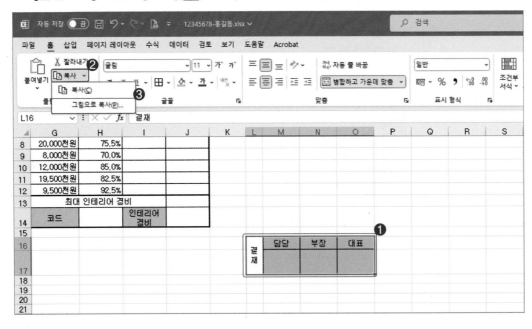

**피벗 테이블 레이아웃**

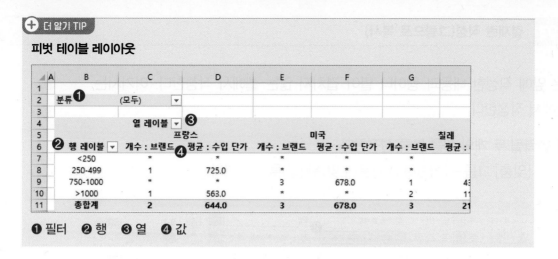

❶ 필터 ❷ 행 ❸ 열 ❹ 값

⑤ 「D4」 셀을 클릭하고 [피벗 테이블 분석] 탭 – [활성 필드] 그룹 – [필드 설정](📑)을 클릭한다.

　→ [값 필드 설정] 대화상자에서 선택한 필드의 데이터 '평균'을 선택하고 사용자 지정 이름에 『(단위:명)』을 이어서 작성한다.

　→ [표시 형식]을 클릭한다.

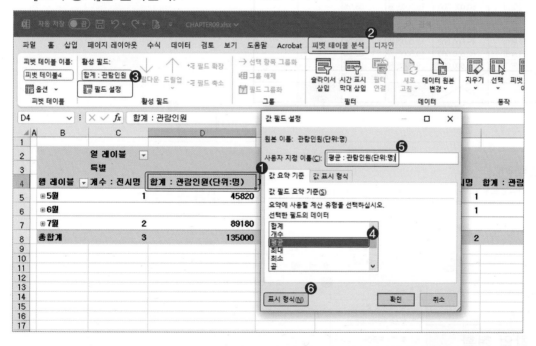

⑥ [셀 서식] 대화상자가 나타나면 범주 '숫자'를 선택하고 '1000 단위 구분 기호(,) 사용'을 체크한 후 [확인]을 클릭한다.

　→ 다시 [값 필드 설정] 대화상자로 돌아오면 [확인]을 클릭한다.

① 결재란은 앞에 작성한 내용과 행이나 열이 겹치지 않는 셀에서 작성한다. 여기서는 「L16」 셀에서 작성한다.

② 『결재』가 입력될 두 개의 셀을 블록 설정한다.
　→ [홈] 탭 – [맞춤] 그룹 – [병합하고 가운데 맞춤](圖)을 클릭한다.

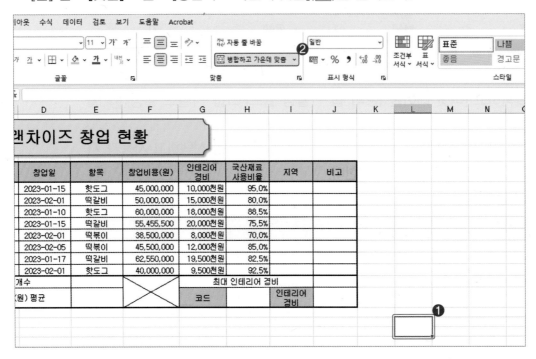

③ 『결재』를 입력한다.
　→ [홈] 탭 – [맞춤] 그룹 – [방향](圖)을 클릭하고 [세로 쓰기](圖)를 클릭한다.

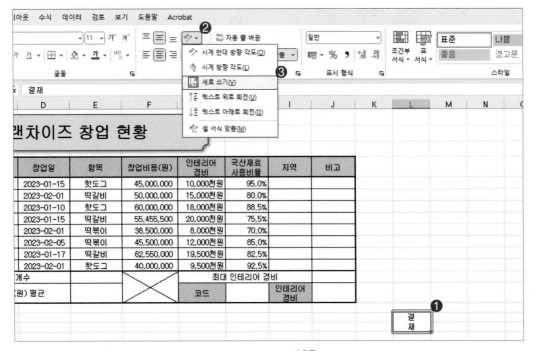

① [피벗 테이블 분석] 탭 – [피벗 테이블] 그룹 – [옵션](📰)을 클릭한다.

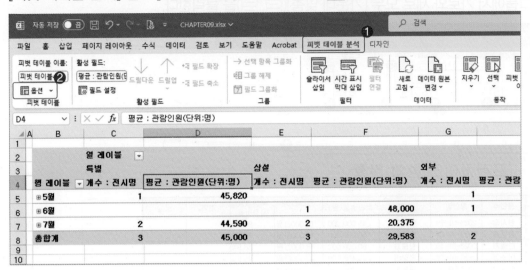

② [피벗 테이블 옵션] 대화상자에서 '레이블이 있는 셀 병합 및 가운데 맞춤'을 체크하고
빈 셀 표시 입력란에 『＊＊』를 입력한다.
→ [요약 및 필터] 탭에서 '행 총합계 표시'를 체크 해제하고 [확인]을 클릭한다.

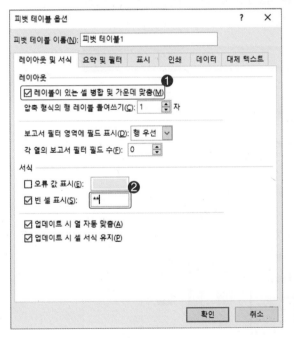

⑤ 도형의 배경색 부분을 클릭한다.

→ [홈] 탭 – [글꼴] 그룹에서 글꼴 '굴림', 크기 '24', [굵게], [채우기 색](🖌) '노랑', [글꼴 색](🎨) '검정'을 설정한다.

→ [맞춤] 그룹에서 가로와 세로 모두 [가운데 맞춤](☰, ☰)을 클릭한다.

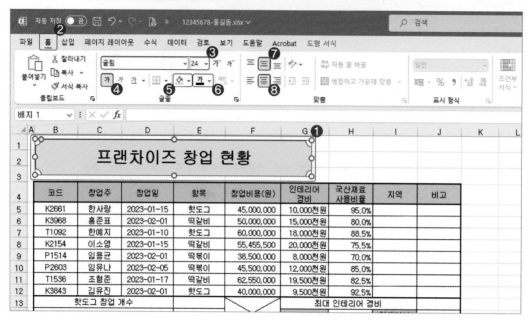

⑥ [도형 서식] 탭 – [도형 스타일] 그룹 – [도형 효과](▱)를 클릭하고 [그림자] – [오프셋: 오른쪽 아래]를 클릭한다.

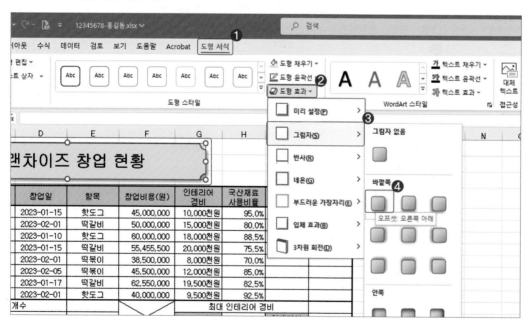

③ 전시 시작일을 그룹화하기 위해 「B5」 셀을 클릭하고 [선택 항목 그룹화](→)를 클릭한다.

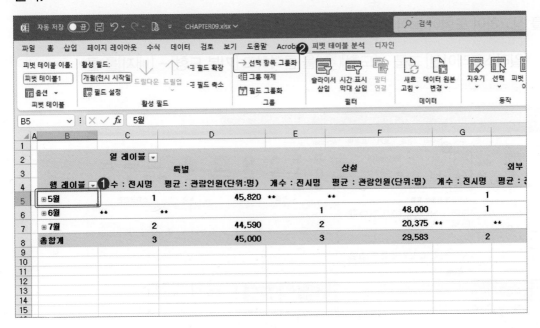

④ [그룹화] 대화상자에서 단위에 '일'과 '월'이 선택되어 있으므로 '월'만 설정하고 [확인]을 클릭한다.

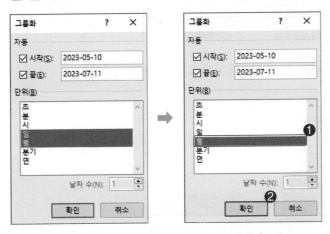

① 출력형태를 참고하여 도형이 들어갈 1~3행 높이를 적당히 조절한다.

② [삽입] 탭 – [일러스트레이션] 그룹 – [도형](⬭)을 클릭하고 [기본 도형] – [배지]를 클릭한다.

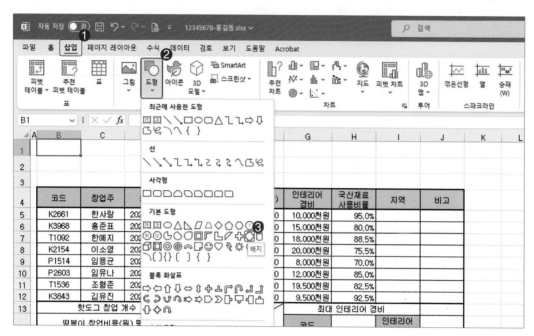

③ 마우스 포인터 모양이 +가 된 상태에서 「B1」 셀부터 「G3」 셀까지 드래그하여 도형을 그린다.

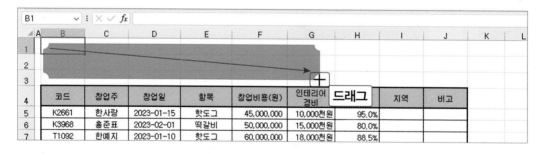

④ 도형에 『프랜차이즈 창업 현황』을 입력한다.

| | A | B | C | D | E | F | G | H | I | J | K | L |
|---|---|---|---|---|---|---|---|---|---|---|---|---|
| 1 | | 프랜차이즈 창업 현황 | | | | | | | | | | |
| 2 | | | | 입력 | | | | | | | | |
| 3 | | | | | | | | | | | | |
| 4 | | 코드 | 창업주 | 창업일 | 항목 | 창업비용(원) | 인테리어 경비 | 국산재료 사용비율 | 지역 | 비고 | | |
| 5 | | K2661 | 한사랑 | 2023-01-15 | 핫도그 | 45,000,000 | 10,000천원 | 95.0% | | | | |
| 6 | | K3968 | 홍준표 | 2023-02-01 | 떡갈비 | 50,000,000 | 15,000천원 | 80.0% | | | | |
| 7 | | T1092 | 한예지 | 2023-01-10 | 핫도그 | 60,000,000 | 18,000천원 | 88.5% | | | | |

⑤ 「G5」셀을 클릭하고 가장자리에 마우스 포인터를 위치한다.
　→ 마우스 포인터가 변경되면 C 열 앞으로 드래그하여 이동시킨다.

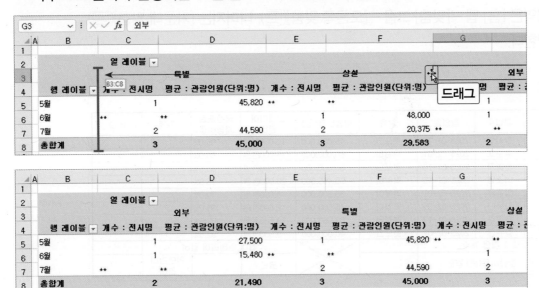

⑥ **로 표시된 셀들은 [홈] 탭 – [맞춤] 그룹 – [가운데 맞춤](≡)을 클릭한다.

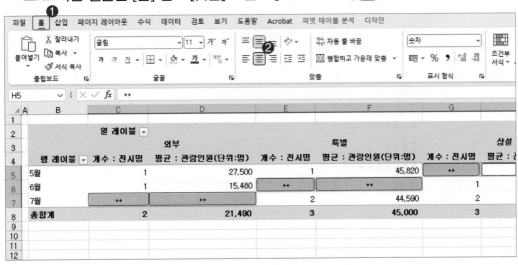

⑦ 「C2」셀에 『전시구분』, 「B4」셀에 『전시 시작일』을 직접 입력한다.

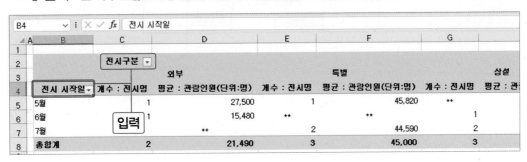

⑩ 행과 열의 머리글 경계선(✛)(✛)을 마우스 드래그하여 행 높이와 열 너비를 조절한다.

→ 숫자 영역은 [홈] 탭 – [맞춤] 그룹 – [오른쪽 맞춤](▤), 나머지는 [가운데 맞춤](▤)을 설정한다.

| 코드 | 창업주 | 창업일 | 항목 | 창업비용(원) | 인테리어 경비 | 국산재료 사용비율 | 지역 | 비고 |
|---|---|---|---|---|---|---|---|---|
| K2661 | 한사랑 | 2023-01-15 | 핫도그 | 45,000,000 | 10,000천원 | 95.0% | | |
| K3968 | 홍준표 | 2023-02-01 | 떡갈비 | 50,000,000 | 15,000천원 | 80.0% | | |
| T1092 | 한예지 | 2023-01-10 | 핫도그 | 60,000,000 | 18,000천원 | 88.5% | | |
| K2154 | 이소영 | 2023-01-15 | 떡갈비 | 55,455,500 | 20,000천원 | 75.5% | | |
| P1514 | 임용균 | 2023-02-01 | 떡볶이 | 38,500,000 | 8,000천원 | 70.0% | | |
| P2603 | 임유나 | 2023-02-05 | 떡볶이 | 45,500,000 | 12,000천원 | 85.0% | | |
| T1536 | 조형준 | 2023-01-17 | 떡갈비 | 62,550,000 | 19,500천원 | 82.5% | | |
| K3843 | 김유진 | 2023-02-01 | 핫도그 | 40,000,000 | 9,500천원 | 92.5% | | |
| 핫도그 창업 개수 | | | | | 최대 인테리어 경비 | | | |
| 떡볶이 창업비용(원) 평균 | | | | | 코드 | | 인테리어 경비 | |

⑪ 「B4:J4」, 「G14」, 「I14」 셀에 [홈] 탭 – [글꼴] 그룹 – [채우기 색](▣▾)에서 '주황'을 설정한다.

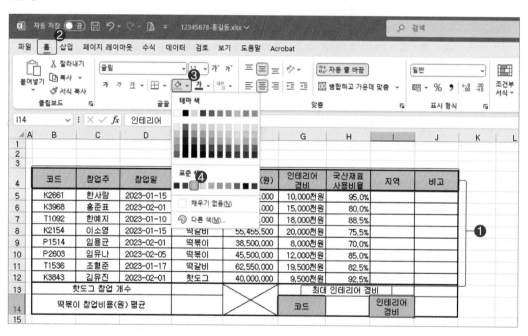

"제1작업" 시트를 이용하여 "제3작업" 시트에 조건에 따라 ≪출력형태≫와 같이 작업하시오.

| 조건 | (1) 1박요금(원) 및 종류별 숙소명의 개수와 예약인원의 평균을 구하시오.<br>(2) 1박요금(원)을 그룹화하고, 종류를 ≪출력형태≫와 같이 정렬하시오.<br>(3) 레이블이 있는 셀 병합 및 가운데 맞춤 적용과 빈 셀은 '***'로 표시하시오.<br>(4) 행의 총합계는 지우고, 나머지 사항은 ≪출력형태≫에 맞게 작성하시오. |
|---|---|

출력형태

| 1박요금(원) | 종류 | | | | | | |
|---|---|---|---|---|---|---|---|
| | 호텔 | | 펜션 | | 리조트 | | |
| | 개수:숙소명 | 평균:예약인원 | 개수:숙소명 | 평균:예약인원 | 개수:숙소명 | 평균:예약인원 | |
| 70001-95000 | *** | *** | 1 | 6 | 1 | 4 | |
| 95001-120000 | 3 | 3 | 1 | 5 | *** | *** | |
| 120001-145000 | *** | *** | *** | *** | 2 | 3 | |
| 총합계 | 3 | 3 | 2 | 6 | 3 | 3 | |

⑦ 「B4:J4」 영역을 블록 설정한다.

→ Ctrl 을 누른 채 「B5:J12」, 「B13:J14」 영역을 각각 블록 설정한다.

→ [홈] 탭 – [글꼴] 그룹 – [테두리]에서 [모든 테두리](⊞), [굵은 바깥쪽 테두리](▦)
　를 클릭한다.

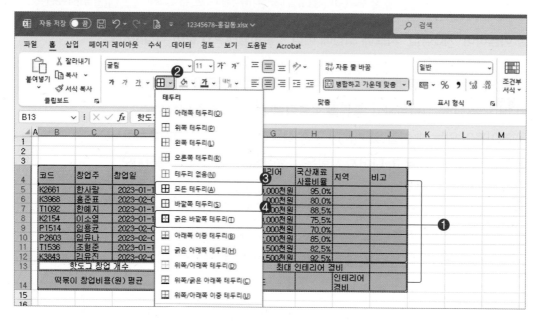

⑧ 「F13:F14」 영역을 클릭한다.

→ [테두리]에서 [다른 테두리](⊞)를 클릭하면 [셀 서식] 대화상자가 나타난다.

⑨ 선 스타일에서 [가는 실선](═══)을 클릭한다.

→ 두 개의 [대각선](⟋)(⟍)을 각각 클릭하고 [확인]을 클릭한다.

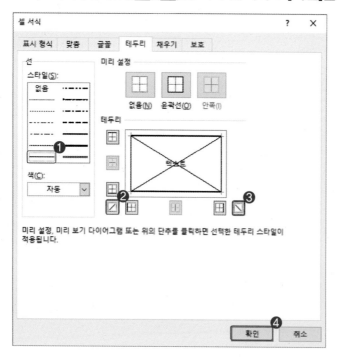

# 제4작업
# 그래프

배점 **100점** | A등급 목표점수 **80점**

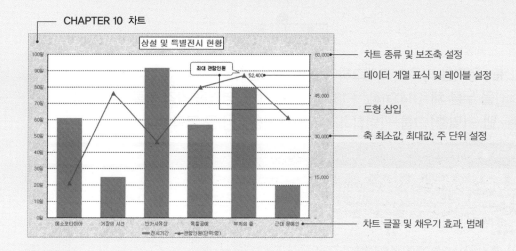

CHAPTER 10 차트

차트 종류 및 보조축 설정

데이터 계열 표식 및 레이블 설정

도형 삽입

축 최소값, 최대값, 주 단위 설정

차트 글꼴 및 채우기 효과, 범례

## 출제포인트

차트 종류와 데이터 범위 파악 · 글꼴과 채우기 · 범례의 위치 및 수정 · 축 최소값, 최대값, 주 단위 설정 · 데이터 계열
표식 및 레이블 설정 · 도형 삽입

## 출제기준

엑셀 내에서의 차트 작성능력을 평가하는 문항입니다.

## A등급 TIP

제4작업 역시 제1작업의 데이터를 기반으로 합니다. 차트에 사용될 제1작업의 데이터는 출력형태를 보고 직접 판단해
야 합니다. 출력형태와 조건을 충실하게 따르며 꼼꼼히 작업하고, 풀이를 마친 후 출력형태와 비교해 보며 검토하는 것
도 잊지 마세요.

⑤ '창업비용(원)'이 입력된 「F5:F12」 영역을 블록 설정 후 [셀 서식](▦)을 연다.

　→ [셀 서식] 대화상자 – [표시 형식] 탭에서 범주 '회계', 기호 '없음'을 설정한다.

⑥ 「B13:D13」 영역을 마우스 드래그하여 블록 설정한다.

　→ Ctrl 을 누른 채 「B14:D14」, 「F13:F14」, 「G13:I13」 영역을 각각 블록 설정한다.

　→ [홈] 탭 – [맞춤] 그룹 – [병합하고 가운데 맞춤](▦)을 클릭한다.

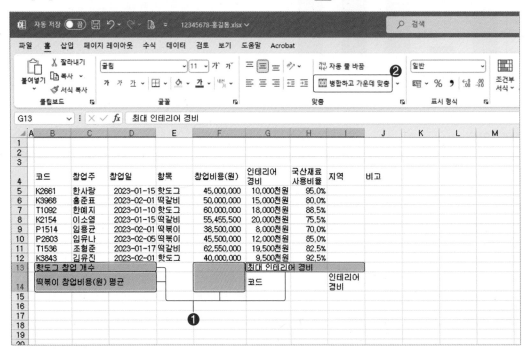

# 차트

난 이 도  상 ⟨중⟩ 하
반복학습 ①②③

| 문제파일 | PART 01 시험 유형 따라하기\CHAPTER10.xlsx |
|---|---|
| 정답파일 | PART 01 시험 유형 따라하기\CHAPTER10_정답.xlsx |

▶ 합격 강의

---

**문제보기**

**"제1작업" 시트를 이용하여 조건에 따라 ≪출력형태≫와 같이 작업하시오.**

출력형태

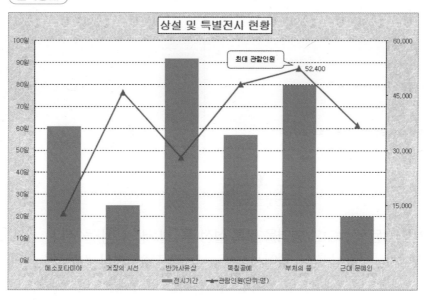

조건

(1) 차트 종류 ⇒ 〈묶은 세로 막대형〉으로 작업하시오.

(2) 데이터 범위 ⇒ "제1작업" 시트의 내용을 이용하여 작업하시오.

(3) 위치 ⇒ "새 시트"로 이동하고, "제4작업"으로 시트 이름을 바꾸시오.

(4) 차트 디자인 도구 ⇒ 레이아웃 3, 스타일 1을 선택하여 ≪출력형태≫에 맞게 작업하시오.

(5) 영역 서식 ⇒ 차트 : 글꼴(굴림, 11pt), 채우기 효과(질감 – 파랑 박엽지)

　　　　　　　그림 : 채우기(흰색, 배경1)

(6) 제목 서식 ⇒ 차트 제목 : 글꼴(굴림, 굵게, 20pt), 채우기(흰색, 배경1), 테두리

(7) 서식 ⇒ 관람인원(단위:명) 계열의 차트 종류를 〈표식이 있는 꺾은선형〉으로 변경한 후 보조 축

　　　　　　으로 지정하시오.

　　　　　　계열 : ≪출력형태≫를 참조하여 표식(세모, 크기 10)과 레이블 값을 표시하시오.

　　　　　　눈금선 : 선 스타일 – 파선

　　　　　　축 : ≪출력형태≫를 참조하시오.

(8) 범례 ⇒ 범례명을 변경하고 ≪출력형태≫를 참조하시오.

(9) 도형 ⇒ '모서리가 둥근 사각형 설명선'을 삽입한 후 ≪출력형태≫와 같이 내용을 입력하시오.

(10) 나머지 사항은 ≪출력형태≫에 맞게 작성하시오.

③ '국산재료 사용비율'에 대한 셀 서식을 지정하기 위해 「H5:H12」 영역을 블록 설정
한다.
→ 마우스 오른쪽 클릭하여 [셀 서식]( )을 클릭한다.
→ [셀 서식] 대화상자 – [표시 형식] 탭에서 범주 '백분율', 소수 자릿수 '1'을 설정한다.

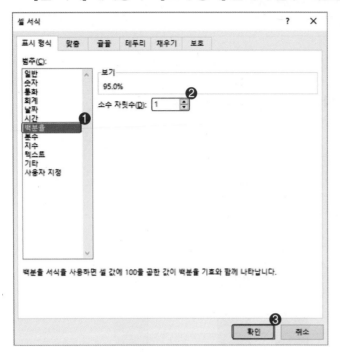

④ '인테리어 경비'가 입력된 「G5:G12」 영역을 블록 설정 후 [셀 서식]( )을 연다.
→ [셀 서식] 대화상자 – [표시 형식] 탭에서 범주 '사용자 지정', 형식 '#,##0'을 선택
한다.
→ 『"천원"』을 추가로 입력한 후 [확인]을 클릭한다.

① "제1작업" 시트의 「C4:C5」 영역을 블록 설정한다.
→ Ctrl 을 누른 채 「C7」, 「C9:C12」, 「G4:G5」, 「G7」, 「G9:G12」, 「H4:H5」, 「H7」, 「H9:H12」 영역을 블록 설정한다.

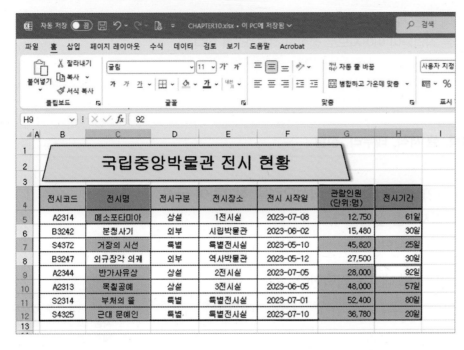

② [삽입] 탭 – [차트] 그룹 – [2차원 묶은 세로 막대형](📊)을 클릭한다.

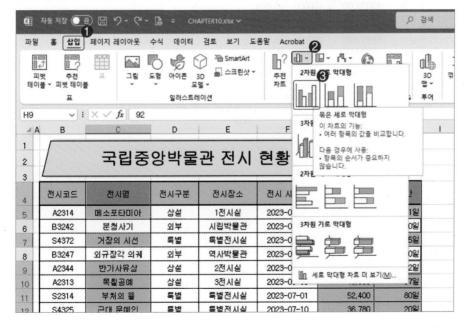

정답파일 PART 02 대표 기출 따라하기₩대표기출02회_정답.xlsx

## 제 1 작업 | 표 서식 작성 및 값 계산 | 240점

제1작업은 표를 작성하고 조건에 따른 서식 변환 및 함수 사용 능력을 평가한다.
제1작업 데이터를 기반으로 다른 작업들이 이어지므로 정확히 작성하도록 한다.

## SECTION 01 | 데이터 입력, 셀 서식, 테두리, 정렬

① 본 도서 [PART 01 – CHAPTER 01]의 답안 작성요령을 참고하여 글꼴 '굴림', 크기 '11'로 하고, 작업시트를 설정한다.
→ "수험번호−성명.xlsx"으로 저장한다.

② "제1작업" 시트에 ≪출력형태≫의 내용을 입력한다.

> **기적의 TIP**
>
> 숫자 뒤에 %를 입력하면 자동으로 서식이 백분율 형태가 된다.

| | A | B | C | D | E | F | G | H | I | J |
|---|---|---|---|---|---|---|---|---|---|---|
| 1 | | | | | | | | | | |
| 2 | | | | | | | | | | |
| 3 | | | | | | | | | | |
| 4 | | 코드 | 창업주 | 창업일 | 항목 | 창업비용(원 | 인테리어 경비 | 국산재료 사용비율 | 지역 | 비고 |
| 5 | | K2661 | 한사랑 | 2023-01-15 | 핫도그 | 45000000 | 10000 | 95.00% | | |
| 6 | | K3968 | 홍준표 | 2023-02-01 | 떡갈비 | 50000000 | 15000 | 80.00% | | |
| 7 | | T1092 | 한예지 | 2023-01-10 | 핫도그 | 60000000 | 18000 | 88.50% | | |
| 8 | | K2154 | 이소영 | 2023-01-15 | 떡갈비 | 55455500 | 20000 | 75.50% | | |
| 9 | | P1514 | 임용균 | 2023-02-01 | 떡볶이 | 38500000 | 8000 | 70.00% | | |
| 10 | | P2603 | 임유나 | 2023-02-05 | 떡볶이 | 45500000 | 12000 | 85.00% | | |
| 11 | | T1536 | 조형준 | 2023-01-17 | 떡갈비 | 62550000 | 19500 | 82.50% | | |
| 12 | | K3843 | 김유진 | 2023-02-01 | 핫도그 | 40000000 | 9500 | 92.50% | | |
| 13 | | 핫도그 창업 개수 | | | | | 최대 인테리어 경비 | | | |
| 14 | | 떡볶이 창업비용(원) 평균 | | | | | 코드 | | 인테리어 경비 | |

③ [차트 디자인] 탭 – [위치] 그룹 – [차트 이동]((⊞)을 클릭한다.

　→ [차트 이동] 대화상자에서 '새 시트'를 선택하고 『제4작업』을 입력한 후 [확인]을 클릭한다.

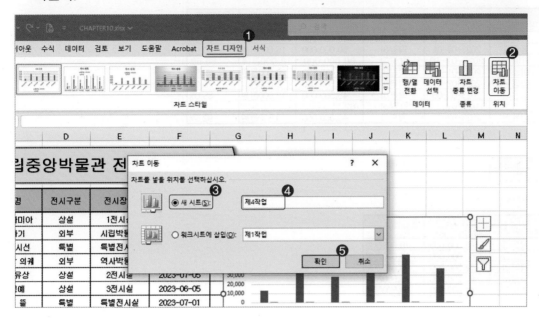

④ "제4작업" 시트를 마우스 드래그하여 제일 끝으로 이동한다.

---

SECTION 02 | 차트 디자인, 영역 서식, 제목 서식

① [차트 디자인] 탭 – [빠른 레이아웃]([⊞]) – [레이아웃 3]([⊞])을 클릭한다.

　→ [차트 스타일] 그룹 – [스타일 1]을 클릭한다.

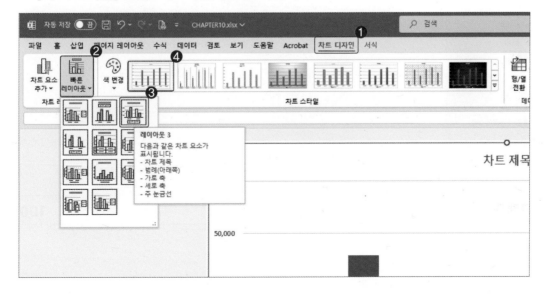

| | 코드 | 창업주 | 창업일 | 항목 | 창업비용(원) | 인테리어 경비 | 국산재료 사용비율 |
|---|---|---|---|---|---|---|---|
| | K2661 | 한사랑 | 2023-01-15 | 핫도그 | 45,000,000 | 10,000천원 | 95.0% |
| | K3968 | 홍준표 | 2023-02-01 | 떡갈비 | 50,000,000 | 15,000천원 | 80.0% |
| | T1092 | 한예지 | 2023-01-10 | 핫도그 | 60,000,000 | 18,000천원 | 88.5% |
| | K2154 | 이소영 | 2023-01-15 | 떡갈비 | 55,455,500 | 20,000천원 | 75.5% |
| | P1514 | 임용균 | 2023-02-01 | 떡볶이 | 38,500,000 | 8,000천원 | 70.0% |
| | P2603 | 임유나 | 2023-02-05 | 떡볶이 | 45,500,000 | 12,000천원 | 85.0% |
| | T1536 | 조형준 | 2023-01-17 | 떡갈비 | 62,550,000 | 19,500천원 | 82.5% |
| | K3843 | 김유진 | 2023-02-01 | 핫도그 | 40,000,000 | 9,500천원 | 92.5% |

| 코드 | 인테리어 경비 |
|---|---|
| T* | |
| | <=10000 |

| 코드 | 항목 | 창업비용(원) | 인테리어 경비 |
|---|---|---|---|
| K2661 | 핫도그 | 45,000,000 | 10,000천원 |
| T1092 | 핫도그 | 60,000,000 | 18,000천원 |
| P1514 | 떡볶이 | 38,500,000 | 8,000천원 |
| T1536 | 떡갈비 | 62,550,000 | 19,500천원 |
| K3843 | 핫도그 | 40,000,000 | 9,500천원 |

≪출력형태≫를 참고

② 차트 영역을 선택하고 [홈] 탭 – [글꼴] 그룹에서 글꼴 '굴림', 크기 '11'을 설정한다.

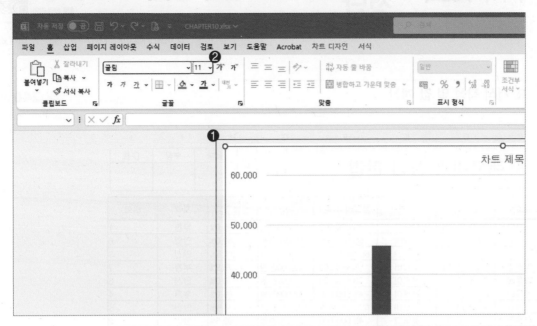

③ [서식] 탭 – [현재 선택 영역] 그룹 – [선택 영역 서식](✍)을 클릭한다.

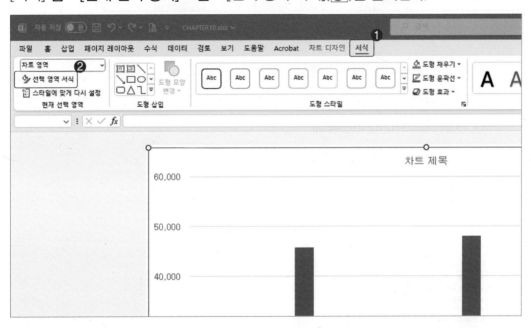

정답파일 PART 02 대표 기출 따라하기₩대표기출02회_정답.xlsx

## 제 1 작업  표 서식 작성 및 값 계산                240점

| | A | B | C | D | E | F | G | H | I | J |
|---|---|---|---|---|---|---|---|---|---|---|
| 1 | | 프랜차이즈 창업 현황 | | | | | | 결재 | 담당 | 부장 | 대표 |
| 2 | | | | | | | | | | | |
| 3 | | | | | | | | | | | |
| 4 | | 코드 | 창업주 | 창업일 | 항목 | 창업비용(원) | 인테리어 경비 | 국산재료 사용비율 | 지역 | 비고 |
| 5 | | K2661 | 한사랑 | 2023-01-15 | 핫도그 | 45,000,000 | 10,000천원 | 95.0% | 부천 | 1 |
| 6 | | K3968 | 홍준표 | 2023-02-01 | 떡갈비 | 50,000,000 | 15,000천원 | 80.0% | 안양 | 6 |
| 7 | | T1092 | 한예지 | 2023-01-10 | 핫도그 | 60,000,000 | 18,000천원 | 88.5% | 안산 | 3 |
| 8 | | K2154 | 이소영 | 2023-01-15 | 떡갈비 | 55,455,500 | 20,000천원 | 75.5% | 부천 | 7 |
| 9 | | P1514 | 임용균 | 2023-02-01 | 떡볶이 | 38,500,000 | 8,000천원 | 70.0% | 안산 | 8 |
| 10 | | P2603 | 임유나 | 2023-02-05 | 떡볶이 | 45,500,000 | 12,000천원 | 85.0% | 부천 | 4 |
| 11 | | T1536 | 조형준 | 2023-01-17 | 떡갈비 | 62,550,000 | 19,500천원 | 82.5% | 안산 | 5 |
| 12 | | K3843 | 김유진 | 2023-02-01 | 핫도그 | 40,000,000 | 9,500천원 | 92.5% | 안양 | 2 |
| 13 | | 핫도그 창업 개수 | | | 3개 | | 최대 인테리어 경비 | | | 20,000 |
| 14 | | 떡볶이 창업비용(원) 평균 | | | 42,000,000 | | 코드 | K2661 | 인테리어 경비 | 10,000 |

| 번호 | 기준셀 | 수식 |
|---|---|---|
| (1) | I5 | =CHOOSE(MID(B5,2,1),"안산","부천","안양") |
| (2) | J5 | =RANK.EQ(H5,$H$5:$H$12) |
| (3) | E13 | =DCOUNTA(B4:H12,4,E4:E5)&"개" |
| (4) | E14 | =SUMIF(항목,"떡볶이",F5:F12)/COUNTIF(항목,"떡볶이") |
| (5) | J13 | =MAX(G5:G12) |
| (6) | J14 | =VLOOKUP(H14,B5:G12,6,0) |
| (7) | B5:J12 | |

**(7) 새 서식 규칙 대화상자**

새 서식 규칙                    ? ×

규칙 유형 선택(S):
▶ 셀 값을 기준으로 모든 셀의 서식 지정
▶ 다음을 포함하는 셀만 서식 지정
▶ 상위 또는 하위 값만 서식 지정
▶ 평균보다 크거나 작은 값만 서식 지정
▶ 고유 또는 중복 값만 서식 지정
▶ 수식을 사용하여 서식을 지정할 셀 결정

규칙 설명 편집(E):

다음 수식이 참인 값의 서식 지정(O):
=$F5>=60000000                    ⬆

미리 보기:    가나다AaBbCc    서식(F)...

확인    취소

④ [차트 영역 서식] 사이드바에서 채우기 '그림 또는 질감 채우기'를 선택한다.

　→ [질감]( ▦ ) – [파랑 박엽지]를 설정한다.

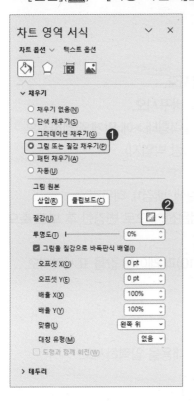

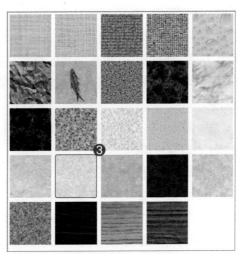

⑤ [서식] 탭 – [현재 선택 영역] 그룹에서 [그림 영역]을 선택한다.

　→ 채우기 '단색 채우기'를 선택하고 [색]( ◇ ) – [흰색, 배경 1]을 설정한다.

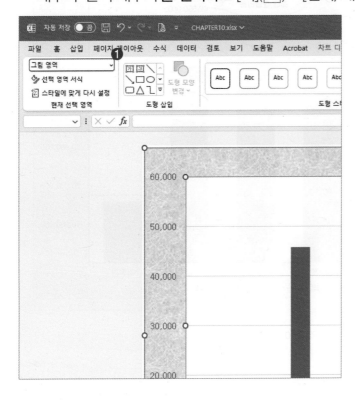

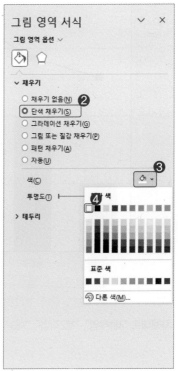

**"제1작업" 시트를 이용하여 조건에 따라 ≪출력형태≫와 같이 작업하시오.**

| 조건 | |
|---|---|
| | (1) 차트 종류 ⇒ 〈묶은 세로 막대형〉으로 작업하시오. |
| | (2) 데이터 범위 ⇒ "제1작업" 시트의 내용을 이용하여 작업하시오. |
| | (3) 위치 ⇒ "새 시트"로 이동하고, "제4작업"으로 시트 이름을 바꾸시오. |
| | (4) 차트 디자인 도구 ⇒ 레이아웃 3, 스타일 1을 선택하여 ≪출력형태≫에 맞게 작업하시오. |
| | (5) 영역 서식 ⇒ 차트 : 글꼴(굴림, 11pt), 채우기 효과(질감 – 파랑 박엽지) |
| | 그림 : 채우기(흰색, 배경1) |
| | (6) 제목 서식 ⇒ 차트 제목 : 글꼴(굴림, 굵게, 20pt), 채우기(흰색, 배경1), 테두리 |
| | (7) 서식 ⇒ 창업비용(원) 계열의 차트 종류를 〈표식이 있는 꺾은선형〉으로 변경한 후 보조 축으로 지정하시오. |
| | 계열 : ≪출력형태≫를 참조하여 표식(네모, 크기 10)과 레이블 값을 표시하시오. |
| | 눈금선 : 선 스타일 – 파선 |
| | 축 : ≪출력형태≫를 참조하시오. |
| | (8) 범례 ⇒ 범례명을 변경하고 ≪출력형태≫를 참조하시오. |
| | (9) 도형 ⇒ '타원형 설명선'을 삽입한 후 ≪출력형태≫와 같이 내용을 입력하시오. |
| | (10) 나머지 사항은 ≪출력형태≫에 맞게 작성하시오. |
| 출력형태 | 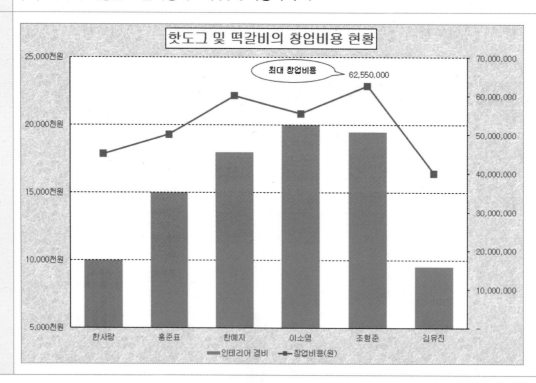 |

**주의** 시트명 순서가 차례대로 "제1작업", "제2작업", "제3작업", "제4작업"이 되도록 할 것

⑥ 차트 제목에 『상설 및 특별전시 현황』을 입력한다.
→ 글꼴 '굴림', 크기 '20', [굵게] 설정한다.

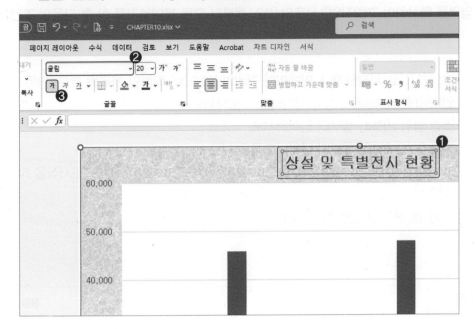

⑦ [서식] 탭 – [도형 스타일] 그룹 – [도형 채우기](⟨⟩)를 클릭하고 '흰색, 배경 1'을 설정한다.
→ [도형 윤곽선](⟨⟩)을 클릭하고 '검정'을 설정한다.

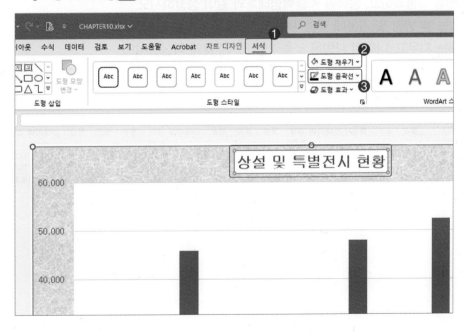

"제1작업" 시트의 「B4:H12」 영역을 복사하여 "제2작업" 시트의 「B2」 셀부터 모두 붙여넣기를 한 후 다음의 조건과 같이 작업하시오.

| 조건 | (1) 고급 필터 – 코드가 'T'로 시작하거나, 인테리어 경비가 '10,000' 이하인 자료의 코드, 항목, 창업비용(원), 인테리어 경비 데이터만 추출하시오.<br>　　　– 조건 범위 : 「B14」 셀부터 입력하시오.<br>　　　– 복사 위치 : 「B18」 셀부터 나타나도록 하시오.<br>(2) 표 서식 – 고급필터의 결과셀을 채우기 없음으로 설정한 후 '표 스타일 보통 6'의 서식을 적용하시오.<br>　　　– 머리글 행, 줄무늬 행을 적용하시오. |
| --- | --- |

"제1작업" 시트를 이용하여 "제3작업" 시트에 조건에 따라 ≪출력형태≫와 같이 작업하시오.

| 조건 | (1) 창업비용(원) 및 항목의 코드의 개수와 인테리어 경비의 평균을 구하시오.<br>(2) 창업비용(원)을 그룹화하고, 항목을 ≪출력형태≫와 같이 정렬하시오.<br>(3) 레이블이 있는 셀 병합 및 가운데 맞춤 적용 및 빈 셀은 '**'로 표시하시오.<br>(4) 행의 총합계는 지우고, 나머지 사항은 ≪출력형태≫에 맞게 작성하시오. |
| --- | --- |
| 출력형태 | 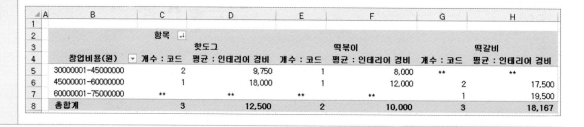 |

| 창업비용(원) | 개수 : 코드 | 평균 : 인테리어 경비 | 개수 : 코드 | 평균 : 인테리어 경비 | 개수 : 코드 | 평균 : 인테리어 경비 |
| --- | --- | --- | --- | --- | --- | --- |
| | 핫도그 | | 떡볶이 | | 떡갈비 | |
| 30000001-45000000 | 2 | 9,750 | 1 | 8,000 | ** | ** |
| 45000001-60000000 | 1 | 18,000 | 1 | 12,000 | 2 | 17,500 |
| 60000001-75000000 | ** | ** | ** | ** | 1 | 19,500 |
| 총합계 | 3 | 12,500 | 2 | 10,000 | 3 | 18,167 |

① [차트 디자인] 탭 – [차트 종류 변경]( )을 클릭한다.

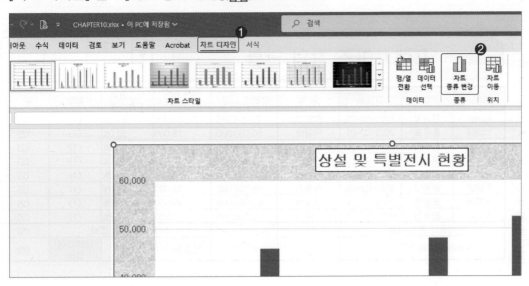

② [차트 종류 변경] 대화상자에서 '혼합'을 클릭한다.

　→ 관람인원(단위:명)의 차트 종류를 '표식이 있는 꺾은선형'으로 설정하고 '보조 축'
　　에 체크한다.

　→ 전시기간의 차트 종류를 '묶은 세로 막대형'으로 설정한다.

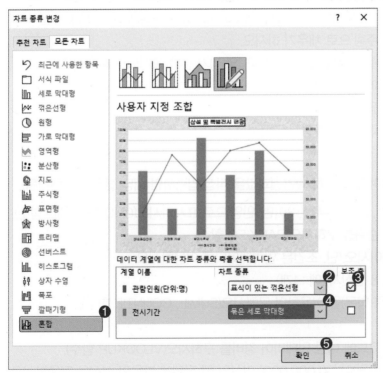

다음은 '프랜차이즈 창업 현황'에 대한 자료이다. 자료를 입력하고 조건에 맞도록 작업하시오.

| 출력형태 | | | | | | | | | | |
|---|---|---|---|---|---|---|---|---|---|---|

**프랜차이즈 창업 현황**

| | | | | 결재 | 담당 | 부장 | 대표 |
|---|---|---|---|---|---|---|---|

| 코드 | 창업주 | 창업일 | 항목 | 창업비용(원) | 인테리어 경비 | 국산재료 사용비율 | 지역 | 비고 |
|---|---|---|---|---|---|---|---|---|
| K2661 | 한사람 | 2023-01-15 | 핫도그 | 45,000,000 | 10,000 | 95.0% | (1) | (2) |
| K3968 | 홍준표 | 2023-02-01 | 떡갈비 | 50,000,000 | 15,000 | 80.0% | (1) | (2) |
| T1092 | 한예지 | 2023-01-10 | 핫도그 | 60,000,000 | 18,000 | 88.5% | (1) | (2) |
| K2154 | 이소영 | 2023-01-15 | 떡갈비 | 55,455,500 | 20,000 | 75.5% | (1) | (2) |
| P1514 | 임용균 | 2023-02-01 | 떡볶이 | 38,500,000 | 8,000 | 70.0% | (1) | (2) |
| P2603 | 임유나 | 2023-02-05 | 떡볶이 | 45,500,000 | 12,000 | 85.0% | (1) | (2) |
| T1536 | 조형준 | 2023-01-17 | 떡갈비 | 62,550,000 | 19,500 | 82.5% | (1) | (2) |
| K3843 | 김유진 | 2023-02-01 | 핫도그 | 40,000,000 | 9,500 | 92.5% | (1) | (2) |
| 핫도그 창업 개수 | | | (3) | | 최대 인테리어 경비 | | | (5) |
| 떡볶이 창업비용(원) 평균 | | | (4) | | 코드 | K2661 | 인테리어 경비 | (6) |

**조건**

- 모든 데이터의 서식에는 글꼴(굴림, 11pt), 정렬은 숫자 및 회계 서식은 오른쪽 정렬, 나머지 서식은 가운데 정렬로 작성하며 예외적인 것은 ≪출력형태≫를 참조하시오.
- 제목 ⇒ 도형(배지)과 그림자(오프셋 오른쪽 아래)를 이용하여 작성하고 "프랜차이즈 창업 현황"을 입력한 후 다음 서식을 적용하시오
  (글꼴 – 굴림, 24pt, 검정, 굵게, 채우기 – 노랑).
- 임의의 셀에 결재란을 작성하여 그림으로 복사 기능을 이용하여 붙이기 하시오(단, 원본 삭제).
- 「B4:J4, I14」 영역은 '주황'으로 채우기 하시오.
- 유효성 검사를 이용하여 「H14」 셀에 코드(「B5:B12」 영역)가 선택 표시되도록 하시오.
- 셀 서식 ⇒ 「G5:G12」 영역에 셀 서식을 이용하여 숫자 뒤에 '천원'을 표시하시오
  (예 : 10,000천원).
- 「E5:E12」 영역에 대해 '항목'으로 이름정의를 하시오.

(1)~(6) 셀은 반드시 주어진 함수를 이용하여 값을 구하시오(결과값을 직접 입력하면 해당 셀은 0점 처리됨).

(1) 지역 ⇒ 코드의 두 번째 값이 1이면 '안산', 2이면 '부천', 3이면 '안양'으로 표시하시오(CHOOSE, MID 함수).

(2) 비고 ⇒ 국산재료 사용비율의 내림차순 순위를 구하시오(RANK.EQ 함수).

(3) 핫도그 창업 개수 ⇒ 결과값에 '개'를 붙이시오. 단, 조건은 입력데이터를 이용하시오
  (DCOUNTA 함수, & 연산자)(예 : 1개).

(4) 떡볶이 창업비용(원) 평균 ⇒ 정의된 이름(항목)을 이용하여 구하시오(SUMIF, COUNTIF 함수).

(5) 최대 인테리어 경비 ⇒ (MAX 함수)

(6) 인테리어 경비 ⇒ 「H14」 셀에서 선택한 코드에 대한 인테리어 경비를 구하시오(VLOOKUP 함수).

(7) 조건부 서식의 수식을 이용하여 창업비용(원)이 '60,000,000' 이상인 행 전체에 다음의 서식을 적용하시오
  (글꼴 : 파랑, 굵게).

① 관람인원(단위:명) 계열을 선택한다.

→ 마우스 오른쪽 클릭하고 [데이터 계열 서식]을 클릭한다.

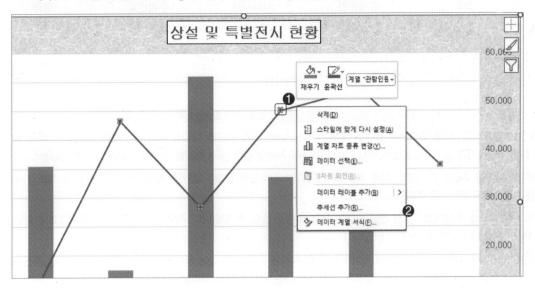

② [채우기 및 선](◇) – 표식(✕) – 표식 옵션을 클릭한다.

→ 형식 '세모', 크기 '10'을 설정한다.

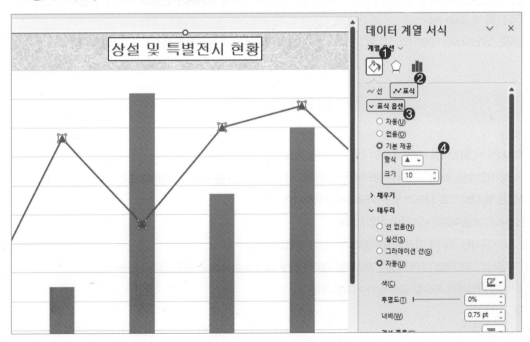

| 과목 | 코드 | 문제유형 | 시험시간 | 수험번호 | 성명 |
|---|---|---|---|---|---|
| 한글엑셀 | 1122 | A | 60분 | | |

## 수험자 유의사항

- 수험자는 문제지를 받는 즉시 문제지와 **수험표상의 시험과목(프로그램)이 동일한지 반드시 확인**하여야 합니다.
- 파일명은 본인의 "수험번호–성명"으로 입력하여 답안폴더(내 PC₩문서₩ITQ)에 하나의 파일로 저장해야 하며, 답안문서 파일명이 "수험번호–성명"과 일치하지 않거나, 답안파일을 전송하지 않아 미제출로 처리될 경우 실격 처리합니다(예: 12345678–홍길동.xlsx).
- 답안 작성을 마치면 파일을 저장하고, '답안 전송' 버튼을 선택하여 감독위원 PC로 답안을 전송하십시오. 수험생 정보와 저장한 파일명이 다를 경우 전송되지 않으므로 주의하시기 바랍니다.
- 답안 작성 중에도 **주기적으로 저장하고, '답안 전송'**하여야 문제 발생을 줄일 수 있습니다. 작업한 내용을 저장하지 않고 전송할 경우 이전에 저장된 내용이 전송되니 이점 유의하시기 바랍니다.
- 답안문서는 지정된 경로 외의 다른 보조기억장치에 저장하는 경우, 지정된 시험 시간 외에 작성된 파일을 활용할 경우, 기타 통신수단(이메일, 메신저, 네트워크 등)을 이용하여 타인에게 전달 또는 외부 반출하는 경우는 부정 처리합니다.
- 시험 중 부주의 또는 고의로 시스템을 파손한 경우는 수험자가 변상해야 하며, 〈수험자 유의사항〉에 기재된 방법대로 이행하지 않아 생기는 불이익은 수험생 당사자의 책임임을 알려 드립니다.
- 문제의 조건은 MS오피스 2021 버전으로 설정되어 있으며 MS오피스 2016은 【 】에 표기되어 있습니다. 이와 관련하여 작성한 답안의 출력형태가 문제지와 다를 수 있습니다.
- 시험을 완료한 수험자는 답안파일이 전송되었는지 확인한 후 감독위원의 지시에 따라 문제지를 제출하고 퇴실합니다.

## 답안 작성요령

- 온라인 답안 작성 절차
  수험자 등록 ⇒ 시험 시작 ⇒ 답안파일 저장 ⇒ 답안 전송 ⇒ 시험 종료
- 문제는 총 4단계, 즉 제1작업부터 제4작업까지 구성되어 있으며 반드시 제1작업부터 순서대로 작성하고 조건대로 작업하시오.
- 모든 작업시트의 A열은 열 너비 '1'로, 나머지 열은 적당하게 조절하시오.
- 모든 작업시트의 테두리는 ≪출력형태≫와 같이 작업하시오.
- 해당 작업란에서는 각각 제시된 조건에 따라 ≪출력형태≫와 같이 작업하시오.
- 답안 시트 이름은 "제1작업", "제2작업", "제3작업", "제4작업"이어야 하며 답안 시트 이외의 것은 감점 처리됩니다.
- 각 시트를 파일로 나누어 작업해서 저장할 경우 실격 처리됩니다.

③ 관람인원(단위:명) 계열의 '부처의 뜰' 요소만 두 번 클릭하여 선택한다.

→ [차트 요소 추가]( )–[데이터 레이블]( )–[오른쪽]( )을 클릭한다.

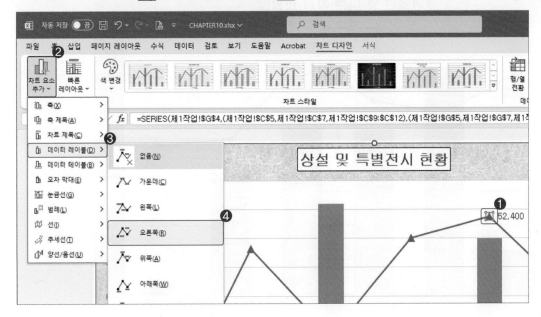

④ 전시기간 계열을 선택한다.

→ 마우스 오른쪽 클릭하고 [데이터 계열 서식]을 클릭한다.

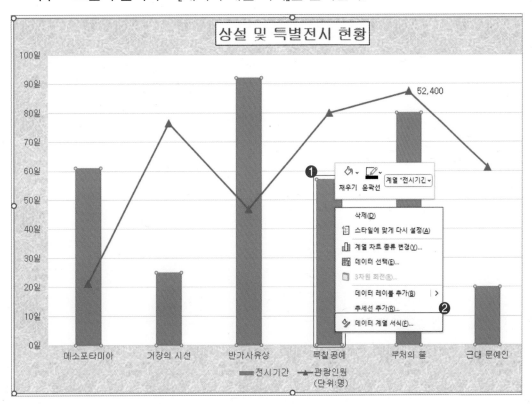

③ 노란색 조절점을 움직여 도형의 모양을 조절한다.

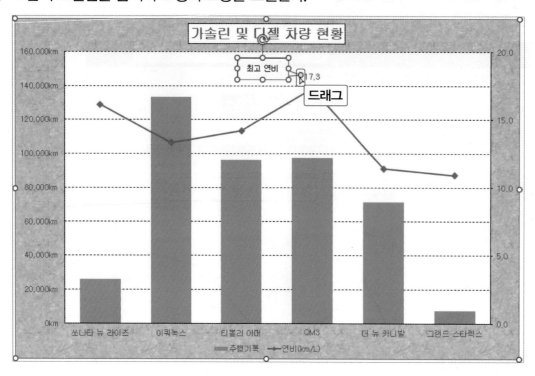

⑤ 간격 너비를 ≪출력형태≫를 참고하여 적당히 조절한다.

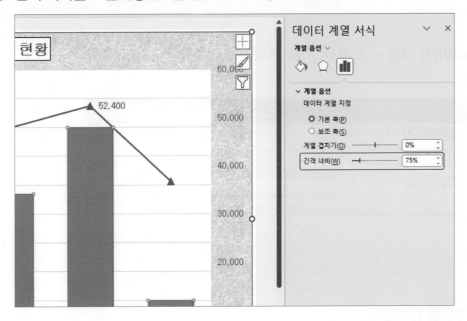

① 눈금선을 선택하여 마우스 오른쪽 클릭하고 [눈금선 서식](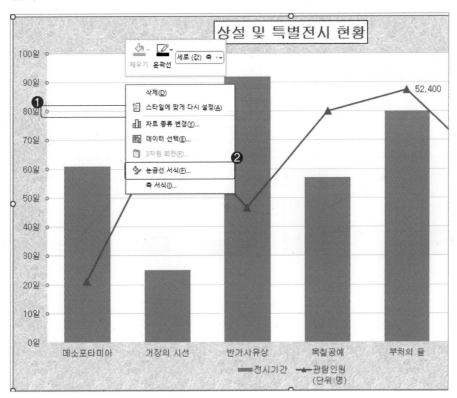)을 클릭
한다.

> **기적의 TIP**
>
> 눈금선을 더블클릭해도 눈금선 서식이 열린다.

① [삽입] 탭 – [일러스트레이션] 그룹 – [도형]( )을 클릭하고 [말풍선: 모서리가 둥근 사각형]을 클릭한다.

② 도형을 그리고 『최고 연비』를 입력한다.

→ [홈] 탭 – [글꼴] 그룹에서 글꼴 '굴림', 크기 '11', [채우기 색]( ) '흰색', [글꼴 색]( ) '검정'을 설정한다.

→ [맞춤] 그룹에서 가로와 세로 모두 [가운데 맞춤]( , )을 클릭한다.

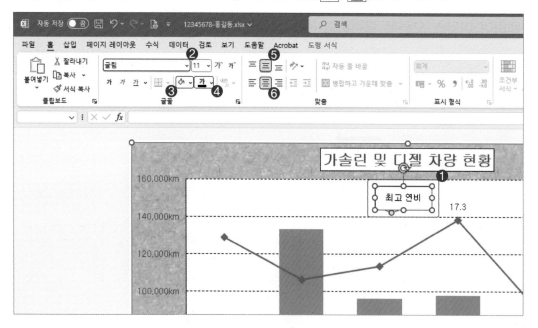

② [주 눈금선 서식] 사이드바에서 선 색 '검정', 대시 종류 '파선'을 설정한다.

**B** 기적의 TIP

문제의 조건에서 선의 색을 지정하지 않았으므로 검정과 같이 적당히 구분되는 색을 설정한다.

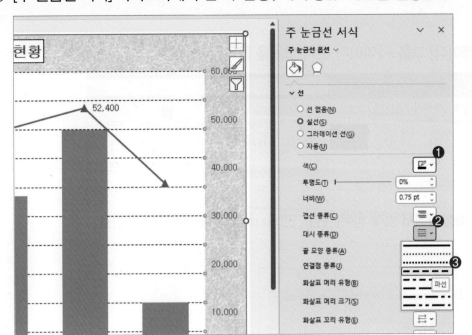

---

### SECTION 06 서식 (축, 데이터 계열)

① 세로 (값) 축을 클릭한다.

→ [서식] 탭 – [도형 스타일] 그룹 – [도형 윤곽선](📝)을 클릭하고 '검정'을 설정한다.

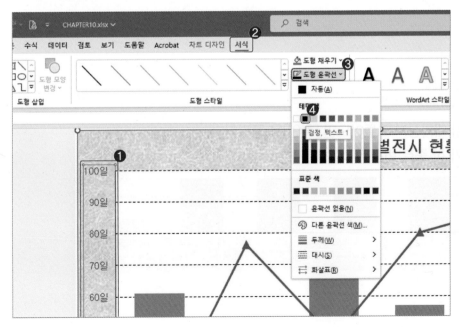

① [차트 디자인] 탭 – [데이터] 그룹 – [데이터 선택](🖳)을 클릭한다.

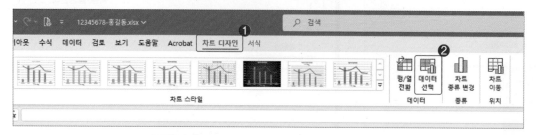

② [데이터 원본 선택] 대화상자에서 범례 항목(계열) '연비(km/L)'를 선택하고 [편집]을 클릭한다.

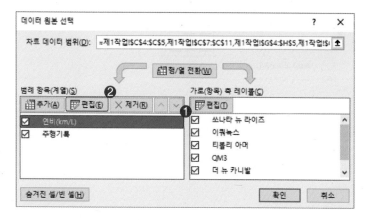

③ [계열 편집] 대화상자에서 계열 이름에 『연비(km/L)』를 입력하고 [확인]을 클릭한다.

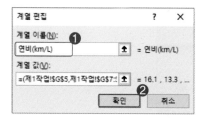

④ 다시 [데이터 원본 선택] 대화상자로 돌아오면 [확인]을 클릭한다.
→ 범례의 연비(km/L)가 한 줄로 변경된 것을 확인한다.

② 보조 세로 (값) 축과 가로 (항목) 축도 [도형 윤곽선](✏️)을 설정한다.

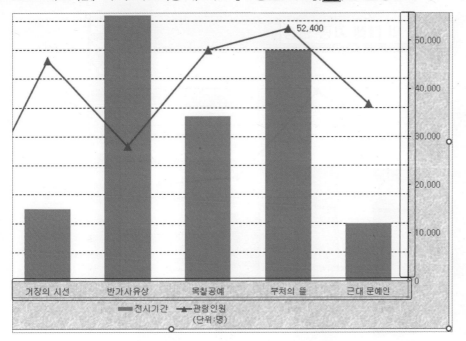

③ 보조 세로 (값) 축을 더블클릭하여 축 서식 사이드바를 연다.

→ 축 옵션 – 단위 '기본'에 『15000』을 입력한다.

→ 표시 형식 – 범주 '회계', 기호 '없음'을 설정한다.

🅑 기적의 TIP

차트 축 표시 형식에서 회계는 0이 –로 표시된다.

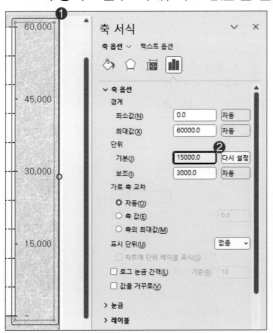

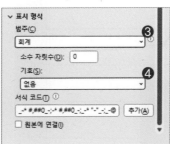

② 보조 세로 (값) 축과 가로 (항목) 축도 [도형 윤곽선](🖊️)을 설정한다.

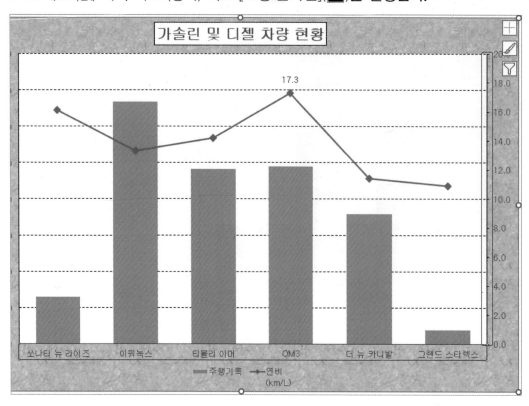

③ 보조 세로 (값) 축을 더블클릭하여 축 서식 사이드바를 연다.

→ 축 옵션 – 단위 '기본'에 『5.0』을 입력한다.

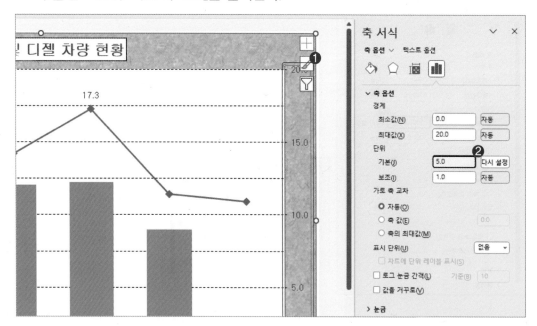

① [차트 디자인] 탭 – [데이터] 그룹 – [데이터 선택](▦)을 클릭한다.

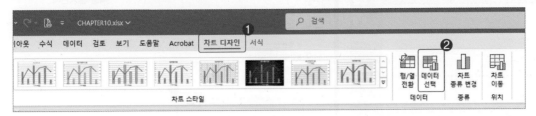

② [데이터 원본 선택] 대화상자에서 범례 항목(계열)에서 '관람인원(단위:명)'을 선택하고 [편집]을 클릭한다.

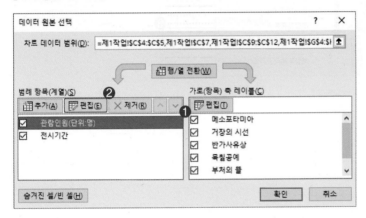

③ [계열 편집] 대화상자에서 계열 이름에 『관람인원(단위:명)』을 입력하고 [확인]을 클릭한다.

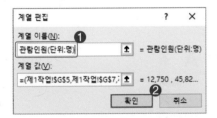

④ 다시 [데이터 원본 선택] 대화상자로 돌아오면 [확인]을 클릭한다.

→ 범례의 관람인원(단위:명)이 한 줄로 변경된 것을 확인한다.

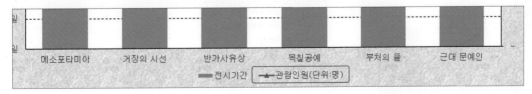

② [주 눈금선 서식] 사이드바에서 선 색 '검정', 대시 종류 '파선'을 설정한다.

🅱 기적의 TIP

문제의 조건에서 선의 색을 지정하지 않았으므로 검정과 같이 적당히 구분되는 색을 설정한다.

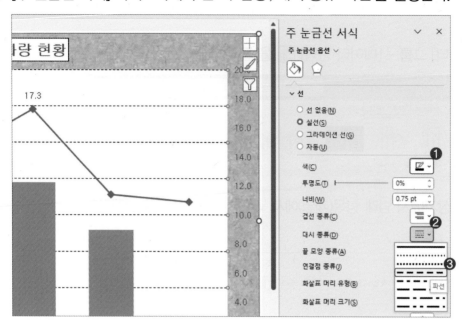

---

**SECTION 06** **서식 (축, 데이터 계열)**

① 세로 (값) 축을 클릭한다.

→ [서식] 탭 – [도형 스타일] 그룹 – [도형 윤곽선](✏️)을 클릭하고 '검정'을 설정한다.

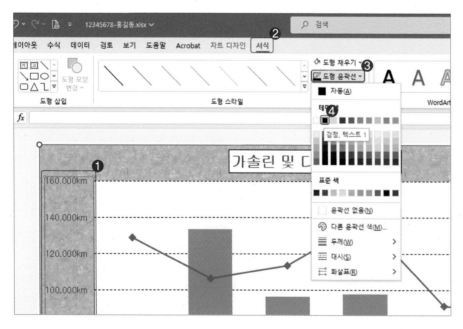

① [삽입] 탭 – [일러스트레이션] 그룹 – [도형](🔾)을 클릭하고 [말풍선: 모서리가 둥근 사각형]을 클릭한다.

② 도형을 그리고 『최대 관람인원』을 입력한다.

→ [홈] 탭 – [글꼴] 그룹에서 글꼴 '굴림', 크기 '11', [채우기 색](🖍) '흰색', [글꼴 색] (🗛) '검정'을 설정한다.

→ [맞춤] 그룹에서 가로와 세로 모두 [가운데 맞춤](☰, ☰)을 클릭한다.

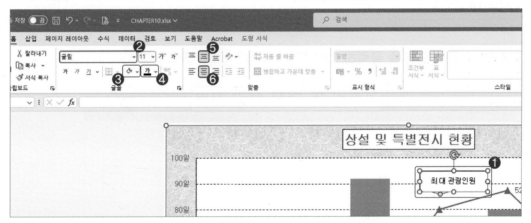

③ 노란색 조절점을 움직여 도형의 모양을 조절한다.

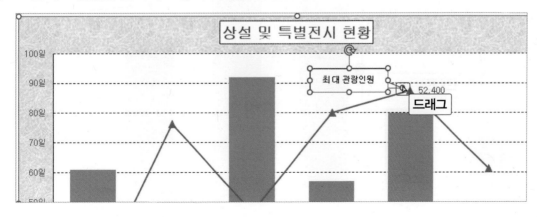

⑤ 간격 너비를 ≪출력형태≫를 참고하여 적당히 조절한다.

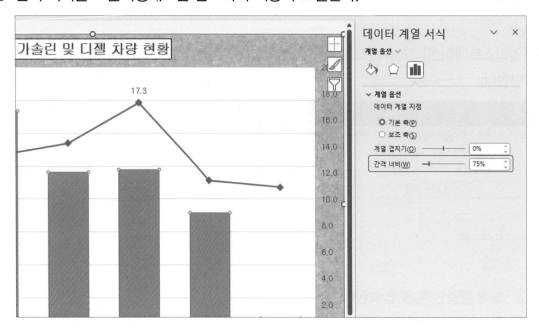

서식 (눈금선)

① 눈금선을 선택하여 마우스 오른쪽 클릭하고 [눈금선 서식](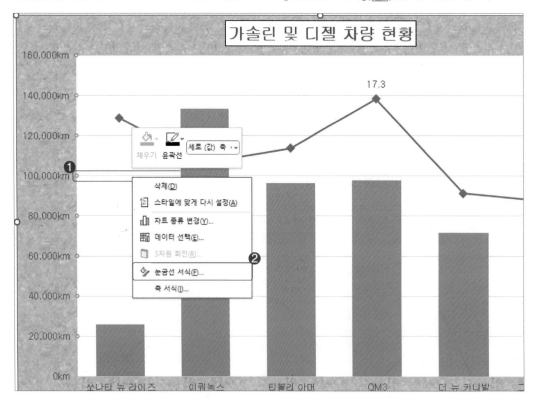)을 클릭한다.

문제유형 ❺-1    문제파일 PART 01 시험 유형 따라하기₩유형5-1번_문제.xlsx    정답파일 유형5-1번_정답.xlsx

**"제1작업" 시트를 이용하여 조건에 따라 ≪출력형태≫와 같이 작업하시오.**

| 조건 | |
|---|---|
| | (1) 차트 종류 ⇒ 〈묶은 세로 막대형〉으로 작업하시오. |
| | (2) 데이터 범위 ⇒ "제1작업" 시트의 내용을 이용하여 작업하시오. |
| | (3) 위치 ⇒ "새 시트"로 이동하고, "제4작업"으로 시트 이름을 바꾸시오. |
| | (4) 차트 디자인 도구 ⇒ 레이아웃 3, 스타일 1을 선택하여 ≪출력형태≫에 맞게 작업하시오. |
| | (5) 영역 서식 ⇒ 차트 : 글꼴(굴림, 11pt), 채우기 효과(질감 – 분홍 박엽지) |
| | 　　　　　　　그림 : 채우기(흰색, 배경1) |
| | (6) 제목 서식 ⇒ 차트 제목 : 글꼴(굴림, 굵게, 20pt), 채우기(흰색, 배경1), 테두리 |
| | (7) 서식 ⇒ 신청인원 계열의 차트 종류를 〈표식이 있는 꺾은선형〉으로 변경한 후 보조 축으로 지정 하시오. |
| | 　　　　계열 : ≪출력형태≫를 참조하여 표식(마름모, 크기 10)과 레이블 값을 표시하시오. |
| | 　　　　눈금선 : 선 스타일 – 파선 |
| | 　　　　축 : ≪출력형태≫를 참조하시오. |
| | (8) 범례 ⇒ 범례명을 변경하고 ≪출력형태≫를 참조하시오. |
| | (9) 도형 ⇒ '말풍선: 모서리가 둥근 사각형'을 삽입한 후 ≪출력형태≫와 같이 내용을 입력하시오. |
| | (10) 나머지 사항은 ≪출력형태≫에 맞게 작성하시오. |

출력형태

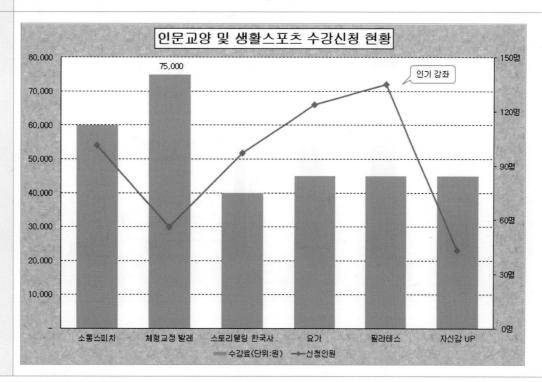

③ 연비(km/L) 계열의 'QM3' 요소만 두 번 클릭하여 선택한다.

  → [차트 요소 추가](🗐) – [데이터 레이블](📊) – [위쪽](📈)을 클릭한다.

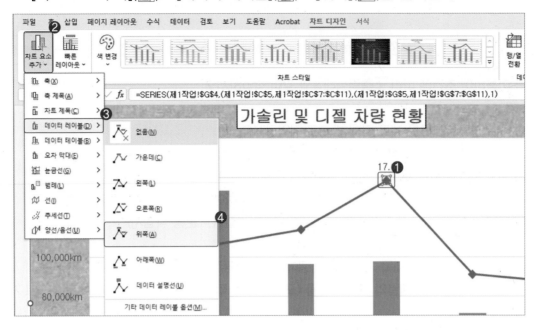

④ 주행기록 계열을 선택한다.

  → 마우스 오른쪽 클릭하고 [데이터 계열 서식]을 클릭한다.

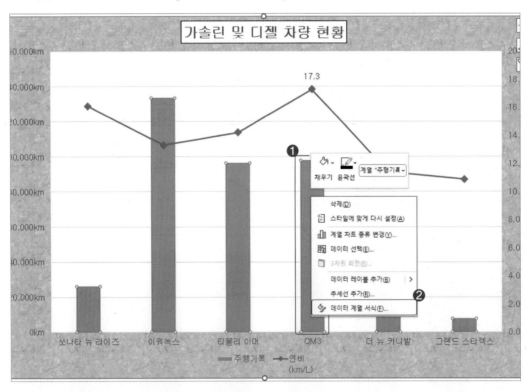

**"제1작업" 시트를 이용하여 조건에 따라 ≪출력형태≫와 같이 작업하시오.**

| 조건 | |
|---|---|
| | (1) 차트 종류 ⇒ 〈묶은 세로 막대형〉으로 작업하시오. |
| | (2) 데이터 범위 ⇒ "제1작업" 시트의 내용을 이용하여 작업하시오. |
| | (3) 위치 ⇒ "새 시트"로 이동하고, "제4작업"으로 시트 이름을 바꾸시오. |
| | (4) 차트 디자인 도구 ⇒ 레이아웃 3, 스타일 1을 선택하여 ≪출력형태≫에 맞게 작업하시오. |
| | (5) 영역 서식 ⇒ 차트 : 글꼴(굴림, 11pt), 채우기 효과(질감 – 파랑 박엽지) |
| | 　　　　　　　　 그림 : 채우기(흰색, 배경1) |
| | (6) 제목 서식 ⇒ 차트 제목 : 글꼴(굴림, 굵게, 20pt), 채우기(흰색, 배경1), 테두리 |
| | (7) 서식 ⇒ 예약인원 계열의 차트 종류를 〈표식이 있는 꺾은선형〉으로 변경한 후 보조 축으로 지정하시오. |
| | 　　　　계열 : ≪출력형태≫를 참조하여 표식(세모, 크기 10)과 레이블 값을 표시하시오. |
| | 　　　　눈금선 : 선 스타일 – 파선 |
| | 　　　　축 : ≪출력형태≫를 참조하시오. |
| | (8) 범례 ⇒ 범례명을 변경하고 ≪출력형태≫를 참조하시오. |
| | (9) 도형 ⇒ '말풍선: 모서리가 둥근 사각형'을 삽입한 후 ≪출력형태≫와 같이 내용을 입력하시오. |
| | (10) 나머지 사항은 ≪출력형태≫에 맞게 작성하시오. |

| 출력형태 | |
|---|---|

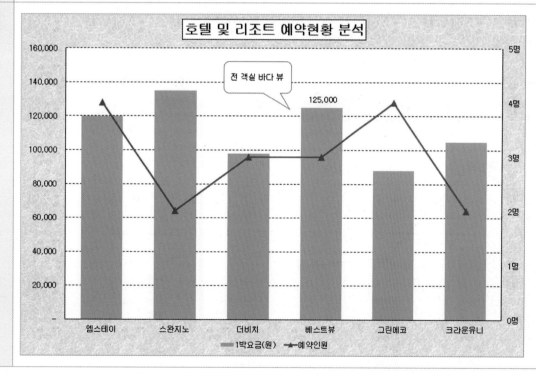

① 연비(km/L) 계열을 선택한다.

　→ 마우스 오른쪽 클릭하고 [데이터 계열 서식]을 클릭한다.

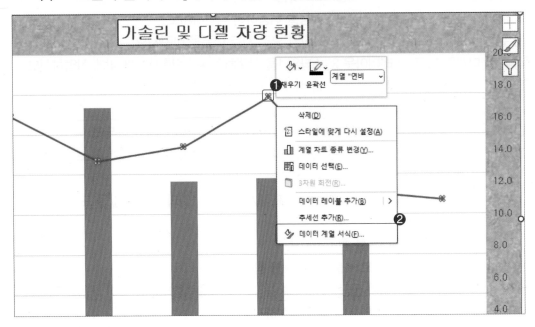

② [채우기 및 선](🖌) – 표식(📈) – 표식 옵션을 클릭한다.

　→ 형식 '마름모', 크기 '10'을 설정한다.

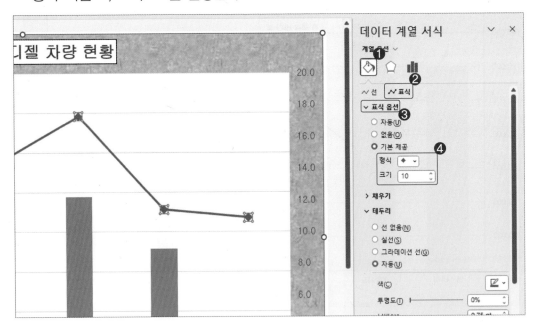

누군가 해내기 전까지는
모든 것이 '불가능한 것'이다.

브루스 웨인(Bruce Wayne), <배트맨> 中

① [차트 디자인] 탭 – [차트 종류 변경](▮▮)을 클릭한다.

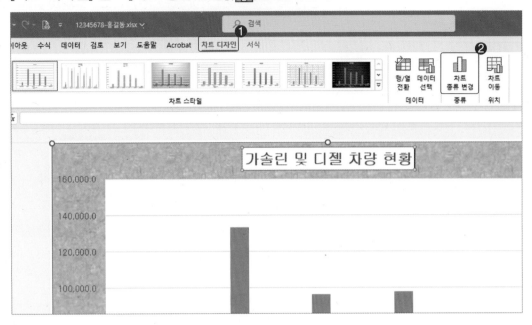

② [차트 종류 변경] 대화상자에서 '혼합'을 클릭한다.

→ 연비(km/L)의 차트 종류를 '표식이 있는 꺾은선형'으로 설정하고 '보조 축'에 체크
한다.

→ 주행기록의 차트 종류를 '묶은 세로 막대형'으로 설정한다.

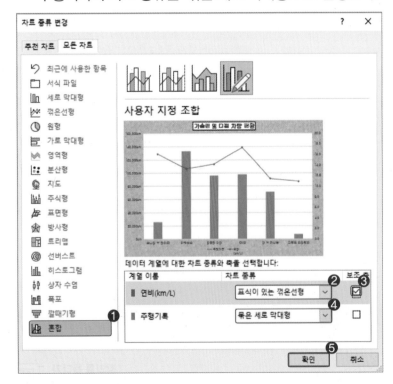

# PART
# 02

# 대표 기출 따라하기

⑥ 차트 제목에 『가솔린 및 디젤 차량 현황』을 입력한다.

→ 글꼴 '굴림', 크기 '20', [굵게] 설정한다.

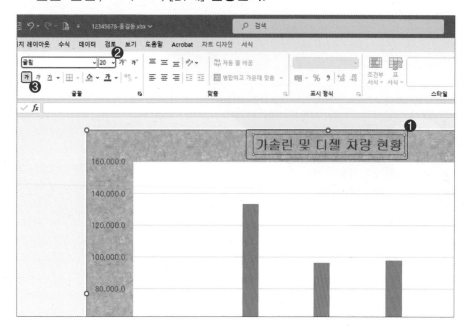

⑦ [서식] 탭 – [도형 스타일] 그룹 – [도형 채우기](🖌)를 클릭하고 '흰색, 배경 1'을 설정한다.

→ [도형 윤곽선](🖉)을 클릭하고 '검정'을 설정한다.

🅑 기적의 TIP

문제의 조건에서 테두리 색을 지정하지 않았으므로 검정과 같이 적당히 구분되는 색을 설정한다.

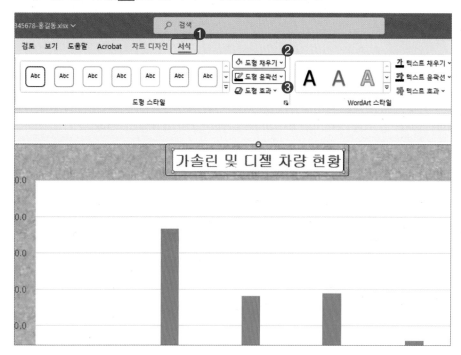

| 과목 | 코드 | 문제유형 | 시험시간 | 수험번호 | 성명 |
|---|---|---|---|---|---|
| 한글엑셀 | 1122 | A | 60분 | | |

## 수험자 유의사항

- 수험자는 문제지를 받는 즉시 문제지와 **수험표상의 시험과목(프로그램)이 동일한지 반드시 확인**하여야 합니다.

- 파일명은 본인의 "수험번호–성명"으로 입력하여 답안폴더(내 PC₩문서₩ITQ)에 하나의 파일로 저장해야 하며, 답안문서 파일명이 "수험번호–성명"과 일치하지 않거나, 답안파일을 전송하지 않아 미제출로 처리될 경우 실격 처리합니다(예: 12345678–홍길동.xlsx).

- 답안 작성을 마치면 파일을 저장하고, '답안 전송' 버튼을 선택하여 감독위원 PC로 답안을 전송하십시오. 수험생 정보와 저장한 파일명이 다를 경우 전송되지 않으므로 주의하시기 바랍니다.

- 답안 작성 중에도 **주기적으로 저장하고, '답안 전송'**하여야 문제 발생을 줄일 수 있습니다. 작업한 내용을 저장하지 않고 전송할 경우 이전에 저장된 내용이 전송되니 이점 유의하시기 바랍니다.

- 답안문서는 지정된 경로 외의 다른 보조기억장치에 저장하는 경우, 지정된 시험 시간 외에 작성된 파일을 활용할 경우, 기타 통신수단(이메일, 메신저, 네트워크 등)을 이용하여 타인에게 전달 또는 외부 반출하는 경우는 부정 처리합니다.

- 시험 중 부주의 또는 고의로 시스템을 파손한 경우는 수험자가 변상해야 하며, 〈수험자 유의사항〉에 기재된 방법대로 이행하지 않아 생기는 불이익은 수험생 당사자의 책임임을 알려 드립니다.

- 문제의 조건은 MS오피스 2021 버전으로 설정되어 있으며 MS오피스 2016은【 】에 표기되어 있습니다. 이와 관련하여 작성한 답안의 출력형태가 문제지와 다를 수 있습니다.

- 시험을 완료한 수험자는 답안파일이 전송되었는지 확인한 후 감독위원의 지시에 따라 문제지를 제출하고 퇴실합니다.

## 답안 작성요령

- 온라인 답안 작성 절차
  수험자 등록 ⇒ 시험 시작 ⇒ 답안파일 저장 ⇒ 답안 전송 ⇒ 시험 종료

- 문제는 총 4단계, 즉 제1작업부터 제4작업까지 구성되어 있으며 반드시 제1작업부터 순서대로 작성하고 조건대로 작업하시오.

- 모든 작업시트의 A열은 열 너비 '1'로, 나머지 열은 적당하게 조절하시오.

- 모든 작업시트의 테두리는 ≪출력형태≫와 같이 작업하시오.

- 해당 작업란에서는 각각 제시된 조건에 따라 ≪출력형태≫와 같이 작업하시오.

- 답안 시트 이름은 "제1작업", "제2작업", "제3작업", "제4작업"이어야 하며 답안 시트 이외의 것은 감점 처리됩니다.

- 각 시트를 파일로 나누어 작업해서 저장할 경우 실격 처리됩니다.

④ [차트 영역 서식] 사이드바에서 채우기 '그림 또는 질감 채우기'를 선택한다.
→ [질감]() – [분홍 박엽지]를 설정한다.

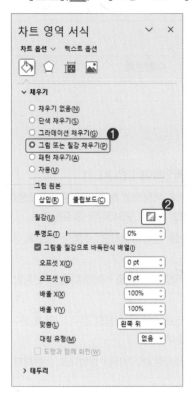

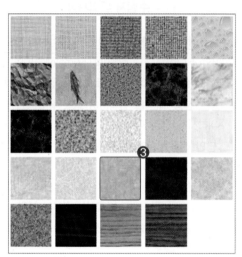

⑤ [서식] 탭 – [현재 선택 영역] 그룹에서 [그림 영역]을 선택한다.
→ 채우기 '단색 채우기'를 선택하고 [색]() – [흰색, 배경 1]을 설정한다.

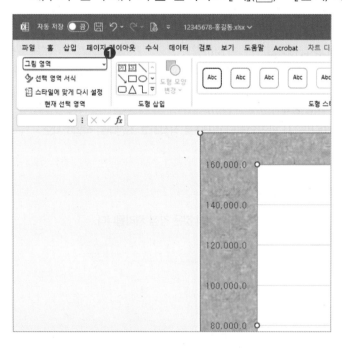

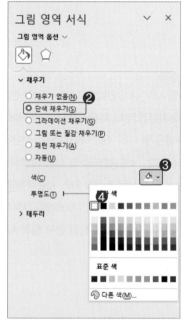

다음은 '신규 등록 중고차 상세 정보'에 대한 자료이다. 자료를 입력하고 조건에 맞도록 작업하시오.

|  |  |
|---|---|
| 출력형태 | （표 이미지） |

**신규 등록 중고차 상세 정보**

| 확인 | | 담당 | 팀장 | 센터장 |
|---|---|---|---|---|

| 관리코드 | 모델명 | 연료 | 제조사 | 중고가(만원) | 연비(km/L) | 주행기록 | 연비 순위 | 직영점 |
|---|---|---|---|---|---|---|---|---|
| HD1-002 | 쏘나타 뉴 라이즈 | 가솔린 | 현대 | 2,870 | 16.1 | 26,037 | (1) | (2) |
| KA2-102 | 니로 | 하이브리드 | 기아 | 2,650 | 19.5 | 94,160 | (1) | (2) |
| CB2-002 | 이쿼녹스 | 디젤 | 쉐보레 | 4,030 | 13.3 | 133,411 | (1) | (2) |
| SY1-054 | 티볼리 아머 | 가솔린 | 쌍용 | 2,060 | 14.2 | 96,300 | (1) | (2) |
| RN4-101 | QM3 | 디젤 | 르노삼성 | 2,100 | 17.3 | 97,803 | (1) | (2) |
| KA3-003 | 더 뉴 카니발 | 가솔린 | 기아 | 3,450 | 11.4 | 71,715 | (1) | (2) |
| HD2-006 | 그랜드 스타렉스 | 디젤 | 현대 | 4,660 | 10.9 | 7,692 | (1) | (2) |
| HD4-001 | 그랜저 | 하이브리드 | 현대 | 3,950 | 16.2 | 117,884 | (1) | (2) |
| 하이브리드 차량 연비(km/L 평균) | | | (3) | | 두 번째로 높은 중고가(만원) | | | (5) |
| 가솔린 차량의 주행기록 합계 | | | (4) | | 관리코드 | HD1-002 | 연비(km/L) | (6) |

**조건**

- 모든 데이터의 서식에는 글꼴(굴림, 11pt), 정렬은 숫자 및 회계 서식은 오른쪽 정렬, 나머지 서식은 가운데 정렬로 작성하며 예외적인 것은 ≪출력형태≫를 참조하시오.
- 제목 ⇒ 도형(평행 사변형)과 그림자(오프셋 오른쪽)를 이용하여 작성하고 "신규 등록 중고차 상세 정보"를 입력한 후 다음 서식을 적용하시오
  (글꼴 – 굴림, 24pt, 검정, 굵게, 채우기 – 노랑).
- 임의의 셀에 결재란을 작성하여 그림으로 복사 기능을 이용하여 붙이기 하시오(단, 원본 삭제).
- 「B4:J4, G14, I14」 영역은 '주황'으로 채우기 하시오.
- 유효성 검사를 이용하여 「H14」 셀에 관리코드(「B5:B12」 영역)가 선택 표시되도록 하시오.
- 셀 서식 ⇒ 「H5:H12」 영역에 셀 서식을 이용하여 숫자 뒤에 'km'를 표시하시오(예 : 26,037km).
- 「F5:F12」 영역에 대해 '중고가'로 이름정의를 하시오.

**(1)~(6) 셀은 반드시 주어진 함수를 이용하여 값을 구하시오(결과값을 직접 입력하면 해당 셀은 0점 처리됨).**

(1) 연비 순위 ⇒ 연비(km/L)의 내림차순 순위를 구한 결과에 '위'를 붙이시오(RANK.EQ 함수, & 연산자)(예 : 1위).

(2) 직영점 ⇒ 관리코드의 세 번째 글자가 1이면 '서울', 2이면 '경기/인천', 그 외에는 '기타'로 구하시오
　　　(IF, MID 함수).

(3) 하이브리드 차량 연비(km/L 평균) ⇒ 셀 서식을 이용하여 소수 첫째 자리까지 표시하시오
　　　　　　　(SUMIF, COUNTIF 함수)(예 : 15.467 → 15.5).

(4) 가솔린 차량의 주행기록 합계 ⇒ 연료가 가솔린인 차량의 주행기록 합계를 구하시오. 단, 조건은 입력데이터를 이용하시오(DSUM 함수).

(5) 두 번째로 높은 중고가(만원) ⇒ 정의된 이름(중고가)을 이용하여 구하시오(LARGE 함수).

(6) 연비(km/L) ⇒ 「H14」 셀에서 선택한 관리코드에 대한 연비(km/L)를 구하시오(VLOOKUP 함수).

(7) 조건부 서식의 수식을 이용하여 연비(km/L)가 '16' 이상인 행 전체에 다음의 서식을 적용하시오
　　(글꼴 : 파랑, 굵게).

② 차트 영역을 선택하고 [홈] 탭 – [글꼴] 그룹에서 글꼴 '굴림', 크기 '11'을 설정한다.

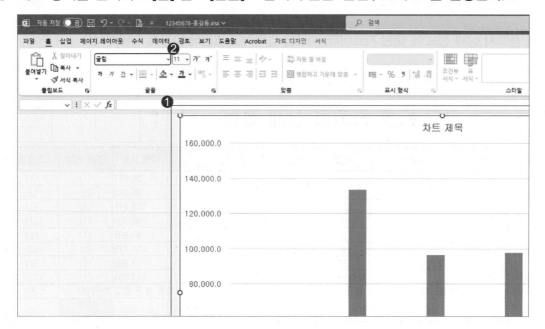

③ [서식] 탭 – [현재 선택 영역] 그룹 – [선택 영역 서식](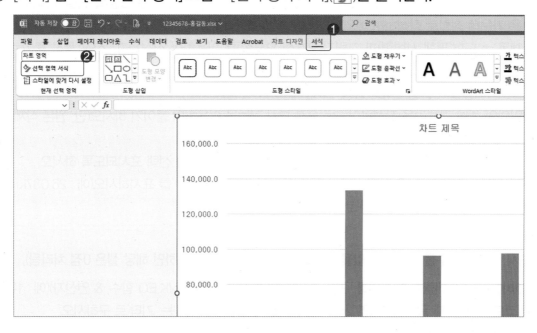)을 클릭한다.

"제1작업" 시트의 「B4:H12」 영역을 복사하여 "제2작업" 시트의 「B2」 셀부터 모두 붙여넣기를 한 후 다음의 조건과 같이 작업하시오.

| 조건 | (1) 목표값 찾기 – 「B11:G11」 셀을 병합하여 "현대 자동차의 연비(km/L) 평균"을 입력한 후 「H11」 셀에 현대 자동차의 연비(km/L) 평균을 구하시오. 단, 조건은 입력데이터를 이용하시오(DAVERAGE 함수, 테두리, 가운데 맞춤). |
|------|---|
| |    – '현대 자동차의 연비(km/L) 평균'이 '15'가 되려면 쏘나타 뉴 라이즈의 연비(km/L)가 얼마가 되어야 하는지 목표값을 구하시오. |
| | (2) 고급 필터 – 관리코드가 'K'로 시작하거나 주행기록이 '100,000' 이상인 자료의 모델명, 연료, 중고가(만원), 연비(km/L) 데이터만 추출하시오. |
| |    – 조건 범위 : 「B14」 셀부터 입력하시오. |
| |    – 복사 위치 : 「B18」 셀부터 나타나도록 하시오. |

"제1작업" 시트의 「B4:H12」 영역을 복사하여 "제3작업" 시트의 「B2」 셀부터 모두 붙여넣기를 한 후 다음의 조건과 같이 작업하시오.

| 조건 | (1) 부분합 – ≪출력형태≫처럼 정렬하고, 제조사의 개수와 중고가(만원)의 평균을 구하시오. |
|------|---|
| | (2) 개요【윤곽】 – 지우시오. |
| | (3) 나머지 사항은 ≪출력형태≫에 맞게 작성하시오. |

**출력형태**

| | A | B | C | D | E | F | G | H |
|---|---|---|---|---|---|---|---|---|
| 1 | | | | | | | | |
| 2 | | 관리코드 | 모델명 | 연료 | 제조사 | 중고가 (만원) | 연비 (km/L) | 주행기록 |
| 3 | | KA2-102 | 니로 | 하이브리드 | 기아 | 2,650 | 19.5 | 94,160km |
| 4 | | HD4-001 | 그랜저 | 하이브리드 | 현대 | 3,950 | 16.2 | 117,884km |
| 5 | | | | 하이브리드 평균 | | 3,300 | | |
| 6 | | | | 하이브리드 개수 | 2 | | | |
| 7 | | CB2-002 | 이쿼녹스 | 디젤 | 쉐보레 | 4,030 | 13.3 | 133,411km |
| 8 | | RN4-101 | QM3 | 디젤 | 르노삼성 | 2,100 | 17.3 | 97,803km |
| 9 | | HD2-006 | 그랜드 스타렉스 | 디젤 | 현대 | 4,660 | 10.9 | 7,692km |
| 10 | | | | 디젤 평균 | | 3,597 | | |
| 11 | | | | 디젤 개수 | 3 | | | |
| 12 | | HD1-002 | 쏘나타 뉴 라이즈 | 가솔린 | 현대 | 2,870 | 16.1 | 26,037km |
| 13 | | SY1-054 | 티볼리 아머 | 가솔린 | 쌍용 | 2,060 | 14.2 | 96,300km |
| 14 | | KA3-003 | 더 뉴 카니발 | 가솔린 | 기아 | 3,450 | 11.4 | 71,715km |
| 15 | | | | 가솔린 평균 | | 2,793 | | |
| 16 | | | | 가솔린 개수 | 3 | | | |
| 17 | | | | 전체 평균 | | 3,221 | | |
| 18 | | | | 전체 개수 | 8 | | | |

③ [차트 디자인] 탭 – [차트 이동](▦)을 클릭한다.
→ [차트 이동] 대화상자에서 '새 시트'를 선택하고 『제4작업』을 입력한 후 [확인]을 클릭한다.

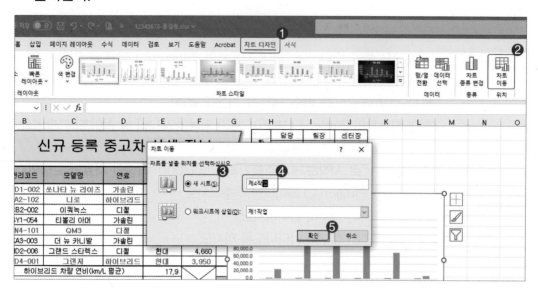

④ "제4작업" 시트를 마우스 드래그하여 제일 끝으로 이동한다.

---

**SECTION 02**    **차트 디자인, 영역 서식, 제목 서식**

---

① [차트 디자인] 탭 – [빠른 레이아웃](▥) – [레이아웃 3](▥)을 클릭한다.
→ [스타일 1]을 클릭한다.

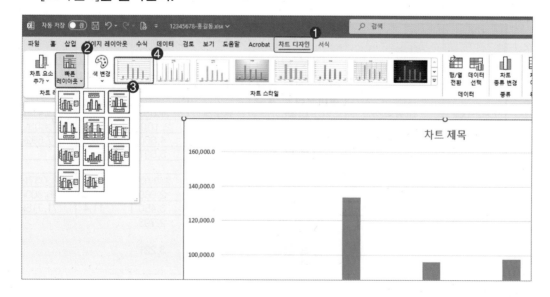

**"제1작업" 시트를 이용하여 조건에 따라 ≪출력형태≫와 같이 작업하시오.**

| 조건 | (1) 차트 종류 ⇒ 〈묶은 세로 막대형〉으로 작업하시오.<br>(2) 데이터 범위 ⇒ "제1작업" 시트의 내용을 이용하여 작업하시오.<br>(3) 위치 ⇒ "새 시트"로 이동하고, "제4작업"으로 시트 이름을 바꾸시오.<br>(4) 차트 디자인 도구 ⇒ 레이아웃 3, 스타일 1을 선택하여 ≪출력형태≫에 맞게 작업하시오.<br>(5) 영역 서식 ⇒ 차트 : 글꼴(굴림, 11pt), 채우기 효과(질감 – 분홍 박엽지)<br>　　　　　　　　그림 : 채우기(흰색, 배경1)<br>(6) 제목 서식 ⇒ 차트 제목 : 글꼴(굴림, 굵게, 20pt), 채우기(흰색, 배경1), 테두리<br>(7) 서식 ⇒ 연비(km/L) 계열의 차트 종류를 〈표식이 있는 꺾은선형〉으로 변경한 후 보조 축으로<br>　　　　　지정하시오.<br>　　　　　계열 : ≪출력형태≫를 참조하여 표식(마름모, 크기 10)과 레이블 값을 표시하시오.<br>　　　　　눈금선 : 선 스타일 – 파선<br>　　　　　축 : ≪출력형태≫를 참조하시오.<br>(8) 범례 ⇒ 범례명을 변경하고 ≪출력형태≫를 참조하시오.<br>(9) 도형 ⇒ '모서리가 둥근 사각형 설명선'을 삽입한 후 ≪출력형태≫와 같이 내용을 입력하시오.<br>(10) 나머지 사항은 ≪출력형태≫에 맞게 작성하시오. |
|---|---|
| 출력형태 | 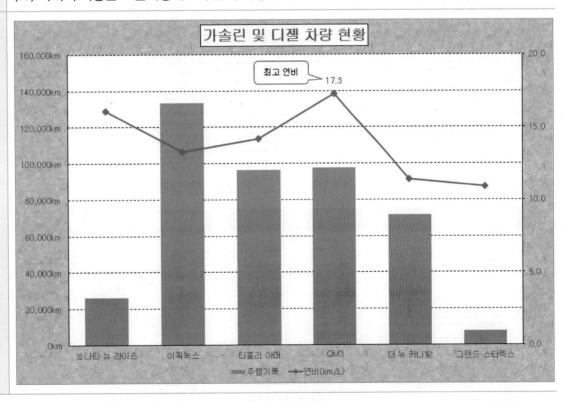 |

주의 시트명 순서가 차례대로 "제1작업", "제2작업", "제3작업", "제4작업"이 되도록 할 것

제4작업은 제1작업에서 작성한 데이터를 이용하여 차트로 표현하는 능력을 평가한다.
차트의 종류, 서식, 옵션, 범례 등을 다루는 형태가 출제된다.

## SECTION 01 │ 차트 작성

① "제1작업" 시트의 「C4:C5」 영역을 블록 설정한다.

→ Ctrl 을 누른 채 「C7:C11」, 「G4:G5」, 「G7:G11」, 「H4:H5」, 「H7:H11」 영역을 블록 설정한다.

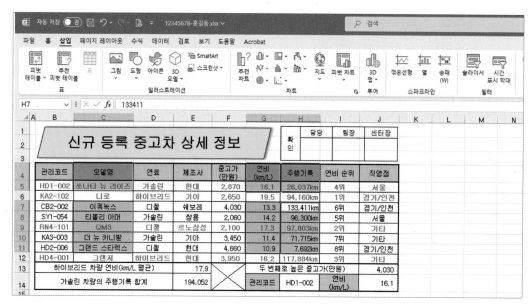

② [삽입] 탭 – [차트] 그룹 – [2차원 묶은 세로 막대형](📊)을 클릭한다.

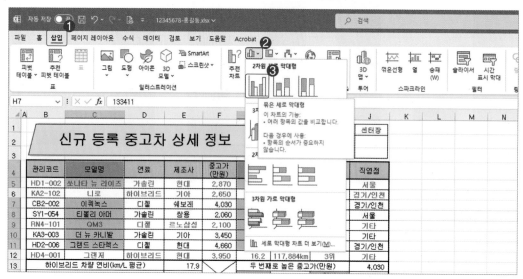

**제 1 작업** 표 서식 작성 및 값 계산 **240**점

| 번호 | 기준셀 | 수식 |
|---|---|---|
| (1) | I5 | =RANK.EQ(G5,$G$5:$G$12)&"위" |
| (2) | J5 | =IF(MID(B5,3,1)="1","서울", IF(MID(B5,3,1)="2","경기/인천","기타")) |
| (3) | E13 | =SUMIF(D5:D12,"하이브리드",G5:G12)/COUNTIF(D5:D12,"하이브리드") |
| (4) | E14 | =DSUM(B4:H12,7,D4:D5) |
| (5) | J13 | =LARGE(중고가,2) |
| (6) | J14 | =VLOOKUP(H14,B5:G12,6,0) |
| (7) | B5:J12 | (서식 규칙 편집 대화상자) |

서식 규칙 편집 ? ×

규칙 유형 선택(S):
► 셀 값을 기준으로 모든 셀의 서식 지정
► 다음을 포함하는 셀만 서식 지정
► 상위 또는 하위 값만 서식 지정
► 평균보다 크거나 작은 값만 서식 지정
► 고유 또는 중복 값만 서식 지정
► 수식을 사용하여 서식을 지정할 셀 결정

규칙 설명 편집(E):
다음 수식이 참인 값의 서식 지정(O):
=$G5>=16

미리 보기: 가나다AaBbCc    서식(F)...

확인    취소

⑤ [데이터] 탭 – [개요] 그룹 – [그룹 해제]()에서 [개요 지우기]를 클릭한다.

⑥ 열 너비 등을 조절한다.

| 관리코드 | 모델명 | 연료 | 제조사 | 중고가 (만원) | 연비 (km/L) | 주행기록 |
|---|---|---|---|---|---|---|
| KA2-102 | 니로 | 하이브리드 | 기아 | 2,650 | 19.5 | 94,160km |
| HD4-001 | 그랜저 | 하이브리드 | 현대 | 3,950 | 16.2 | 117,884km |
| | | 하이브리드 평균 | | 3,300 | | |
| | | 하이브리드 개수 | 2 | | | |
| CB2-002 | 이쿼녹스 | 디젤 | 쉐보레 | 4,030 | 13.3 | 133,411km |
| RN4-101 | QM3 | 디젤 | 르노삼성 | 2,100 | 17.3 | 97,803km |
| HD2-006 | 그랜드 스타렉스 | 디젤 | 현대 | 4,660 | 10.9 | 7,692km |
| | | 디젤 평균 | | 3,597 | | |
| | | 디젤 개수 | 3 | | | |
| HD1-002 | 쏘나타 뉴 라이즈 | 가솔린 | 현대 | 2,870 | 16.1 | 26,037km |
| SY1-054 | 티볼리 아머 | 가솔린 | 쌍용 | 2,060 | 14.2 | 96,300km |
| KA3-003 | 더 뉴 카니발 | 가솔린 | 기아 | 3,450 | 11.4 | 71,715km |
| | | 가솔린 평균 | | 2,793 | | |
| | | 가솔린 개수 | 3 | | | |
| | | 전체 평균 | | 3,221 | | |
| | | 전체 개수 | 8 | | | |

| | A | B | C | D | E | F | G | H |
|---|---|---|---|---|---|---|---|---|
| 1 | | | | | | | | |
| 2 | | 관리코드 | 모델명 | 연료 | 제조사 | 중고가 (만원) | 연비 (km/L) | 주행기록 |
| 3 | | HD1-002 | 쏘나타 뉴 라이즈 | 가솔린 | 현대 | 2,870 | 17,9 | 26,037km |
| 4 | | KA2-102 | 니로 | 하이브리드 | 기아 | 2,650 | 19,5 | 94,160km |
| 5 | | CB2-002 | 이쿼녹스 | 디젤 | 쉐보레 | 4,030 | 13,3 | 133,411km |
| 6 | | SY1-054 | 티볼리 아머 | 가솔린 | 쌍용 | 2,060 | 14,2 | 96,300km |
| 7 | | RN4-101 | QM3 | 디젤 | 르노삼성 | 2,100 | 17,3 | 97,803km |
| 8 | | KA3-003 | 더 뉴 카니발 | 가솔린 | 기아 | 3,450 | 11,4 | 71,715km |
| 9 | | HD2-006 | 그랜드 스타렉스 | 디젤 | 현대 | 4,660 | 10,9 | 7,692km |
| 10 | | HD4-001 | 그랜저 | 하이브리드 | 현대 | 3,950 | 16,2 | 117,884km |
| 11 | | 현대 자동차의 연비(km/L) 평균 | | | | | | 15 |
| 12 | | | | | | | | |
| 13 | | | | | | | | |
| 14 | | 관리코드 | 주행기록 | | | | | |
| 15 | | K* | | | | | | |
| 16 | | | >=100000 | | | | | |
| 17 | | | | | | | | |
| 18 | | 모델명 | 연료 | 중고가 (만원) | 연비 (km/L) | | | |
| 19 | | 니로 | 하이브리드 | 2,650 | 19,5 | | | |
| 20 | | 이쿼녹스 | 디젤 | 4,030 | 13,3 | | | |
| 21 | | 더 뉴 카니발 | 가솔린 | 3,450 | 11,4 | | | |
| 22 | | 그랜저 | 하이브리드 | 3,950 | 16,2 | | | |

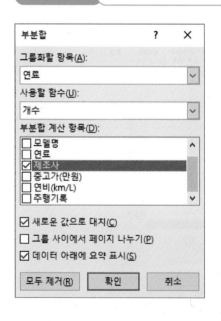

≪출력형태≫를 참고

② [부분합] 대화상자에서 그룹화할 항목에 '연료', 사용할 함수에 '개수', 부분합 계산 항목에 '제조사'를 선택하고 [확인]을 클릭한다.

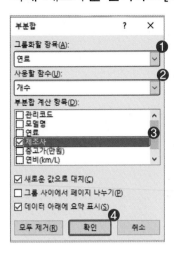

③ 다시, [데이터] 탭 – [개요] 그룹 – [부분합](⊞)을 클릭한다.

④ [부분합] 대화상자에서 사용할 함수에 '평균', 부분합 계산 항목에 '중고가(만원)'을 선택한다.

→ 새로운 값으로 대치를 체크 해제하고 [확인]을 클릭한다.

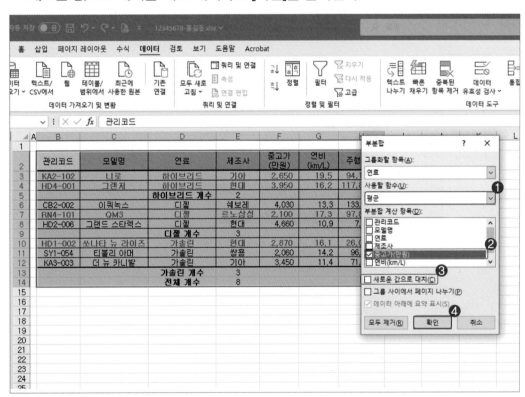

## 제 1 작업 · 표 서식 작성 및 값 계산 · 240 점

제1작업은 표를 작성하고 조건에 따른 서식 변환 및 함수 사용 능력을 평가한다.
제1작업 데이터를 기반으로 다른 작업들이 이어지므로 정확히 작성하도록 한다.

## SECTION 01 · 데이터 입력, 테두리, 정렬

① 본 도서 [PART 01 – CHAPTER 01]의 답안 작성요령을 참고하여 글꼴 '굴림', 크기 '11'로 하고, 작업시트를 설정한다.
   → "수험번호–성명.xlsx"으로 저장한다.

② "제1작업" 시트에 ≪출력형태≫의 내용을 입력한다.

| 관리코드 | 모델명 | 연료 | 제조사 | 중고가 (만원) | 연비 (km/L) | 주행기록 | 연비 순위 | 직영점 |
|---|---|---|---|---|---|---|---|---|
| HD1-002 | 쏘나타 뉴 | 가솔린 | 현대 | 2870 | 16,1 | 26037 | | |
| KA2-102 | 니로 | 하이브리드 | 기아 | 2650 | 19,5 | 94160 | | |
| CB2-002 | 이쿼녹스 | 디젤 | 쉐보레 | 4030 | 13,3 | 133411 | | |
| SY1-054 | 티볼리 아[ | 가솔린 | 쌍용 | 2060 | 14,2 | 96300 | | |
| RN4-101 | QM3 | 디젤 | 르노삼성 | 2100 | 17,3 | 97803 | | |
| KA3-003 | 더 뉴 카니 | 가솔린 | 기아 | 3450 | 11,4 | 71715 | | |
| HD2-006 | 그랜드 스[ | 디젤 | 현대 | 4660 | 10,9 | 7692 | | |
| HD4-001 | 그랜저 | 하이브리드 | 현대 | 3950 | 16,2 | 117884 | | |
| 하이브리드 차량 연비(km/L 평균) | | | | | 두 번째로 높은 중고가(만원) | | | |
| 가솔린 차량의 주행기록 합계 | | | | | 관리코드 | | 연비 (km/L) | |

③ 연료 「D2」 셀을 클릭한다.
→ [데이터] 탭 – [정렬 및 필터] 그룹 – [텍스트 내림차순 정렬](흽↓)을 클릭한다.

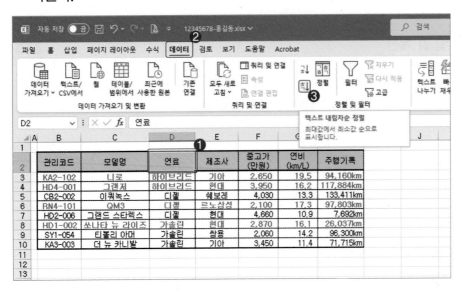

---

SECTION 02 | 부분합

① 「B2:H10」 영역에 셀 포인터를 둔다.
→ [데이터] 탭 – [개요] 그룹 – [부분합](⊞)을 클릭한다.

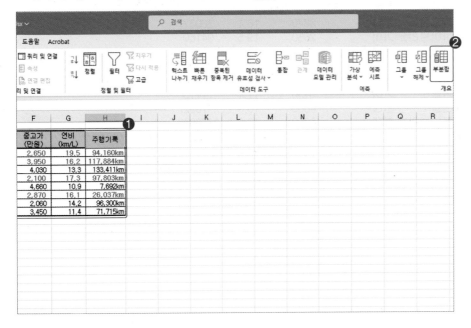

③ 「B13:D13」 영역을 마우스 드래그하여 블록 설정한다.

　→ [Ctrl]을 누른 채 「B14:D14」, 「F13:F14」, 「G13:I13」 영역을 각각 블록 설정한다.

　→ [홈] 탭 – [맞춤] 그룹 – [병합하고 가운데 맞춤](📱)을 클릭한다.

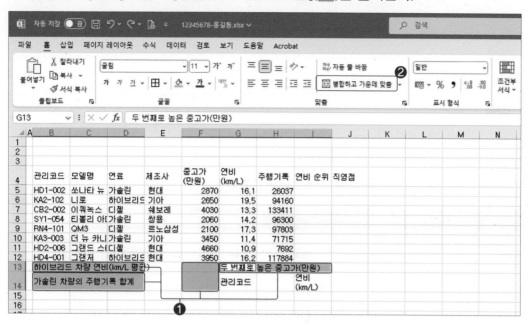

④ 「B4:J4」 영역을 블록 설정한다.

　→ [Ctrl]을 누른 채 「B5:J12」, 「B13:J14」 영역을 각각 블록 설정한다.

　→ [홈] 탭 – [글꼴] 그룹 – [테두리]에서 [모든 테두리](⊞), [굵은 바깥쪽 테두리]
　　(▣)를 클릭한다.

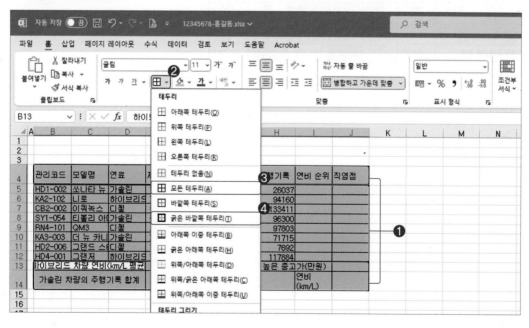

제3작업에서는 제1작업에서 작성한 데이터를 이용하여 특정 필드에 대한 합계, 평균 등을 구하고 정렬하는 문제가 출제된다.

**SECTION 01  정렬**

① "제1작업" 시트의 「B4:H12」 영역을 블록 설정한다.
→ [홈] 탭 – [클립보드] 그룹 – [복사](📋)를 클릭한다(Ctrl + C).

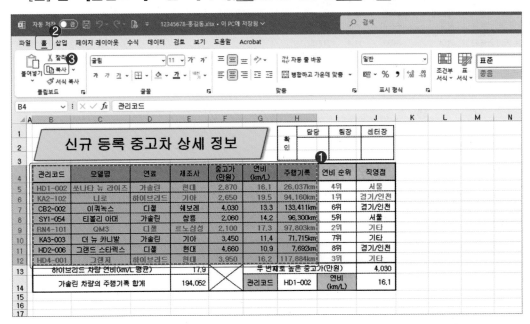

② "제3작업" 시트의 「B2」 셀에서 [붙여넣기](📋)를 한다(Ctrl + V).
→ [붙여넣기 옵션] – [원본 열 너비 유지](📋)를 클릭한다.

⑤ 「F13:F14」 영역을 클릭한다.
→ [테두리]에서 [다른 테두리](⊞)를 클릭하면 [셀 서식] 대화상자가 나타난다.

⑥ 선 스타일에서 [가는 실선](━━)을 클릭한다.
→ 두 개의 [대각선](◺)(◹)을 각각 클릭하고 [확인]을 클릭한다.

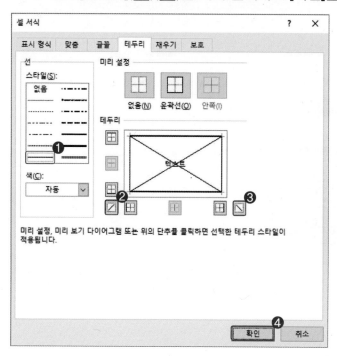

⑦ 행과 열의 머리글 경계선(✛)(✛)을 마우스 드래그하여 행 높이와 열 너비를 조절한다.
→ 숫자 영역은 [홈] 탭 – [맞춤] 그룹 – [오른쪽 맞춤](☰), 나머지는 [가운데 맞춤] (☰)을 설정한다.

| 관리코드 | 모델명 | 연료 | 제조사 | 중고가 (만원) | 연비 (km/L) | 주행기록 | 연비 순위 | 직영점 |
|---|---|---|---|---|---|---|---|---|
| HD1-002 | 쏘나타 뉴 라이즈 | 가솔린 | 현대 | 2870 | 16.1 | 26037 | | |
| KA2-102 | 니로 | 하이브리드 | 기아 | 2650 | 19.5 | 94160 | | |
| CB2-002 | 이쿼녹스 | 디젤 | 쉐보레 | 4030 | 13.3 | 133411 | | |
| SY1-054 | 티볼리 아머 | 가솔린 | 쌍용 | 2060 | 14.2 | 96300 | | |
| RN4-101 | QM3 | 디젤 | 르노삼성 | 2100 | 17.3 | 97803 | | |
| KA3-003 | 더 뉴 카니발 | 가솔린 | 기아 | 3450 | 11.4 | 71715 | | |
| HD2-006 | 그랜드 스타렉스 | 디젤 | 현대 | 4660 | 10.9 | 7692 | | |
| HD4-001 | 그랜저 | 하이브리드 | 현대 | 3950 | 16.2 | 117884 | | |
| 하이브리드 차량 연비(km/L 평균) | | | | | 두 번째로 높은 중고가(만원) | | | |
| 가솔린 차량의 주행기록 합계 | | | | | 관리코드 | | 연비 (km/L) | |

⑤ [고급 필터] 대화상자 – '결과'에서 [다른 장소에 복사]를 클릭한다.
→ 마우스 드래그로 조건 범위 「B14:C16」, 복사 위치 「B18:E18」을 지정하고 [확인]을
클릭한다.

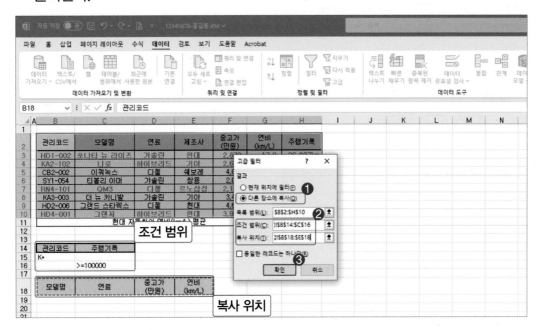

⑧ 「B4:J4」, 「G14」, 「I14」 셀에 [홈] 탭 – [글꼴] 그룹 – [채우기 색]( )에서 '주황'을 설정한다.

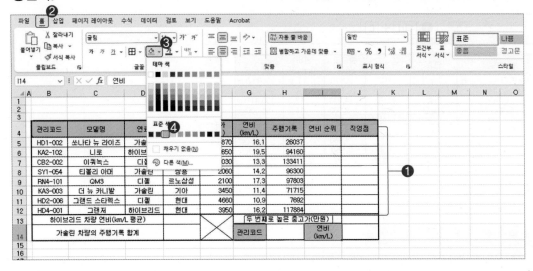

셀 서식

① '주행기록'에 대한 셀 서식을 지정하기 위해 「H5:H12」 영역을 블록 설정한다.
→ 마우스 오른쪽 클릭하여 [셀 서식]( )을 클릭한다.

② [셀 서식] 대화상자 – [표시 형식] 탭의 범주에서 '사용자 지정'을 클릭한다.
→ #,##0을 선택하고 『"km"』을 추가로 입력한 후 [확인]을 클릭한다.

③ [Ctrl]을 누른 채 「C2」, 「D2」, 「F2」, 「G2」 셀을 클릭하여 복사([Ctrl]+[C]) 한다.

→ 복사 위치인 「B18」 셀에 붙여넣기([Ctrl]+[V]) 한다.

④ 「B2:H10」 영역을 블록 설정한다.

→ [데이터] 탭 − [정렬 및 필터] 그룹 − [고급]([📇])을 클릭한다.

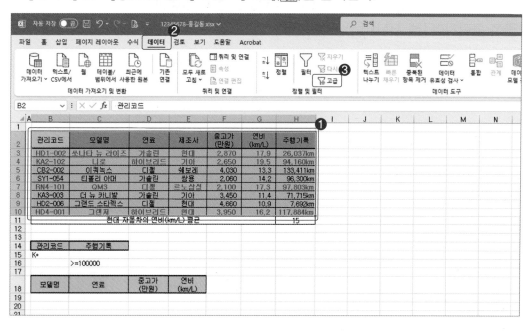

③ '중고가'가 입력된 「F5:F12」 영역을 블록 설정한다.

→ 마우스 오른쪽 클릭하여 [셀 서식]()을 클릭한다.

→ [셀 서식] 대화상자 − [표시 형식] 탭에서 범주 '회계', 기호 '없음'을 설정한다.

④ '연비'가 입력된 「G5:G12」 영역을 블록 설정한다.

→ 마우스 오른쪽 클릭하여 [셀 서식]()을 클릭한다.

→ [셀 서식] 대화상자 − [표시 형식] 탭에서 범주 '사용자 지정', 형식 『#,##0.0_ − 』을 설정한다.

🎯 기적의 TIP

_−는 한 칸의 공백을 표시한다.

① Ctrl 을 누른 채 「B2」셀과 「H2」셀을 클릭하여 복사( Ctrl + C ) 한다.

→ 조건의 위치인 「B14」셀에 붙여넣기( Ctrl + V ) 한다.

② 「B15」셀에 『K*』, 「C16」셀에 『>=100000』을 입력한다.

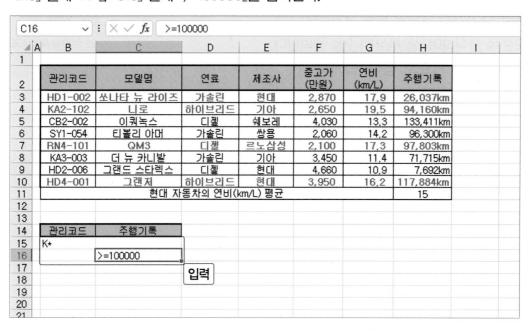

① 출력형태를 참고하여 도형이 들어갈 1~3행 높이를 적당히 조절한다.

② [삽입] 탭 – [일러스트레이션] 그룹 – [도형]( )을 클릭하고 [기본 도형] – [평행 사변형]을 클릭한다.

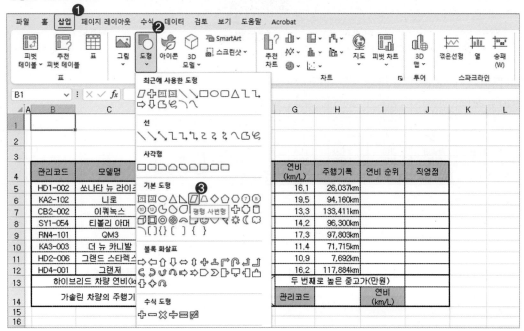

③ 마우스 포인터 모양이 +가 된 상태에서 「B1」 셀부터 「G3」 셀까지 드래그하여 도형을 그린다.

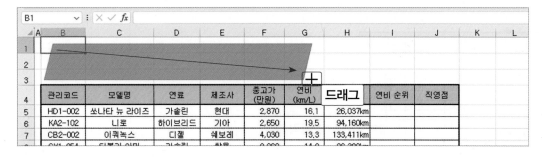

④ 도형에 『신규 등록 중고차 상세 정보』를 입력한다.

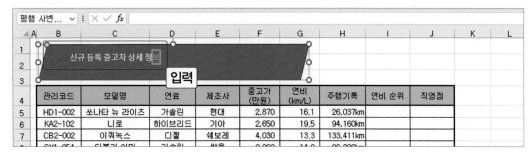

⑦ [목표값 찾기] 대화상자에서 수식 셀『H11』, 찾는 값『15』, 값을 바꿀 셀『$G$3』을 입력
한다.
　→ [확인]을 클릭한다.

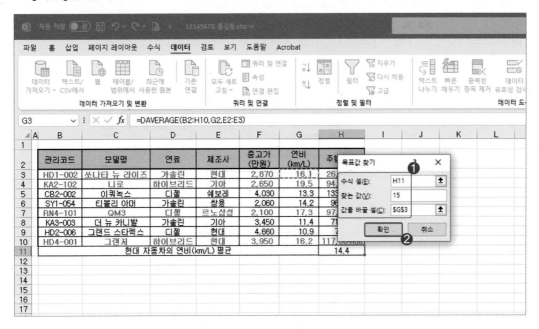

⑧ [목표값 찾기 상태] 대화상자가 나타나며「G3」셀의 값이 변경되면 [확인]을 클릭한다.

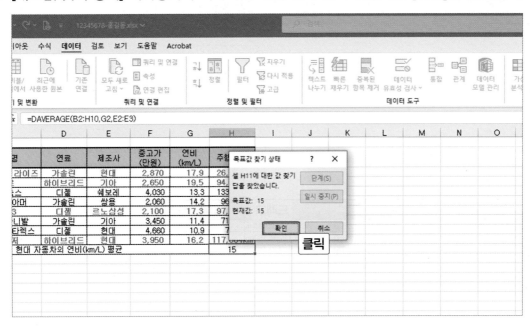

⑤ 도형의 배경색 부분을 클릭한다.

→ [홈] 탭 – [글꼴] 그룹에서 글꼴 '굴림', 크기 '24', [굵게], [채우기 색](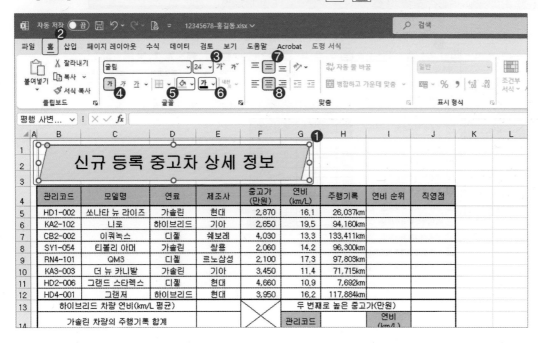) '노랑', [글꼴 색](가) '검정'을 설정한다.

→ [맞춤] 그룹에서 가로와 세로 모두 [가운데 맞춤](≡, ≡)을 클릭한다.

⑥ [도형 서식] 탭 – [도형 스타일] 그룹 – [도형 효과](⬛)를 클릭하고 [그림자] – [오프셋: 오른쪽]을 클릭한다.

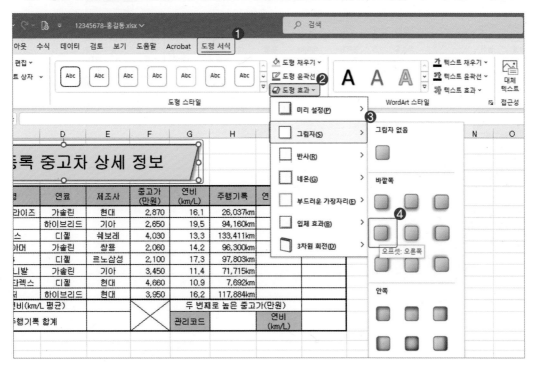

⑤ 「B11:H11」 영역을 블록 설정한다.

→ [홈] 탭 – [글꼴] 그룹 – [테두리]에서 [모든 테두리](⊞)를 클릭한다.

→ [맞춤] 그룹 – [가운데 맞춤](☰)을 클릭한다.

⑥ 「H11」 셀을 클릭한다.

→ [데이터] 탭 – [예측] 그룹 – [가상 분석](⊞)을 클릭하고 [목표값 찾기]를 클릭한다.

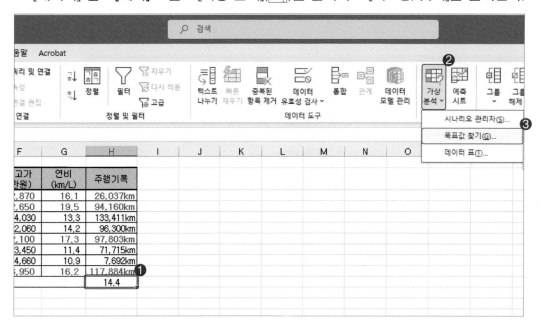

① 결재란은 앞에 작성한 내용과 행이나 열이 겹치지 않는 셀에서 작성한다. 여기서는 「L16」셀에서 작성한다.

② 「확인」이 입력될 두 개의 셀을 블록 설정한다.

→ [홈] 탭 – [맞춤] 그룹 – [병합하고 가운데 맞춤](⊞)을 클릭한다.

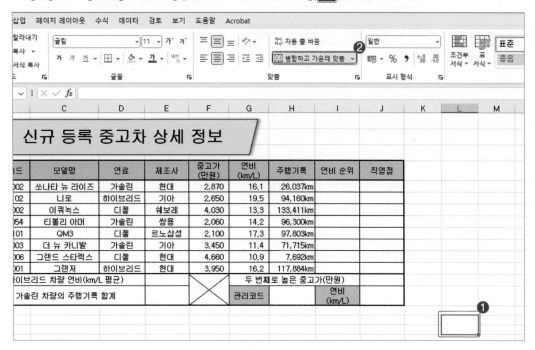

③ 「확인」을 입력한다.

→ [홈] 탭 – [맞춤] 그룹 – [방향](✍)을 클릭하고 [세로 쓰기](⬇캡)를 클릭한다.

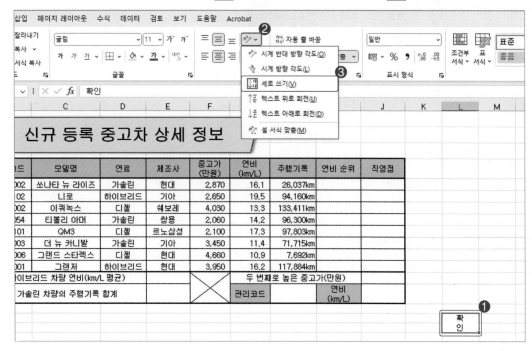

③ 「B11:G11」 영역을 블록 설정한다.

→ [홈] 탭 – [맞춤] 그룹 – [병합하고 가운데 맞춤](⊟)을 클릭한다.

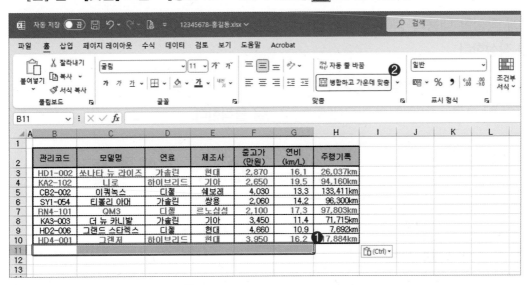

④ 병합한 셀에 『현대 자동차의 연비(km/L) 평균』을 입력한다.

→ 「H11」 셀에 『=DAVERAGE(B2:H10,G2,E2:E3)』을 입력한다.

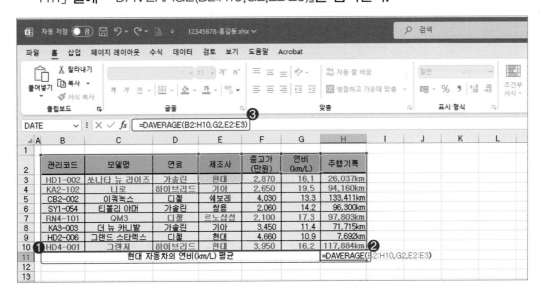

💬 함수 설명

=DAVERAGE(B2:H10,G2,E2:E3)
          ①        ②

① 「B2:H10」 영역의 「G2」 셀 열인 연비에서
② 제조사가 "현대"인 것들의 평균을 계산

### DAVERAGE(Database, Field, Criteria) 함수

Database : 지정할 범위

Field : 함수에 사용되는 열 위치

Criteria : 조건이 있는 셀 범위

④ 텍스트를 모두 입력하고 행 높이와 열 너비를 조절한다.

→ [홈] 탭 – [맞춤] 그룹 – [가운데 맞춤](≡)을 클릭한다.

⑤ 결재란 영역을 모두 블록 설정한다.

→ [홈] 탭 – [글꼴] 그룹 – [테두리]에서 [모든 테두리](⊞)를 클릭한다.

→ [클립보드] 그룹 – [복사](⧉)에서 [그림으로 복사]를 클릭한다.

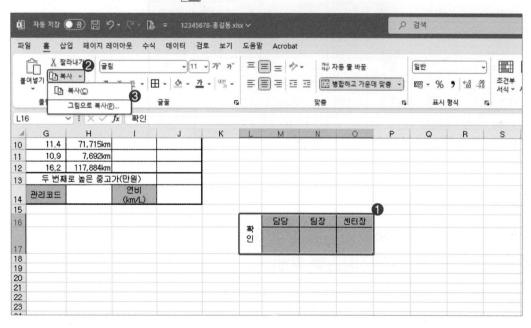

제2작업은 제1작업에서 작성한 데이터를 이용하여 목표값을 찾거나 조건 지정으로 필터링하는 형태의 문제가 출제된다.

---

**SECTION 01** **목표값 찾기**

① "제1작업" 시트의 「B4:H12」 영역을 블록 설정한다.

→ [홈] 탭 – [클립보드] 그룹 – [복사](📋)를 클릭한다([Ctrl]+[C]).

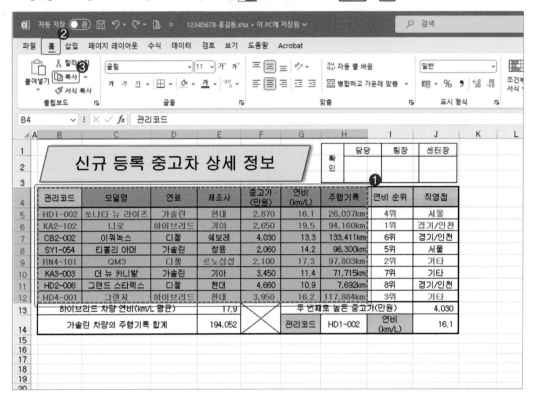

② "제2작업" 시트의 「B2」 셀에서 [붙여넣기](📋)를 한다([Ctrl]+[V]).

→ [붙여넣기 옵션] – [원본 열 너비 유지](📋)를 클릭한다.

⑥ [그림 복사] 대화상자에서 [확인]을 클릭한다.

　→ [홈] 탭 – [클립보드] 그룹 – [붙여넣기](📋)를 클릭한다.

　→ 그림의 위치를 마우스 드래그하여 조절한다.

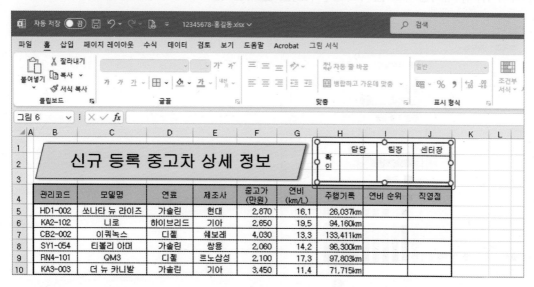

⑦ 기존 작업한 결재란 영역을 블록 설정한다.

　→ [홈] 탭 – [셀] 그룹 – [삭제](🗑)를 클릭한다.

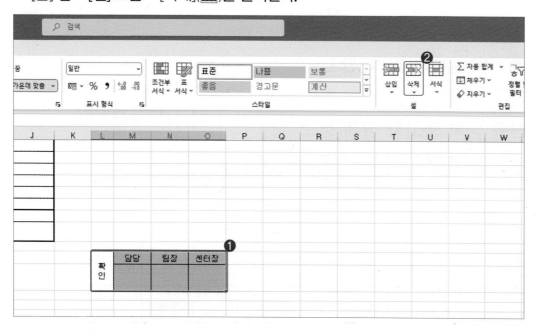

③ [셀 서식] 대화상자에서 글꼴 스타일을 '굵게', 색을 '파랑'으로 설정하고 [확인]을 클릭한다.

→ 다시 [새 서식 규칙] 대화상자로 돌아오면 [확인]을 클릭한다.

④ G열 연비가 16 이상인 행에 서식이 적용된다.

| 관리코드 | 모델명 | 연료 | 제조사 | 중고가 (만원) | 연비 (km/L) | 주행기록 | 연비 순위 | 직영점 |
|---|---|---|---|---|---|---|---|---|
| HD1-002 | 쏘나타 뉴 라이즈 | 가솔린 | 현대 | 2,870 | 16.1 | 26,037km | 4위 | 서울 |
| KA2-102 | 니로 | 하이브리드 | 기아 | 2,650 | 19.5 | 94,160km | 1위 | 경기/인천 |
| CB2-002 | 이쿼녹스 | 디젤 | 쉐보레 | 4,030 | 13.3 | 133,411km | 6위 | 경기/인천 |
| SY1-054 | 티볼리 아머 | 가솔린 | 쌍용 | 2,060 | 14.2 | 96,300km | 5위 | 서울 |
| RN4-101 | QM3 | 디젤 | 르노삼성 | 2,100 | 17.3 | 97,803km | 2위 | 기타 |
| KA3-003 | 더 뉴 카니발 | 가솔린 | 기아 | 3,450 | 11.4 | 71,715km | 7위 | 기타 |
| HD2-006 | 그랜드 스타렉스 | 디젤 | 현대 | 4,660 | 10.9 | 7,692km | 8위 | 경기/인천 |
| HD4-001 | 그랜저 | 하이브리드 | 현대 | 3,950 | 16.2 | 117,884km | 3위 | 기타 |
| 하이브리드 차량 연비(km/L 평균) | | | | 17.9 | | 두 번째로 높은 중고가(만원) | | 4,030 |
| 가솔린 차량의 주행기록 합계 | | | | 194,052 | | 관리코드 | HD1-002 연비 (km/L) | 16.1 |

① 「H14」 셀을 클릭한다.

→ [데이터] 탭 – [데이터 도구] 그룹 – [데이터 유효성 검사](⊡)를 클릭한다.

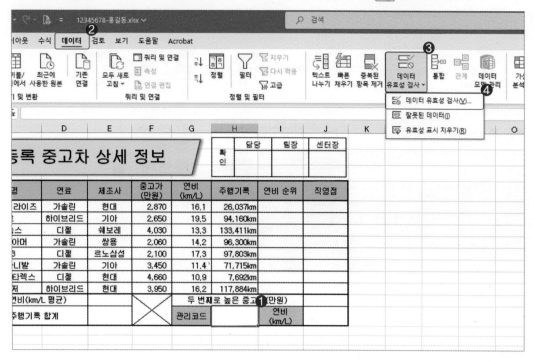

② [데이터 유효성] 대화상자에서 제한 대상을 '목록'으로 설정한다.

→ 원본 입력란을 클릭하고 「B5:B12」 영역을 마우스 드래그한 후 [확인]을 클릭한다.

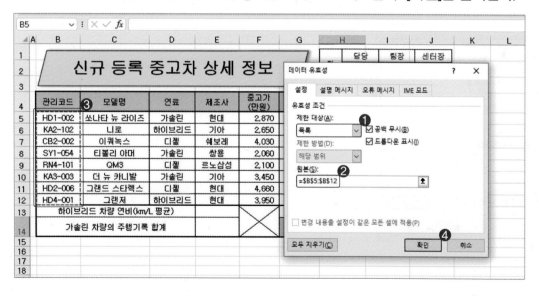

① 「B5:J12」 영역을 블록 설정한다.

→ [홈] 탭 – [스타일] 그룹 – [조건부 서식](▦)을 클릭하고 [새 규칙](▦)을 클릭한다.

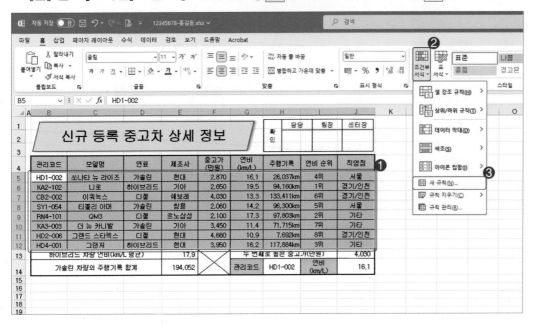

② [새 서식 규칙] 대화상자에서 '▶ 수식을 사용하여 서식을 지정할 셀 결정'을 클릭한다.

→ 『=$G5>=16』을 입력하고 [서식]을 클릭한다.

③ 「H14」셀에 드롭다운 버튼이 생성된 것을 확인한다.

→ [홈] 탭 – [맞춤] 그룹 – [가운데 맞춤](≡)을 클릭한다.

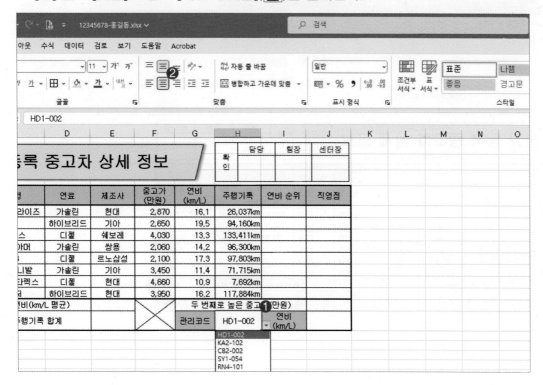

## SECTION 06 이름 정의

① 「F5:F12」영역을 블록 설정한다.

→ [수식] 탭 – [정의된 이름] 그룹 – [이름 정의](⌗)를 클릭한다.

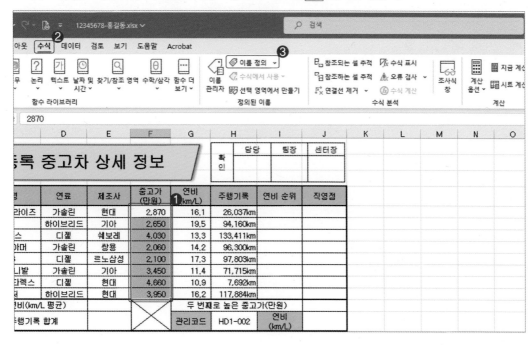

⑭ 「J14」셀에 『=VLOOKUP(H14,B5:G12,6,0)』을 입력한다.

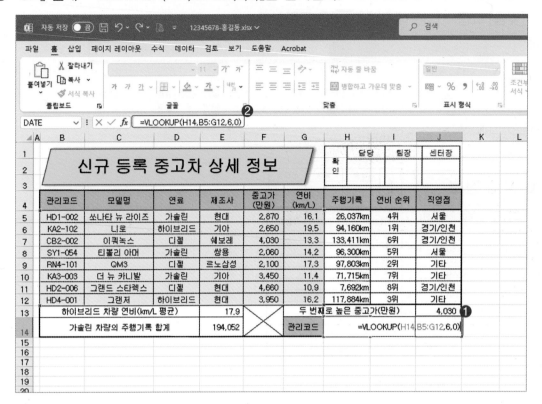

💬 함수 설명

=VLOOKUP(H14,B5:G12,6,0)
　　　　　①　　②

① 「H14」셀의 값을 「B5:G12」영역에서 조회하고
② 해당하는 행의 6번째 열인 "연비"의 값을 반환

---

**VLOOKUP(Lookup_value, Table_array, Col_index_num, [Range_lookup]) 함수**

Lookup_value : 조회하려는 값
Table_array : 조회할 값이 있는 범위
Col_index_num : 반환할 값이 있는 열
Range_lookup : 0(FALSE)이면 정확히 일치, 1(TRUE)이면 근사값 반환

② 이름에 『중고가』를 입력하고 [확인]을 클릭한다.

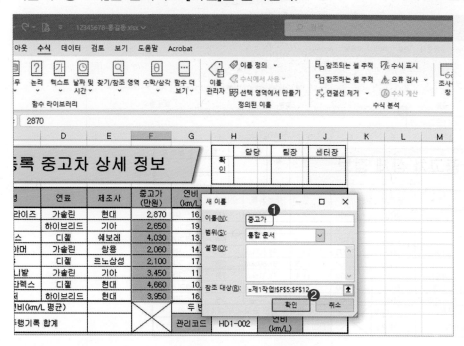

③ 「F5:F12」 영역을 블록 설정했을 때 [이름 상자]에 『중고가』가 표시되는 것을 확인한다.

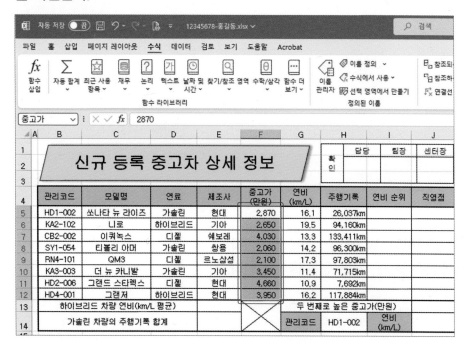

**ⓕ 기적의 TIP**

정의할 영역을 블록 설정한 후 [이름 상자]에 이름을 직접 입력해도 된다.

⑫ 두 번째로 높은 중고가를 구하기 위해 「J13」 셀에 『=LARGE(중고가, 2)』를 입력한다.

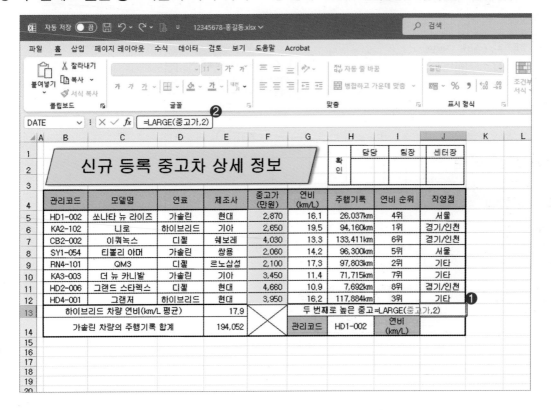

○ 함수 설명

**=LARGE(중고가, 2)**
       ①    ②

① 중고가로 이름 정의한 데이터 중에서
② 2번째로 큰 값을 반환

---

**LARGE(Array, K) 함수**

Array : 데이터 범위
K : 가장 큰 값을 기준으로 한 상대 순위

---

⑬ 「J13」 셀에 마우스 오른쪽 클릭하여 [셀 서식]( ⬚ )을 클릭한다.
   → [셀 서식] 대화상자에서 범주 '회계', 기호 '없음'을 설정한다.

① 연비 순위 「I5:I12」 영역을 블록 설정한다.

→『=RANK.EQ』를 입력하고 [Ctrl]+[A]를 누른다.

② RANK.EQ의 [함수 인수] 대화상자에서 Number 『G5』, Ref 『$G$5:$G$12』를 입력한다.

→ [Ctrl]+[확인]을 클릭한다.

🅑 기적의 TIP

셀 주소를 입력 후 [F4]를 누르면 절대주소로 바뀐다.

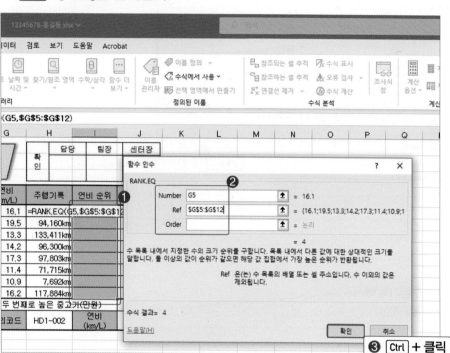

💬 함수 설명

**=RANK.EQ(G5,$G$5:$G$12)**
　　　　　①　　　　②

① 「G5」 셀의 순위를
② 「G5:G12」 영역에서 구함

**RANK.EQ(Number, Ref, [Order]) 함수**

Number : 순위를 구하려는 셀
Ref : 목록의 범위
Order : 순위 결정 방법, 0이거나 생략하면 내림차순, 0이 아니면 오름차순

③ 「I5:I12」 영역이 블록 설정된 상태에서, 수식 입력줄에 『&"위"』를 이어서 입력한다.

→ [Ctrl]+[Enter]를 클릭한다.

⑨ 가솔린 차량의 주행기록 합계를 구하기 위해 「E14」 셀에 『=DSUM』를 입력하고 Ctrl + A 를 누른다.

⑩ DSUM의 [함수 인수] 대화상자에서 Database 『B4:H12』, Field 『7』, Criteria 『D4:D5』를 입력한다.
　→ [확인]을 클릭한다.

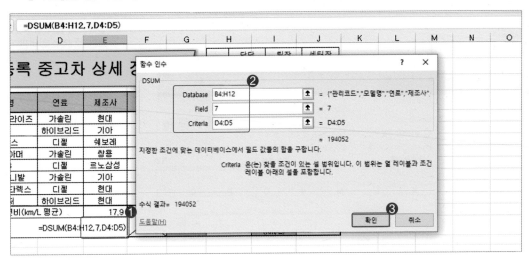

💬 함수 설명

**=DSUM(B4:H12, 7, D4:D5)**
　　　　 ①　　　 ②

① 「B4:H12」 영역의 7번째 열인 "주행기록"에서
② 연료가 "가솔린"인 것들의 합계를 계산

---

**DSUM(Database, Field, Criteria) 함수**

Database : 지정할 범위
Field : 함수에 사용되는 열 위치
Criteria : 조건이 있는 셀 범위

---

⑪ 「E14」 셀에 마우스 오른쪽 클릭하여 [셀 서식](▦)을 클릭한다.
　→ [셀 서식] 대화상자에서 범주 '숫자'를 선택하고 1000 단위 구분 기호(,) 사용에 체크한 후 [확인]을 클릭한다.

④ 직영점 「J5:J12」 영역을 블록 설정한다.

→ 『=IF(MID(B5,3,1)="1", "서울", IF(MID(B5,3,1)="2", "경기/인천", "기타"))』를 입력하
고 Ctrl + Enter 를 누른다.

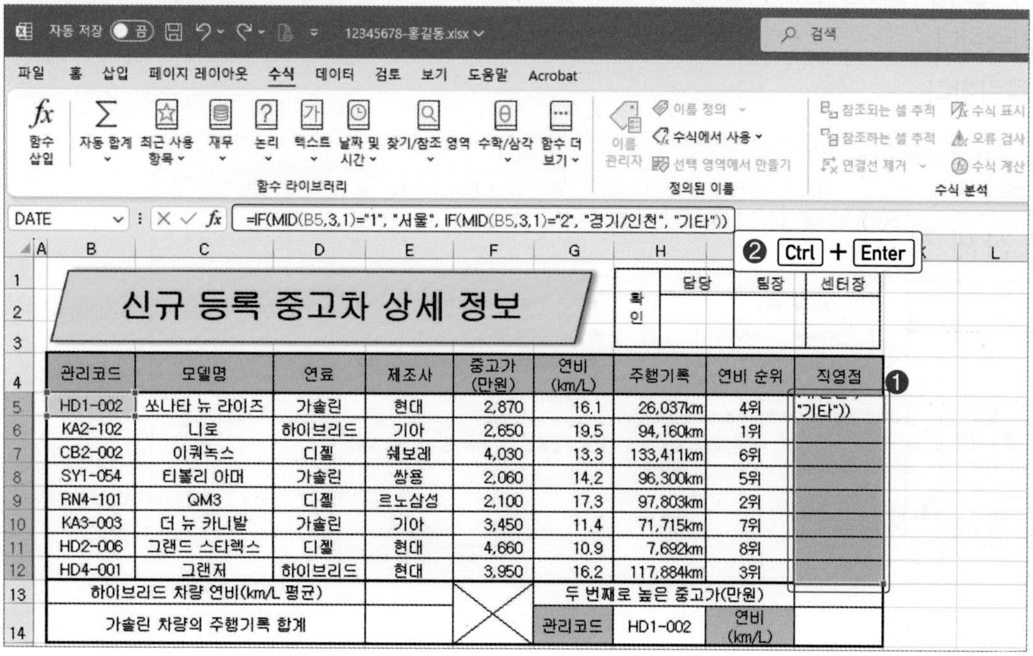

## 함수 설명

**=IF(MID(B5,3,1)="1", "서울", IF(MID(B5,3,1)="2", "경기/인천", "기타"))**
　　　①　　　　　②　　　③　　　　　④　　　　⑤

① 「B5」 셀의 세 번째 글자가 1인지 확인
② 1이 맞으면 "서울"을 반환
③ 아니면 다시 「B5」 셀의 세 번째 글자가 2인지 확인
④ 2가 맞으면 "경기/인천"을 반환
⑤ 아니면 "기타"를 반환

---

**IF(Logical_test, Value_if_true, Value_if_false) 함수**

Logical_test : 조건식
Value_if_true : 조건식이 참일 때 반환되는 것
Value_if_false : 조건식이 거짓일 때 반환되는 것

**MID(Text, Start_num, Num_chars) 함수**

Text : 추출할 문자가 들어 있는 텍스트
Start_num : 추출할 문자의 시작 위치
Num_chars : 추출할 문자의 수

⑤ 하이브리드 차량 연비 평균을 구하기 위해 「E13」 셀에 『=SUMIF』를 입력하고 **Ctrl**+**A** 를 누른다.

⑥ SUMIF의 [함수 인수] 대화상자에서 Range 『D5:D12』, Criteria 『하이브리드』, Sum_range 『G5:G12』를 입력한다.
　→ [확인]을 클릭한다.

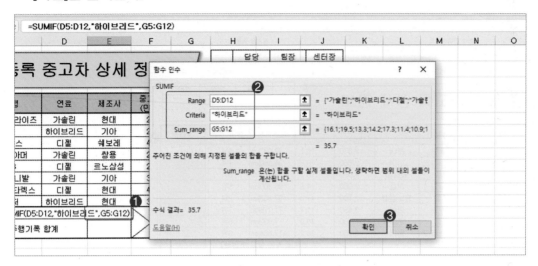

⑦ 「E13」 셀의 수식에 하이브리드의 개수를 구하여 나눗셈하는 『/COUNTIF(D5:D12, "하이브리드")』를 이어서 입력한다.

💬 함수 설명

**=SUMIF(D5:D12,"하이브리드",G5:G12) / COUNTIF(D5:D12,"하이브리드")**
　　　　　　①　　　　　　　　　　　　　②

① 「D5:D12」 영역에서 "하이브리드"를 찾아 해당하는 「G5:G12」 영역의 합계를 계산
② "하이브리드"의 개수를 구하여 나눗셈

---

**SUMIF(Range, Criteria, Sum_range) 함수**

Range : 조건을 적용할 셀 범위
Criteria : 조건
Sum_range : Range 인수에 지정되지 않은 범위를 추가

**COUNTIF(Range, Criteria) 함수**
⇒ 조건에 맞는 셀의 개수를 반환한다.

---

⑧ 「E13」 셀에 마우스 오른쪽 클릭하여 [셀 서식]( 🔡 )을 클릭한다.
　→ [셀 서식] 대화상자에서 범주 '숫자'를 선택하고 소수 자릿수 '1'로 설정한 후 [확인] 을 클릭한다.